知识产权法官论坛

专利权有效性司法判断

Judicial Perspective on Patentability

◎石必胜　著

知识产权出版社

全国百佳图书出版单位

图书在版编目（CIP）数据

专利权有效性司法判断/石必胜著. —北京：知识产权出版社，2016.4
（知识产权法官论坛）
ISBN 978 - 7 - 5130 - 4092 - 1

Ⅰ.①专… Ⅱ.①石… Ⅲ.①专利权—研究—中国 Ⅳ.①D923.424

中国版本图书馆 CIP 数据核字（2016）第 052078 号

内容提要

专利权有效性的判断是很多专利授权确权行政案件和专利侵权案件的主要争议点，本书对专利审判实践中的这一热点问题和相关重要问题进行了系统而深入的研究，观点、研究方法、分析角度均有独到之处。作者长期从事知识产权审判工作和相关研究工作，既有深厚的理论功底，又有丰富的实践经验，写作时注重理论与实践相结合，使本书具有较高的理论价值和实践指导意义。

读者对象：知识产权法官、律师、专利代理人、专利审查员、专利行政执法人员、知识产权教学研究人员等。

责任编辑：汤腊冬　王　岩　　　　　　**责任校对：**谷　洋
文字编辑：王　岩　　　　　　　　　　**责任出版：**刘译文

专利权有效性司法判断
石必胜　著

出版发行：知识产权出版社有限责任公司	**网　　址：**http：//www.ipph.cn
社　　址：北京市海淀区西外太平庄 55 号	**邮　　编：**100081
责编电话：010 - 82000860 转 8108	**责编邮箱：**tangladong@cnipr.com
发行电话：010 - 82000860 转 8101/8102	**发行传真：**010 - 82000893/82005070/82000270
印　　刷：三河市国英印务有限公司	**经　　销：**各大网上书店、新华书店及相关专业书店
开　　本：880mm×1230mm　1/32	**印　　张：**11.25
版　　次：2016 年 4 月第 1 版	**印　　次：**2016 年 4 月第 1 次印刷
字　　数：288 千字	**定　　价：**48.00 元
ISBN 978-7-5130-4092-1	

出版权专有　侵权必究
如有印装质量问题，本社负责调换。

前　言

由于我国专利制度建立的时间较短，理论界和实务界对专利法理论和实践问题的研究还不成熟，而且专利授权确权行政案件自2009年之后才统一由人民法院知识产权庭审理，审理此类案件的经验不足，因此专利授权确权行政案件的审判实践中存在很多问题，需要理论界和实务界对相关问题进行深入研究。机缘巧合，笔者遇到并抓住了对此问题进行深入研究的机会。早在2007年笔者还在北京市海淀区人民法院工作时，就对专利问题产生了浓厚兴趣，并在当年通过了专利代理人资格考试。2010年，笔者被遴选到北京市高级人民法院后，开始审理专利案件。大量专利案件的审判，让笔者积累了丰富的审判经验，也归纳和整理了实践中的大量问题，为相关问题的研究打下了坚实的基础。笔者在进行博士论文选题时，就决定对专利授权确权行政审判中最为重要的专利创造性判断问题进行研究。在博士论文基础上，2012年出版了专著《专利创造性判断研究》。此后，笔者一边继续从事专利审判工作，一边在孔祥俊教授的指导下继续以"专利授权确权审判理论研究"为主题从事博士后研究，并以"专利创造性司法判断规则"为主题申请了中国博士后科学基金资助项目。2013年年初，笔者在《中国知识产权》开设专栏，每个月都发表一篇针对专利授权确权审判实践中的问题进行研究的文章，至今已经发表30多篇。近几年，笔者还在《知识产权》《人民司法》《科技与法律》等期刊发表了多篇与专利权有效性判断有关的学术论文，在对近几年相关研究成果进行归纳整理的基础上形成了本书。本书可以看作是笔者在审理专利案件过程中对相关问题进行学习和思考的笔记。

在专利授权确权行政案件的司法实践中，主要争议都集中于诉争专利申请或专利权是否符合专利权有效性条件的判断上，而且在很多专利侵权案件中，也有一些争议涉及专利权有效性的判断。笔者近几年的相关研究主要集中于这些问题，故本书以"专利权有效性司法判断"命名。

本书对专利权有效性司法判断问题的研究，主要采用了以下研究方法：第一，比较法研究。本书涉及的很多问题都将我国相关规则与美国和欧洲进行比较，希望通过比较，能够有选择地借鉴国外的专利权有效性理论和规则来解决我国专利审判实践中的问题。第二，历史分析方法。本书对有些问题的研究不仅关注我国专利权有效性理论和规则的现状，还重视研究我国专利授权确权理论和规则的发展历程。历史唯物主义的态度也可以体现在对专利法的研究中。第三，案例分析方法。对于专利权有效性理论和规则的研究，不仅应当关注"文字上的法律"（law in books），更应当关注"运行中的法律"（law in action）。具体的法律规则往往体现在真实的、鲜活的案例中，因此本书大量研究了我国及其他国家和地区的案例，希望这些有代表性的案例能够增强本书的实践性。第四，法律经济学方法和心理学分析方法。专利制度根本上是一个功利性的、效率优先的制度，因此本书对专利制度基本理论的分析，着重采用了经济学理论和方法。专利创造性判断根本上是一个主观判断，心理学理论和方法能够在客观上解释专利创造性判断司法实践中的很多现象，并对专利创造性判断的客观化指出方向。第五，政策分析方法。笔者作为司法实务工作者，研究相关问题的出发点和落脚点都集中于我国的、当前的、实践的问题，因此本书对相关问题的研究包含了大量的政策分析，既考虑了我国的基本知识产权司法政策，又探索了专利权有效性问题所需要的更为具体的司法政策。

　　本书的写作不是为了完成工作任务，仅仅是业余爱好，具有非官方性。书中的所有观点及其中可能存在的错误反映的是笔者个人的看法，不代表笔者所在法院的观点。本书的写作过程也是笔者不断深入学习研究专利法的过程，具有时效性。笔者随时准备接受批评，修正本书的观点，书中的现有观点也不代表笔者将来的观点。如果本书能够为理论研究者和实务操作者在研究专利理论和实践问题时提供一些帮助，笔者将会非常欣慰。

略 语 表

本书涉及的相关法律文件及相关术语、名称的缩略语：

《中华人民共和国专利法》	《专利法》
《中华人民共和国行政复议法》	《行政复议法》
《中华人民共和国专利法实施细则》	《专利法实施细则》
《中华人民共和国行政诉讼法》	《行政诉讼法》
国家知识产权局令第 68 号《国家知识产权局关于修改〈专利审查指南〉的决定》	国家知识产权局令第 68 号
北京市第一中级人民法院	北京市一中院
北京市高级人民法院	北京市高院
知识产权审判庭	知识产权庭
行政审判庭	行政庭
国家知识产权局专利复审委员会	专利复审委员会
专利授权确权中的诉争专利	本专利

专利授权确权中的诉争专利申请	本申请
专利侵权纠纷中的诉争专利	涉案专利
Manual of Patent Examining Procedure（MPEP e8r9, August 2012）	《美国专利审查指南》
Guidelines for Examination in the European Patent Office（September 2013）	《欧洲专利局专利审查指南》
Case Law of the Boards of Appeal of the European Patent Office（Seventh Edition, September 2013）	《欧洲专利局申诉委员会案例法》
Examination Guidelines for Patent and Utility Model in Japan（December 2011）	《日本专利审查指南》

目　　录

第一章　专利授权确权行政案件的审理程序

专利授权确权行政案件的实际审理情况如何，司法实践中的主要特点和主要问题是什么，是对专利权有效性问题进行深入研究的最基本前提。下面对专利授权确权行政案件审理情况进行实证研究，并在此基础上对专利授权确权行政案件的审判程序等相关问题进行分析。

第一节　案件管辖情况

一、基本情况

我国《专利法》规定了三种类型的发明创造：发明、实用新型和外观设计。国家知识产权局对其受理的发明专利申请既要进行初步审查，也要进行实质审查；对实用新型和外观设计专利申请仅需进行初步审查。向专利复审委员会请求复审，是当专利申请经过初步审查或者实质审查被驳回后，《专利法》给予专利申请人的救济途径。如果对专利复审委员会的复审决定不服，还可以提起行政诉讼，这类案件被称为专利申请驳回复审行政案件或者专利授权行政案件。专利授权行政案件既包括专利申请人对发明、实用新型和外观设计专利申请初步审查作出的驳回决定不服而提出复审请求，随后又提起行政诉讼的案件，又包括专利申请人对发明专利申请实质审查中作出的驳回决定不服而提出复审请求，随后又提起行政诉讼的案件。

在专利权被授予后，任何单位或个人认为该专利的授权不符合专利法及其实施细则的规定，都可以向专利复审委员会提出宣告该专利权无效的请求。无效宣告请求既包括对经过实质审查的发明专利权提出的无效宣告请求，也包括对未经实质审查的实用新型和外观设计专利权提出的无效宣告请求；既包括他人提出的无效宣告请求，也包括专利权人自己提出的无效宣告请求。如果专利权人或无效宣告请求人对专利复审委员会的无效决定不服，可以在法定期限内向人民法院提起行政诉讼，这一类案件被称为专利无效行政案件或者专利确权行政案件。

二、相关法律规定

1984 年，《专利法》在第六届全国人大常委会第四次会议上通过。1992 年，为落实《中美知识产权保护备忘录》中的承诺，我国对《专利法》进行了第一次修改。2000 年 8 月，为适应我国加入世界贸易组织的形势需要，我国对《专利法》进行了第二次修改，取消了撤销程序，取消了专利复审委员会对实用新型和外观设计的终局决定权。这次修改取消了专利复审委员会的行政终局决定制度，确立了专利授权和确权的司法终局制度。2008 年 12 月，我国再次对《专利法》进行修改。

2000 年《专利法》第 41 条规定，国务院专利行政部门设立专利复审委员会。专利申请人对国务院行政部门驳回申请的决定不服的，可以自收到通知之日起 3 个月内，向专利复审委员会请求复审。专利复审委员会复审后，作出决定，并通知专利申请人。专利申请人对专利复审委员会的复审决定不服的，可以自收到通知之日起3个月内向人民法院起诉。2000年《专利法》第46条第2款规定，对专利复审委员会宣告专利权无效或者维持专利权的决定不服的，可以自收到通知之日起3个月内向人民法院起诉。人民法院应当通知无效宣告请求程序的对方当事人作为第三人参加诉讼。按照2000年《专利法》第41条规定提起行政诉讼的案件，被称为专利驳回复审行政纠纷案件，又被称为专利行政授权案件。按照2000年《专利法》第46条第2款规定提起行政诉讼的案件，被称为专利无效行政纠纷案件，又被称为专利行政确权案件，两类案件一并简称为专利行政案件。

三、管辖调整情况

人民法院2002年才实际受理依照2000年《专利法》以专利复审委员会为被告的专利授权和确权行政诉讼。按照最高人民法院2002年5月21日法〔2002〕117号《关于专利法、商标法修改后专利、商标相关案件分工问题的批复》的规定，不服专利复审委员会对专利确权的决定或裁定提起行政诉讼的，由北京市高级、中级人民法院管辖。按照2002年最高人民法院的批复，对于人民法院受理的涉及专利权的民事诉讼，当事人就同一专利不服专利复审委员会的无效宣告请求复审决定而提起行政诉讼的行政案件，由知识产权庭审理；不服专利复审委员会或者商标评审委员会的复审决定或者裁定的其他行政案件，由行政庭审理。因此专利授权和确权案件最终确定由北京市一中院的知识产权庭和行政庭一审，由北京市高院知识产权庭和行政庭二审。根据统计情况来看，专利授权和确权案件基本是平均分布在知识产权庭和行政庭。

2009年7月之后，我国所有专利授权确权行政案件都集中由知识产权庭审理，不再由行政庭受理。2009 年 6 月 26 日，最高人民法院发布了法发〔2009〕39 号《关于专利、商标等授权确权类知识产权行政案件审理分工的规定》，规定专利授权和确权行政案件集中由知识产权庭审理，行政庭不再审理专利行政案件，自 2009 年 7 月 1 日起施行。2009 年 7 月 6 日，北京市高院根据最高人民法院的上述规定，发布京高法发〔2009〕289 号《关于执行〈最高人民法院关于专利、商标等授权确权类知识产权行政案件审理分工的规定〉的意见》，规定专利行政案件由北京市一中院知识产权庭一审。这样一来，2009 年 7 月起所有新立案的专利行政案件一审都集中在北京市一中院知识产权庭，二审都集中在北京市高院知识产权庭。

按照法释〔2014〕12 号《最高人民法院关于北京、上海、广州知识产权法院案件管辖的规定》，2014 年 11 月 3 日起，该类案件由北京知识产权法院一审，二审均由北京市高院知识产权庭受理。

第二节　案件审理概况

一、收结案数量

2009～2013 年，北京市一中院受理的专利授权确权行政案件持续增长，增长率保持在 10% 左右。2010～2015 年，北京法院受理的一、二审专利授权确权行政案件的数量，如图 1－1 所示，其中 2015 年一、二审收案数量截至 2015 年 10 月 20 日。因北京知识产权法院成立，北京市一中院知识产权庭在 2014 年收案数量下降；由于 2015 年专利授权确权案件审理终结的数量较少，故 2014 年和 2015 年二审专利授权确权案件收案数量有暂时的明显下降。

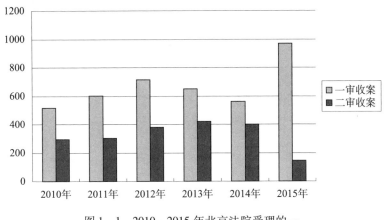

图 1 - 1　2010～2015 年北京法院受理的一、
二审专利授权确权行政案件数量统计

　　近几年，专利授权确权行政案件主要呈现以下特点：第一，对
专利授权确权行政决定的起诉率比较稳定。对专利授权行政决定提
起诉讼的比例在 6% 左右，对专利确权行政决定提起诉讼的比例在
25% 左右，未呈现出持续上升的趋势。第二，专利确权行政案件在
数量上多于专利授权行政案件。虽然近几年专利授权行政案件的数
量持续增长，但总量相对于专利确权行政案件还是较小，专利确权
行政案件数量大约为专利授权行政案件数量的 3 倍。第三，专利授
权确权行政案件的上诉率较高。近几年专利授权确权行政案件的上
诉率基本相同，保持在 50% 左右。

二、司法审查职能行使情况

　　近几年，二审法院撤销专利行政决定的案件数量占其结案总数
的 11%，其中专利授权行政案件的撤销率约为 6%，专利确权行政
案件的撤销率约为 12%。专利确权行政案件的撤销率明显高于专利

授权行政案件的撤销率。近几年，北京市高院改判一审判决的专利授权确权行政案件的比例约为11%。结合一审法院和北京市高院的案件审理情况，人民法院最终撤销行政决定的案件占审结的专利授权确权行政案件总数的13%。

行政决定被撤销案件的主要特点有：第一，专利授权案件的撤销率相对于专利确权行政案件的撤销率略低。第二，二审法院充分发挥了对一审判决的纠错功能。近几年，二审法院发回改判的案件中，不仅仅有对专利复审委员会行政决定的撤销，还有对一审判决的撤销，维持了专利复审委员会的行政决定。

第三节　案件主要争议

一、专利类型和当事人

近几年，一审审结的专利授权行政案件，除了极少数为实用新型专利申请驳回复审行政纠纷外，其余均为发明专利申请驳回复审行政纠纷。在一审审结的专利确权行政案件中，发明专利权无效行政纠纷占专利确权行政案件的45%左右；实用新型专利权无效行政纠纷占专利确权行政案件的40%左右；外观设计专利权无效行政纠纷占专利确权行政案件的15%左右。二审案件中各专利类型的情况基本相同。

近几年，一审专利授权确权行政案件中，涉外案件约占35%。二审案件中涉外案件比例与一审基本相同。当事人为外国人的案件中，以专利权人为外国人的情况为主，以发明专利案件为主。涉外案件中，外国当事人主要分布在美国、日本和德国等科技实力较强的国家。

二、主要法律争议

专利授权确权行政案件在诉讼阶段的争议焦点相对比较集中，多数与专利权有效性有关，主要集中在以下几个方面。

第一，关于创造性。在提起诉讼的专利授权确权行政纠纷中，涉及专利创造性判断的案件占到案件总数的 60%～70%。在一、二审法院撤销行政决定的案件中，以对创造性的认定有误为由撤销行政决定的案件约占 60%。创造性判断涉及的问题比较多，包括创造性判断的原则、创造性判断的方法和步骤、技术方案的理解、区别技术特征的认定及其对创造性判断的影响、本领域技术人员的知识和能力、专利创造性判断辅助因素的作用和使用时机，等等。

第二，关于新颖性。对新颖性判断的争议，主要集中于对专利权利要求的理解，对对比文件的技术领域，所解决的技术问题、技术方案和预期效果是否实质相同的认识。

第三，关于说明书是否充分公开和权利要求书是否得到支持。主要争议体现在对说明书和权利要求书的关系的认识、对本领域技术人员的能力和水平的认识和对技术方案的理解等问题上。

第四，关于专利申请文件和专利文件修改超范围。主要争议在于，对于专利申请文件的修改标准如何具体掌握，是否应当区分说明书和权利要求书的修改规则，在授权之前对权利要求书进行修改时是否可以进行概括，在授权之后对权利要求书进行修改时是否必须限于《专利审查指南》规定的三种形式。

第五，关于程序和证据问题。主要争议在于，在个案中专利复审委员会是否遵守了请求原则和听证原则，对证据的证明力及证明标准的认定是否准确等。

第四节 专利复审依职权审查的合法性

在"表面改性的沉淀二氧化硅"发明专利驳回复审行政纠纷案❶中，国家知识产权局原审查部门以不符合 2000 年《专利法》第 33 条的规定为由驳回了本申请。申请人不服，向专利复审委员会提出复审请求，专利复审委员会作出第 30895 号专利复审请求审查决定，以本申请不符合 2000 年《专利法》第 23 条规定的创造性为由，维持了原审查部门对本申请的驳回决定。专利复审委员会改变理由维持驳回决定的依据是 2010 年版《专利审查指南》第四部分第二章第 4.1 节的相关规定，即专利复审委员会可以依据驳回决定未指出的明显实质性缺陷作出维持驳回决定的审查决定。本案的一、二审都认为专利复审委员会的审查决定应当予以撤销。在诉讼阶段，本案的争议焦点之一是，专利复审委员会是否可以改变理由维持驳回决定，本申请不具备创造性是否属于 2010 年版《专利审查指南》规定的"驳回决定未指出的明显实质性缺陷"。由于这个问题在近年的专利授权行政纠纷案件中比较常见，因此有必要对此进行研究。对这个问题的分析主要有三个层次：第一，2010 年版《专利审查指南》的相关规定是否有合法性；第二，2010 年版《专利审查指南》的相关规定在我国现实背景下是否具有合理性；第三，在司法实践中如何限制"驳回决定未指出的明显实质性缺陷"。以下分析 2010 年《专利审查指南》相关规定的合法性及其对策。

---

❶ 北京市高级人民法院（2012）高行终字第 1486 号行政判决书。

一、行政法一般原理的分析

按照行政法的一般原理，行政复议具有救济性质，如果具体行政行为认定事实清楚，证据确凿，适用依据正确，程序合法，内容适当，可以依照《行政复议法》第 28 条的规定予以维持，否则，应当依法撤销、变更或者确认该具体行政行为违法，或者决定作为被申请人的行政机关履行法定职责。总之，行政复议机关不能代替直接作出具体行政行为的行政机关直接作出具体行政行为。按照这样的原则，专利复审委员会就不能超越实质审查部门的驳回理由来维持驳回决定，2010 年版《专利审查指南》第四部分第二章第 4.1 节相关规定的合法性值得探讨。

当然，如果《专利法》或《专利法实施细则》规定专利复审委员会可以像国家知识产权局原审查部门一样继续对发明专利进行实质审查，那么专利复审委员会也当然可以发明专利申请不符合驳回决定未指出的《专利法》的其他规定为由维持对发明专利申请的驳回决定。《专利审查指南》的相关规定是否合法，需要进一步研究《专利法》或《专利法实施细则》的相关规定。2008 年《专利法》第 37 条规定："国务院专利行政部门对发明专利申请进行实质审查后，认为不符合本法规定的，应当通知申请人，要求其在指定的期限内陈述意见，或者对其申请进行修改；无正当理由逾期不答复的，该申请即被视为撤回。"按照此规定，对发明专利申请进行实质审查的部门应当是国务院专利行政部门。而且 2008 年《专利法》第 38 条规定，发明专利申请经申请人陈述意见或者进行修改后，国务院专利行政部门仍然认为不符合本法规定的，应当予以驳回。这里所说的能够对发明专利申请予以驳回的也是国务院专利行政部门。能够进行实质审查并直接驳回发明专利申请的国务院专利行政部门是否包括专利复审委员会呢？这需要进一步看 2008 年《专利法》第 41 条第 1 款的规定，"国务院专利行政部门设立专利复审委员会。专利申请人对国务院专利行政部门驳回申请的决定不服的，可以自收到通知之日起三个月内，向专利复审委员会请求复审。专利复审委员会复审后，作出决定，并通知专利申请人"。尹新天老师在 2013 年 2 月 4 日讨论专利复审是否可以改变理由维持驳回决定的学术研讨会上认为，2008 年《专利法》第 41 条中的"国务院专利行政部门设立专利复审委员会"表明专利复审委员会并不同于 2008 年《专利法》第 37 条和第 38 条规定中可以对发明专利进行实质审查并予以驳回的国务院专利行政部门。

二、对《专利法实施细则》第 63 条的理解

专利复审委员会对于复审如何处理，2010 年修订的《专利法实施细则》第 63 条进行了具体规定，其中第 1 款规定："专利复审委员会进行复审后，认为复审请求不符合专利法和本细则有关规定的，应当通知复审请求人，要求其在指定期限内陈述意见。期满未答复的，该复审请求视为撤回；经陈述意见或者进行修改后，专利复审委员会认为仍不符合专利法和本细则有关规定的，应当作出维持原驳回决定的复审决定。"这款规定表明，专利复审委员会只能对复审请求而不是对发明专利申请是否符合《专利法》和《专利法实施细则》进行审查，因此专利复审委员会不能代替原审查部门进行实质审查。如果认为复审请求仍然不符合《专利法》和《专利法实施细则》相关规定，专利复审委员会应当维持原驳回决定。如果认为复审请求符合《专利法》和《专利法实施细则》的相关规定，或者认为经过修改的专利申请文件消除了原驳回决定指出的缺陷的，专利复审委员会应当按照 2010 年修订的《专利法实施细

则》第 63 条第 2 款的规定撤销原驳回决定。因此，《专利法》和《专利法实施细则》的相关规定表明，专利复审委员会的复审程序只是救济程序，并不能使专利复审委员会代替实质审查部门。

也有观点认为，专利复审不仅仅是救济程序，也是实质审查程序的延续，可以对发明专利是否符合驳回决定没有指出的《专利法》和《专利法实施细则》的其他规定进行审查。这种观点的理由之一是，2010 年修订的《专利法实施细则》第 63 条规定，发明专利申请人可以在复审程序中修改专利申请文件以消除原驳回决定所指出的缺陷，专利复审委员会审查的对象不再局限于复审请求，而实际上是对修改以后的专利申请文件进行实质审查。但是，在专利复审程序中对专利申请文件的修改是有一定限制的，那就是以克服驳回决定指出的缺陷为前提。专利复审对修改以后的专利申请文件是否克服了驳回决定指出的缺陷的审查，实际上还是对驳回决定的理由是否依然成立的审查，并没有超出复审请求的范围。因此，以复审阶段可以修改专利申请文件为由认为复审是实审的延续的观点是难以成立的。

三、小结

前面的分析表明，2010 年版《专利审查指南》第四部分第二章第 4.1 节规定专利复审委员会可以依据驳回决定未指出的明显实质性缺陷维持驳回决定是否有充分的法律依据，恐怕还值得研究。虽然近年来专利复审委员会改变理由维持驳回决定的做法得到了部分判决的支持，而且这样的做法具有一定的合理性，但 2010 年版《专利审查指南》的相关规定仍然值得质疑。现有的问题，最好的解决办法是在修改《专利法》或《专利法实施细则》时明确规定专利复审委员会依职权审查的范围。

第五节　专利无效决定即时生效存在的问题

2013 年 1 月 29 日，国家知识产权局向国务院法制办提交国知发法字〔2013〕11 号知识产权局关于提请审议《中华人民共和国专利法修订草案（送审稿）》。国家知识产权局在送审稿中认为，为解决专利侵权案件因无效宣告程序而拖延的问题，建议规定：国务院专利行政部门应当及时登记和公告无效宣告请求审查决定，该决定自公告之日起生效（送审稿第 46 条）；无效宣告请求审查决定生效后，管理专利工作的部门和人民法院应当根据该决定及时处理、审理专利侵权纠纷（送审稿第 60 条）。上述规定可简称为专利无效决定即时生效。专利法修改是否应当规定专利无效决定即时生效呢？笔者认为有 10 个问题需要思考。2014 年 5 月 5 日，笔者参加了国务院法制办就《专利法》修改举办的研讨会，在会上，笔者针对专利无效决定即时生效提出了值得思考的 10 个问题。下面即为在发言基础上整理的 10 个问题，希望对这些问题的进一步研究能够对《专利法》的修改有所帮助。

一、合法性分析

问题一，现行专利法及其实施细则是否违反行政法的一般原理？2000 年 8 月，为适应我国加入世界贸易组织的形势需要，我国对《专利法》进行了第二次修改。这次修改取消了撤销程序，取消了专利复审委员会对实用新型和外观设计的终局决定权。与之基本相同的是，现行《商标法》规定对商标评审委员会的商标异议裁定和商标争议裁定不服可以提起行政诉讼，而且在提起诉讼的情况下，商标异议裁定和商标争议裁定是否生效应当取决于人民法院是否判决维持商标异议裁定和商标争议裁定。在送审稿中，国家知识产权局认为，专利复审委员会作出的无效宣告请求审查决定属于具体行政行为，依照行政法的一般原理，该决定作出并送达当事人即可生效。问题在于，现行《商标法》和《专利法》的相关规定及现行做法并不违反行政法的一般原理。第一，行政机关作出的所有具体行政行为都应当送达当事人即可生效，这并非行政法的一般原理。第二，如果国家知识产权局所说的行政法一般原理是成立的，那就意味着全国人大在制定现行《专利法》和《商标法》时，最高人民法院在实施现行《专利法》和《商标法》时，都违反了这个行政法一般原理，很明显，这个结论是错误的。第三，如果现行专利法及其实施细则的相关规定，即专利无效决定的最终生效取决于人民法院的判决，并没有违反行政法一般原理，那么在这次修改《专利法》的时候以行政法的一般原理来作为规定专利无效决定即时生效的理由就是站不住脚的。第四，在送审稿中，国家知识产权局认为，目前《专利法》没有明确无效宣告请求审查决定的生效时间。但是，在2000年《专利法》实施后至今的十多年中，基本上没有人对无效决定的生效时间提出过质疑，这表明大家认为《专利法》已经规定了生效时间，即超过诉讼时效之日或人民法院终审判决生效之日。

问题二，为什么2000年《专利法》第46条第2款会规定对所有专利无效决定不服都可以起诉，在进行司法审查之后再决定专利无效决定是否应当生效？是什么法律和现实原因导致了无效程序司法终局的规定，这样的规定是不是满足TRIPs协议和加入世界贸易组织的必要条件？在这些法律和现实原因并没有改变之前，不宜改变现有的做法。而且，中国专利制度的现实情况也需要规定专利无效程序的司法终局。如果在修改《专利法》时规定专利无效决定即时生效，就可能会违反 TRIPs 协议的要求，会影响专利制度的运行现状。

问题三，即时生效有比较法的理由吗？世界上基本没有哪个国家和地区的行政机关作出的类似于专利无效的行政决定不需要经过类似的司法审查而即时生效。例如，我国台湾地区 2011 年"专利法"第 82 条（专利权之撤销确定情形）规定：（1）发明专利权经举发审查成立者，应撤销其专利权；其撤销得就各请求项分别为之。（2）发明专利权经撤销后，有下列情形之一，即为撤销确定：①未依法提起行政救济者。②提起行政救济经驳回确定者。（3）发明专利权经撤销确定者，专利权之效力，视为自始不存在。台湾地区"专利法"的上述规定表明，如果对专利撤销的决定不服可以提起行政救济，而撤销决定应当在行政救济之后才能生效。

问题四，支持即时生效的民意基础在哪里？有多少人会支持即时生效，有多少人会反对即时生效？第一，即时生效对谁有影响。国家知识产权局在送审稿中表示，2009～2011 年，当事人就无效宣告请求审查决定的起诉率仅约为 20%。首先需要明确的是，是否规定即时生效对不起诉的那 80% 的案件当事人没有任何影响，换言之，那 80% 无效案件中的当事人既不会反对无效决定即时生效，也不会支持无效决定即时生效，只有那 20% 案件的当事人会受到即时生效规定的影响。第二，受到即时生效规定影响的 20% 案件的当事人中，哪些人会反对即时生效。司法实践中，20% 的案件中有一部分案件，无效请求人和专利权人都不服无效决定，尤其是无效决定认定部分权利要求有效、部分权利要求无效的情况下。这意味着，假设有 20 个案件提起诉讼，无效请求人有 20 个，专利权人有 20 个，在这 40 个当事人中，希望有机会提起诉讼的当事人超过了 20 个人。换言之，对无效决定不服提起诉讼的那 20% 案件的当事人中，反对即时生效的人在比例上和数量上都超过赞同即时生效的

人。第三，既然在利害关系人中反对无效决定即时生效的人在数量
上和比例上都是多于支持即时生效的，那么规定无效决定即时生效
就缺乏民意基础。

二、合理性分析

问题五，为什么要规定专利无效宣告程序？第一，发明专利实
质审查的质量是否有瑕疵，如果有瑕疵，有瑕疵的比例有多少，是
否有必要为了纠正这些瑕疵而影响发明专利权人的维权周期，这都
需要实证研究。第二，如果没有专利无效程序，没有经过实质审查
的实用新型专利的专利有效性瑕疵如何纠正，这将会是一个问题。
国家知识产权局在送审稿中表示，专利侵权纠纷往往引发关于专利
权有效性的争议。这表明，除了因为故意拖延诉讼而提出无效宣告
请求以外，确实也有很多被告认为专利权有效性存在瑕疵。第三，
处理专利侵权案件的基本指导思想是什么，并不仅仅是为了保护专
利权人，还应当有保护社会公众的合法权益不受损害的目的。专利
有效性有瑕疵的实用新型专利和发明专利不应当保护，应当在侵权
纠纷中给当事人提供一个机会对实用新型专利或发明专利有效性提
出挑战。

问题六，为什么要规定专利无效决定的司法审查？为了加快专
利侵权纠纷的处理，能不能禁止专利侵权案件的被告对专利无效决
定提起诉讼？第一，专利无效决定的质量确实有瑕疵，应当给予当
事人司法救济的机会。2009～2014年，人民法院最终撤销行政决定
的案件占审结的专利授权确权行政案件总数的13%左右。如果不允
许对专利无效决定提起诉讼，上述无效决定被撤销的案件当事人就
会丧失相应的救济机会。第二，我国的无效决定可靠性并不比别国
的专利行政部门更强。不能认为中国的专利复审委员会审查质量比

其他国家和地区的质量高，所以不需要司法审查程序。相关资料表明，2012 年，美国司法机关对专利行政决定的撤销率为 12% ~ 14%，这与我国司法机关对专利复审委员会的行政决定的撤销率大致相当。这表明，我国专利复审委员会作出的无效决定并不高于其他国家的相应机关。第三，即使仅仅是为了少数有错误的行政行为而规定对具体行政行为进行司法审查，也是有必要的。国家知识产权局在送审稿中表示，2009 ~ 2014 年，当事人就无效宣告请求审查决定的起诉率仅约为 20%，而经司法审查最终被撤销的仅占其中的 8%，故仅有约 1. 6% 的无效宣告请求审查决定被最终撤销。因此，实践中无效宣告请求审查决定的可靠性强，适于即时生效。但是，对具体行政行为的司法审查的价值不仅是为了纠正那少量的有错误的行政行为，还有更大的价值。比如，促使行政机关更为谨慎地行使行政权力，给行政相对人提供一个质疑行政决定的机会，从而在司法救济程序中宣泄不满情绪以维护社会稳定，等等。

问题七，现有专利无效程序是否真的很拖延？第一，相对于其他国家的专利侵权纠纷处理期限而言，我国的专利侵权纠纷处理期限是更短还是更长，目前还缺少确切的实证数据。第二，假设因为无效程序的拖延导致进入了专利侵权纠纷处理程序，那么需要分析专利无效程序在什么环节上有拖延。专利复审委员会对专利无效案件的平均审理期限是多少，法院的平均审理期限是多少，现有的审查期限是否合理，把这些实际情况搞清楚后，才能有针对性地提出解决方案。第三，如果无效程序确实有拖延，是什么原因导致的，需要具体问题具体分析，是因为专利复审委员会或法院的审理效率不高，还是因为专利案件的特点导致的，要具体分析。如果是因为审理效率不高，是什么原因，应当有针对性地消除这些原因。第四，如果是因为司法审查要经过一审和二审两个程序，所以导致拖

延，可以考虑修改法律，规定专利复审委员会具有司法性质，对专
利复审委员会的决定不服可以提起上诉，人民法院对无效决定只进
行一次审理。第五，为了避免无效程序的拖延，可以考虑采取专利
无效的双轨制，即在专利侵权案件中允许被告以专利有效性瑕疵提
出抗辩。这样一来，除了专利复审委员会可以审理无效宣告请求，
审理专利侵权案件的法院也可以在个案中决定专利权是否具有排他
性。在设立知识产权法院之后，专利侵权案件集中到少数法院审
理，同一个专利上诉法院既审理专利侵权案件又审理专利无效案
件，双轨制面临的问题将会被解决。第六，为了避免无效程序拖
延，可以考虑要求专利复审委员会审查无效请求人的全部无效理由
后才能作出无效决定。现在的实践中，由于专利复审委员会不审理
全部无效理由，已经导致了无效程序的重复。无效请求人提出了多
个无效理由，专利复审委员会如果认为专利权有效，就会在无效决
定中反驳全部无效理由；但如果审查员发现有一个无效理由成立，
在无效决定中就只评述这一个理由，不再评述其他无效理由是否成
立。在诉讼程序中，如果人民法院认为无效决定中的哪一个无效理
由评错了，由于人民法院只认定具体行政行为是否正确，不能代替
行政机关作出无效决定，因此只能撤销无效决定发回专利复审委员
会重新对其他无效理由进行评述，这也是人为导致无效程序拖延的
原因之一。为了避免无效程序的拖延，建议专利复审委员会改变做
法，一次性全面地评述所有无效理由，避免二次审查。

　　问题八，处理专利侵权纠纷的根本目的是什么，是不是越快越
好？专利侵权诉讼的根本目的是什么，除了保护专利权之外，应当
还有保护社会公众的合法权益不被损害。国家知识产权局在送审稿
中认为，专利复审委员会宣告专利权无效或者维持专利权的决定的
即时生效对专利侵权纠纷的尽快解决至关重要。但是笔者认为，第

一，专利权的授予和保护，只是手段而不是根本目的。专利权的授予和保护，不仅仅是为了专利权的授予和保护，根本目的是通过促进创新，从而促进社会福利最大化。为了通过促进创新实现社会福利最大化，对专利权的保护应当适度，应当在保护专利权的同时把握好专利权人与其他创新主体之间的利益平衡。第二，专利侵权纠纷的处理，除了保护专利权之外，还应当排除不应当保护的专利权，还应当保护没有落入专利权保护范围的被控侵权技术方案的自由使用，还应当保护有合理抗辩理由的被告正当使用技术。为了实现上述各项目标，不宜简单地认为专利侵权纠纷的处理越快越好。没有合理的时限对各种程序进行正确处理，就无法达到上述多项诉讼目的。

三、后果分析

问题九，即时生效真的有利于保护专利权吗？第一，无效决定的结论中，宣告专利权无效的比例更大还是维持专利权有效的比例更大，还需要实证分析。改判案件中，维持专利权有效的判决多还是认定专利权无效的判决多，仍然需要实证分析。第二，对无效决定提起诉讼的原告中，无效请求人多还是专利权人多，需要实证分析。如果起诉的专利权人多，意味着即时生效对专利权人是不利的，在表面上是不利于保护专利权的。在法院改判的案件中，将无效决定宣告无效的专利认定为有效的比例是多少，也需要实证分析。第三，即使人民法院在判决中撤销无效决定，将无效决定中认定为有效的专利认定为无效，也不一定不利于保护专利。

问题十，即时生效的负面后果如何处理？即时生效后，10%以上对无效决定进行改判的案件将面临如何处理的问题。第一，管理专利部门的行政机关因专利侵权进行的处罚，处罚决定如果过了起诉期限，如何处理，存在很多问题。第二，审理侵权案件的审判机关按照无效决定作出的判决生效了，无效决定被纠正了，未生效判决如何处理，应当改判还是发回重审，已经生效的判决如何处理，是否通过审判监督程序纠正，存在很多问题。第三，专利复审委员会的无效决定在即时生效后，又被法院判决纠正了，专利复审委员会因错误作出无效决定所造成的损失，是否应当进行国家赔偿，需要配套的规则。2008 年《专利法》第 47 条规定，宣告无效的专利权视为自始即不存在。宣告专利权无效的决定，对在宣告专利权无效前人民法院作出并已执行的专利侵权的判决、调解书，已经履行或者强制执行的专利侵权纠纷处理决定，以及已经履行的专利实施许可合同和专利权转让合同，不具有追溯力。但是因专利权人的恶意给他人造成的损失，应当给予赔偿。依照前款规定不返还专利侵权赔偿金、专利使用费、专利权转让费，明显违反公平原则的，应当全部或者部分返还。在无效决定即时生效后，被认定为无效的专利被其他人大量实施，最终却被法院判决认定为有效，其后果如何处理，也需要配套的制度。

四、小结

前文的分析表明：第一，法律的修改应当以解决现实问题为出发点和落脚点，现实问题是什么，需要有实证分析，必要时应当有数据支持。第二，法律的修改应当考虑专利制度的基本目的，修改应有利于基本目的的实现，对法律修改的实践后果的考察必不可少。只有对前面提到的问题进行深入思考之后，才能正确决定是否应当在修改《专利法》时规定无效决定即时生效。从现有情况来看，在修改《专利法》时规定无效决定即时生效可能会产生一系列不利后果，整体而言可能是弊大于利，因此应当慎重进行研究。

第二章　专利权保护范围的确定

在专利授权确权行政审判中，专利权保护范围的确定是一个基本前提，大量案件的争议焦点涉及对权利要求书的解释。在司法实践中，对于专利权保护范围的确定和权利要求书的解释，有很多问题值得深入研究，下面对其中几个争议较大的问题分别进行研究。

第一节　隐含特征在权利要求解释中的作用

关于权利要求书的解释，特别需要强调的是，这既不是单纯的语文课，也不是单纯的法律课，更不是单纯的技术课，而是三者的结合。例如，并非只要权利要求书中没有记载的技术特征就绝对没有限定作用，在有些情况下，对权利要求进行解释时也需要考虑隐含的限定特征。如何在权利要求解释中考虑隐含特征，可以从以下几个方面来分析。

一、考虑隐含特征的理论基础

我国《专利法》规定，权利要求的保护范围应当根据权利要求书的记载，结合本领域技术人员阅读说明书和附图后对权利要求的理解进行。最高人民法院强调，权利要求的保护范围必须通过它所要传递的发明思想来确定。在解释专利权利要求时，不应机械地理解权利要求书的文字和措辞，应当通过参考和研究说明书及附图，在综合考虑发明创造的技术领域、现有技术情况、发明创造的技术方案要解决的技术问题、预期要达到的技术效果的基础上合理地确定专利保护范围。上述基本规则可简称为权利要求解释的综合理解原则。❶

　　既然要结合现有技术、技术问题、技术方案和技术效果综合理解权利要求所要求保护的范围，即使有些限定特征没有写在权利要求书中，但在确定其保护范围时也必须予以考虑，否则就不符合权利要求所要传递的发明思想。例如，在"自动刮料器"的发明专利权无效行政纠纷案❷中，权利要求 1 为："1. 自动刮料器，包括气缸（2）和电磁阀（3）和刮板（9），其特征在于动力气源通过电磁阀控制使气缸动作，从而控制刮板（9）上、下动作，使刮板（9）能够按照规定的时间周期实现下降和抬起动作。"本案争议焦点之一为，本专利所述的"自动刮料器"是否应用于制砖机的夹坯器。北京市高院认为，本专利权利要求 1 在文字上并未限定自动刮料器专用于制砖机，因此本专利权利要求 1 的保护范围从字面上理解可能包括其他非用于制砖机的刮料器。但是，对专利保护范围的理解要综合考虑发明创造要解决的技术问题和所产生的技术效果。本专利说明书的"背景技术"部分记载，"在现有的生产中，为了防止带坯现象的发生，粉煤灰砖机工作较短的时间就需要进行人工清料，生产效率低，一旦把压制成型的砖坯带回到模腔上部，就会产生压坏模具事故"，在说明书"发明内容"部分中记载，"本发

---

❶　石必胜："隐含限定特征在权利要求解释中的作用"，载《中国知识产权》2013 年第 12 期，第 25 页。

❷　北京市高级人民法院（2012）高行终字第 409 号行政判决书。

明的目的在于克服现有技术中的不足之处而提供一种能够提高生产效率，预防事故发生的一种自动刮料器"。本领域技术人员由说明书的记载可以非常清楚地知道，发明目的中涉及的"现有技术的不足"就是指"背景技术"部分中记载的现有夹坯器工作中需进行人工清料而生产效率低、因带坯而压坏模具的不足，从而能够看出，本发明的目的在于克服制砖机中现有夹坯器工作中存在的上述不足。并且，在本专利说明书"具体实施方式"部分，对本发明的自动刮料器的描述也是紧密联系制砖机夹坯器进行的。因此，本领域技术人员根据本专利说明书的记载能够毫无疑义地认识到本发明的自动刮料器是用于对夹坯器进行刮料，上诉人的相关上诉主张，不应当予以支持。

在新颖性判断过程中，在确定对比文件所公开的技术信息的时候，也要考虑隐含特征。《专利审查指南》规定，对比文件是客观存在的技术资料。引用对比文件判断发明或者实用新型的新颖性和创造性时，应当以对比文件公开的技术内容为准。该技术内容不仅包括明确记载在对比文件中的内容，而且包括对于所属技术领域的技术人员来说，隐含的且可直接地、毫无疑义地确定的技术内容。

二、考虑隐含特征的主体标准

为了确保专利权人获得的利益与其对技术进步作出的贡献相适应，合理地平衡发明人与社会公众的利益，在权利要求的解释中应当强调主体标准为本领域技术人员。如果本领域技术人员结合权利要求书和说明书可以明确地、毫无疑义地确定权利要求书中隐含地包含了某项技术特征，则在解释权利要求时应当考虑该项隐含的限定特征，相反地，如果本领域技术人员不能毫无疑义地确定权利要求中是否包含某项技术特征，则在权利要求解释时就不能考虑该限定特征。欧洲专利局在制定专利申请文件和专利文件的修改规则时认为，在确定专利申请文件公开的技术信息时，应当考虑对本领域技术人员而言隐含公开（implicit disclosure）的技术特征。❶

　　考虑隐含特征不仅能够避免将确实有技术贡献的发明创造排除在专利权保护范围之外，同时也能够避免不恰当地限定专利权保护范围。本领域技术人员不是机器人，其在阅读说明书的基础上理解权利要求的保护范围时，不会单纯地受到权利要求书的文字表述的限制，还会加入其掌握的公知常识和其他专业技术知识来解读权利要求书文字表述所要传递的技术信息。例如，一种手机，即使权利要求书中未明确记载其有天线，但本领域技术人员结合公知常识可以直接地、毫无疑义地认识到该手机隐含地包括了天线这一技术特征。则该隐含的限定的技术特征也应当在权利要求解释中被考虑进去。换言之，本领域技术人员这一主体标准为解读权利要求书时增加隐含的限定的技术特征提供了可能，而且，本领域技术人员这一主体标准也构成对隐含特征的限制，本领域技术人员认为不构成限定的技术特征的，就不能作为隐含特征来限制保护范围。

　　当然，由于本领域技术人员是一个虚拟的主体，在司法实践中本领域技术人员这个主体的知识和能力能够达到什么样的标准，需要通过证据来证明。例如，在"含有多塞平衍生物治疗过敏性眼部疾病的局部眼用制剂"发明专利权无效行政纠纷案❷中，由于本专利权利要求1在文字上没有限定该制剂的治疗对象是人还是动物，故争议焦点之一在于本专利权利要求1的技术方案是否具有"治疗人的过敏性眼部疾病"而非"治疗动物的过敏性眼部疾病"的隐

---

❶　《欧洲专利局专利审查指南》第 H 部分第 Ⅳ 章第 2.3 节。
❷　北京市高级人民法院（2013）高行终字第 1696 号行政判决书。

含限定特征。对此问题，北京市高院认为，站在本领域技术人员的角度来看，在药物发明这一领域，如果没有明确限定药物用于人还是动物的情况下，是否必然应当推定为专用于人而不包括动物，需要相关的证据来证明。在本案中，专利权人虽然主张只要没有明确限定治疗对象就是专用于人，但专利复审委员会并不同意该主张，而且专利权人并未证明其主张，故法院认为上诉人主张权利要求1隐含地限定了只专用于人而不包括动物，证据不足，该项上诉主张应当不予支持。

三、考虑隐含特征的限制条件

虽然《专利法》规定，说明书及附图可以用于解释权利要求的内容，但是不能通过解释权利要求而将仅体现在说明书实施例及附图中但未记载在权利要求书中的技术特征纳入专利权保护范围。权利要求书具有公示专利权保护范围的作用，要保护相关公众对公示的保护范围的信赖，否则，会损害公共利益。专利权具有公示性和排他性，为了平衡社会公众和专利权人的利益，在专利授权确权诉讼和专利侵权诉讼中，权利要求的解释规则应当一致，专利权的保护范围应当相同。不能允许专利权人在专利授权确权诉讼中声称自己是一只猫，而到了侵权诉讼中就变成一只老虎。在权利要求的解释中，没有记载在权利要求书中的隐含限定特征的考虑，必须受到严格的限制。为了平衡专利权人与相关公众的利益，笔者认为，除了本领域技术人员结合说明书能够明确地、毫无疑义地确定的隐含限定特征，其他仅仅是记载在说明书中而没有记载在权利要求书中的技术特征应当不予考虑。

例如，在前述"含有多塞平衍生物治疗过敏性眼部疾病的眼用制剂"发明专利权无效行政纠纷案中，专利说明书中虽然强调了人与动物的药物作用机理可能会有区别，也强调了化合物 A 对人的作用如何，但本专利说明书中也表述："在大鼠结膜中进行的被动过敏分试验中测试化合物 A 的局部活性。该试验表明了局部使用化合物 A 是否可有效预防或降低结膜的局部过敏反应。"❶ 对本领域技术人员而言，在本专利说明书的基础上，按照权利要求书撰写的一般规则，可以将保护范围概括为既针对人的治疗又针对动物的治疗，也可以将保护范围概括为只针对人的治疗。在本案现有证据基础之上，本领域技术人员即使结合说明书来看，也并不能直接地、毫无疑义地认定本专利权利要求 1 排除了治疗对象为动物的情形，因此，不能认定本专利权利要求 1 具有专用于人的隐含限定特征。

四、考虑隐含特征的引导方向

对权利要求的解释规则同时也是引导权利要求撰写的激励规则。为了激励发明人清楚、明确地表述专利权保护范围，使专利权保护范围能够尽量清晰、明确，应当激励和引导专利申请人尽可能明确地将限定特征表述在权利要求书中。在前述"含有多塞平衍生物治疗过敏性眼部疾病的局部眼用制剂"发明专利权无效行政纠纷案中，专利权人在诉讼中强调，其非常明确地希望权利要求 1 只限于"治疗人的过敏性眼部疾病"而不包括"治疗动物的过敏性眼部疾病"。既然这样，专利权人就应当在权利要求书中非常清楚地通过文字表述明确这一点，否则就应当承担不利后果。在专利权人可以很容易地将"治疗人的过敏性眼部疾病"写入权利要求书，但却没有将该技术特征写入权利要求书，从而导致其在获得较大保护范围的情况下，应当承担由此产生的不利后果。只有这样，才能有效

---

❶ 北京市高级人民法院（2013）高行终字第 1696 号行政判决书。

激励和引导专利申请人在撰写权利要求时尽可能地明确地、合理地增加或减少限定特征，才能尽量减少因为隐含限定特征而引发的纠纷。

第二节　权利要求解释的语文视角

专利诉讼涉及语文、技术和法律三个方面的问题。在专利诉讼中，很多人都很重视技术问题和法律问题，却不太注意语文问题，但事实上，这三个方面同样重要。专利诉讼中的语文问题涉及专利文件的撰写、专利文件的解释、诉讼文件的撰写、庭审中的口头表达多个方面，其中，权利要求书的撰写及解释无疑是最重要的问题。例如，在2012年最高人民法院知识产权年度报告中，有21个案例涉及专利，其中又有4个案例涉及语文问题，分别是：案例2，西安秦邦案；案例5，胡小泉案；案例8，柏某专利权纠纷案；案例12，新利达电池案。这4个案例的争议焦点，都围绕权利要求书的撰写和解释展开。笔者在专利审判实践中感觉到，就权利要求书的撰写，从语文的角度来看，应当符合四个标准：通顺、清楚、准确、简要。下面结合具体案例简要分析权利要求书的上述语文评价标准。

一、通顺（没有逻辑或语法毛病）

《辞海》对"通顺"的释义是："文章没有逻辑或语法上的毛病。"在审判实践中，如果权利要求书中存在逻辑或语法上的问题，很容易引发争议。例如，在"精密旋转补偿器"实用新型专利权无效行政纠纷案❶中，本专利权利要求1为："1. 一种精密旋转补偿

---

❶　最高人民法院（2011）行提字第13号行政判决书。

器，包括外套管、内管、压料法兰、延伸管和密封材料，内管（1）与外套管之间装有柔性石墨填料，柔性石墨填料的端面装有压料法兰，压料法兰与外套管一端的法兰之间由螺栓连接，外套管内凸环和内套管外凸环之间设有钢球；在所述的外套管的另一端与延伸管连接，两者之间留有间隙，其特征在于：所述的延伸管为与内套管内径相同的直管，两者同轴对应；所述的压料法兰的外侧与外套管的内侧为紧密配合。"由于该权利要求书没有写清楚是什么"在所述的外套管的另一端与延伸管连接"，这是有明显的语法毛病的。该权利要求书也没有写清楚"两者之间留有间隙"是什么与什么之间，由于在前面的表述中出现了"延伸管"这个部件，但缺少另一个部件，因此在逻辑上没有讲清楚"两者"中的另一个部件是什么。正是因为该专利权利要求书存在上述逻辑和语法毛病，才使得当事人可以根据自己的利益来提出不同的主张，由此产生了争议。在该案中，当事人提出了两种观点：第一种观点认为，外套管的另一端与延伸管连接，外套管与延伸管之间留有间隙；第二种观点认为，内管在外套管的另一端与延伸管连接，内管与延伸管之间留有间隙。在该案中，专利复审委员会、一审法院和二审法院都支持了第一种观点，专利权人不服提起行政诉讼，然后提起上诉，最后提起再审请求。

最高人民法院最终支持了专利权人所持的第二种观点。且不说从技术上为什么最高人民法院会支持专利权人的观点，但说如果在撰写权利要求书的时候代理人的语文水平再高些，避免了逻辑和语法上的毛病，也许不会导致专利权人长时间的起诉、上诉和再审，可节省很多的诉讼成本。既然专利权人是第二种观点，那么完全可以非常容易地将权利要求中的相关部分撰写为"内管在外套管的另一端与延伸管连接，两者之间留有间隙"。如此一来，前面所述的

"内管"与"延伸管"自然就成为后面所述的"两者",无论是逻辑上还是语法上都没有问题,也不会引发争议。笔者在审理案件过程中经常感慨,如果当初专利申请人多花一些工夫在撰写上,假设量化为多花 1 000 元,很可能就会避免以后多付出 1 万元甚至更多的诉讼成本。

二、清楚

(一) 清楚 (易懂不晦涩)

2008 年《专利法》第 26 条第 4 款规定:"权利要求书应当以说明书为依据,清楚、简要地限定要求专利保护的范围。"对于"权利要求书应当清楚",2010 年版《专利审查指南》第二部分第二章第 3.2.2 节进行了更加细致的规定:"权利要求书应当清楚,一是指每一项权利要求应当清楚,二是指构成权利要求书的所有权利要求作为一个整体也应当清楚。"《专利审查指南》进一步规定:首先,每项权利要求的类型应当清楚。权利要求的主题名称应当能够清楚地表明该权利要求的类型是产品权利要求还是方法权利要求。其次,每项权利要求所确定的保护范围应当清楚。最后,构成权利要求书的所有权利要求作为一个整体也应当清楚,这是指权利要求之间的引用关系应当清楚。

在司法实践中经常出现的争议是,权利要求所确定的保护范围是否清楚。《辞海》对"清楚"的释义是:(1) 易了解和辨认;(2) 了解;知道;(3) 明白无误;不含混;(4) 透彻有条理。从《辞海》的定义来看,权利要求书的"清楚"可以分为两层含义:第一,透彻有条理,易了解和辨认;第二,明白无误,不含混。第一层含义可以概括为易懂不晦涩。

权利要求书清楚,除了"没有逻辑或语法上的毛病"之外,还应当"理解起来比较容易，不晦涩难懂"，换言之，应容易让人读懂。例如，在"无线电话网络中的数据传输"发明专利申请驳回复审行政纠纷案❶中，本申请的权利要求1为："1. 一种无线电话系统，包括：存储与一个固定站有关联的用于建立一个实际数据通信信道的第一参数的装置，所述实际通信信道具有在所述移动站和所述固定站之间的备用物理路径；以及所述固定站具有能够存储与所述移动站有关联的用于建立所述实际数据通信信道的第二参数的装置，所述固定站用于形成在所述移动站和所述固定站之间的虚数据通信信道，所述虚数据通信信道利用所述第一和第二参数并且缺少在所述移动站和所述固定站之间的预备建立所述实际数据通信信道的备用路径，由此在数据拟在所述移动站和固定站之间通信的时候加速实际数据通信信道的建立。"从阅读体验的角度来看，本申请权利要求1很不通顺，让人觉得晦涩难懂。这种情况经常出现在由外文翻译而成的发明专利申请文件中。

笔者在审理该案过程中，为了方便理解本申请的技术方案，按照普通人的理解能力，改写了本申请的权利要求1，改写后的权利要求1为："1. 一种无线电话系统，包括：移动站，它具有装置，该装置存储与一个固定站有关联的第一参数，该第一参数用于建立一个实际数据通信信道，该实际通信信道具有在所述移动站和所述固定站之间的备用物理路径；所述固定站具有装置，该装置能够存储与所述移动站有关联的第二参数，该第二参数用于建立所述实际数据通信信道，所述固定站用于形成在所述移动站和所述固定站之间的虚数据通信信道；所述虚数据通信信道利用所述第一和第二参数，所述虚数据通信信道缺少预备建立所述实际数据通信信道的备

---

❶ 北京市高级人民法院（2013）高行终字第906号行政判决书。

用路径，该备用路径在所述移动站和所述固定站之间，由此在数据拟在所述移动站和固定站之间通信的时候，加速实际数据通信信道的建立。"

（二）清楚（明白不含混）

按照《辞海》的解释，"清楚"的第二层含义是：明白不含混。有的权利要求虽然让外人读起来是通顺的，也是容易读懂的，却经不起推敲，有含混不清之处，有歧义。例如，在柏某专利权纠纷案❶中，涉案专利权利要求 1 中有一个技术特征是"导磁率高"。当事人对"导磁率高"应当如何理解有较大争议。从语文的角度来看，一般人不会认为"导磁率高"不容易懂，但是，从专业技术的角度来看，导磁率是有计量单位的，是可以量化表示的，高或低都是相对的，什么样数值范围的导磁率才算高，应当有数值范围的限定。在诉讼中，专利权人柏某认为，导磁率在 80Gs/Oe ~ 83.5 × 104Gs/Oe 之间为导磁率高。但最高人民法院却认为，说明书没有对权利要求中的"导磁率高"进行限定，本领域技术人员在无法确定其具体数值范围的情况下，柏某的主张是没有事实依据的。由于这一技术特征含义不清楚，导致涉案专利权利要求 1 的保护范围难以准确界定，无法将被诉侵权技术方案与涉案专利技术方案进行对比，因此法院不能支持其诉讼请求。正是由于专利权人没有通过文字明确限定该特征的范围，因此导致其败诉。

与前述案例相反，在审判实践中，由于权利要求的撰写"语文成绩好"而赢得诉讼的案例从相反方面佐证了权利要求的明白不含混是多么重要。在西安秦邦案❷中，争议焦点在于涉案专利权利要

---

❶ 最高人民法院（2012）民申字第 1554 号行政判决书。
❷ 最高人民法院（2012）民提字第 3 号民事判决书。

求 1 中的"使塑料膜的表面形成 0.004~0.009mm 厚的凹凸不平粗糙面"应当如何理解。在该案中,对该表述有两种理解:第一,表面有凹凸不平粗糙面的塑料膜厚度为 0.004~0.009mm;第二,塑料膜的表面有凹凸不平粗糙面,粗糙面的厚度为 0.004~0.009mm。笔者认为,理解一句话,需要首先分析这句话的基本结构。句子的组成部分包括主语、谓语、宾语、定语、状语、补语。为了正确理解句子,应当牢记:"主谓宾,定状补;主干枝叶分清楚。主干成分主谓宾,枝叶成分定状补。定语必居主宾前,谓前为状谓后补。""使塑料膜的表面形成 0.004~0.009mm 厚的凹凸不平粗糙面",主语是省略的,谓语是"使……形成",宾语是"粗糙面"。在分析清楚基本结构后,可以清楚地看出:第一,"粗糙面"是"塑料膜"表面的结构;第二,"0.004~0.009mm 厚"是限定"粗糙面"的定语,不是限定"塑料膜"的定语。语文分析表明,第二种观点是正确的。在该案中,最高人民法院除了从技术分析的角度结合说明书来论述第二种理解的正确性外,还特别从语文分析的角度来论述了第二种理解的正确性:"此外,如果把'使塑料膜的表面形成 0.004~0.009mm 厚的凹凸不平粗糙面'的表述解释为塑料膜的厚度为 0.004~0.009mm,则在该表述中的'表面'以及'粗糙面'等用语实际上成为多余。"

三、准确（符合实际或预期）

《辞海》对"准确"的释义是:与实际或预期完全符合。结合专利审判实践,权利要求书应当准确,主要是指权利要求书中的用词能够符合专利申请人预期所要表达的含义,而且符合其所要表达的技术信息的实际情况,概括起来说,就是两个方面:第一,表达与意思相一致,权利要求中的用语能够准确地表述专利申请人所意图表述的信息。第二，表达与客体相一致，权利要求中的文字表述能够与其要传递的技术信息准确对应。权利要求中的词语能够准确表述发明创造中客观存在的技术信息，本领域技术人员看到权利要求中的某个词语，就能够与发明创造实际上存在的技术信息对应，发明创造相应的技术信息能够毫无偏差地、客观地传递给阅读权利要求书的本领域技术人员。

　　如果权利要求中的文字表述不准确，则可能导致不同的理解，引发纠纷。例如，在"一种对旋转轮体加热的装置"实用新型专利无效行政纠纷案❶中，本专利权利要求 1 为："1. 一种对旋转轮体加热的装置，其特征在于：在铁质的旋转轮体（5）内腔放置加热线包（9）；在旋转轮体内腔放置的加热线包（9）为：线圈骨架（2）固定于固定轴座（1）上，导磁体（4）按轮体（5）的轴向在线圈骨架（2）的圆柱面（10）上均布，线圈绕组（3）缠绕在导磁体（4）表面，导磁体（4）、线圈绕组（3）、线圈骨架（2）封装为一体。"单从本专利权利要求 1 的文字表述来看，"导磁体（4）按轮体（5）的轴向在线圈骨架（2）的圆柱面（10）上均布"可以有两种理解：第一，多个离散的导磁体，与线圈骨架圆柱体的轴相互平行，并在线圈骨架圆柱面上均匀分布。正如本专利实施例的附图中所示的导磁管的结构。第二，多个导磁管作为环形件，在线圈骨架圆柱面的轴向上相互平行，并在线圈骨架圆柱面上均匀分布。正如证据 1 公开的现有技术中的导磁管的结构。在该案中，专利权人持第一种观点，无效请求人持第二种观点。虽然专利复审委员会支持了专利权人的观点，但一审法院却支持了无效请求人的观点，因此撤销了专利复审委员会的无效决定。专利权人和专利复审

---

❶ 北京市高级人民法院（2013）高行终字第 732 号行政判决书。

委员会不服一审判决提起上诉，北京市高院认为，虽然权利要求书的文字表述并不非常准确，但本领域技术人员结合说明书及附图来看，可以毫无疑义地确定专利权人想要表达的实际技术信息是什么，而且，这种表达与技术信息的误差，并不是专利申请人故意为之，而是因表达能力不足而导致的。在这种情况下，如果仅因为表达准确性有瑕疵就否定其专利性，则不符合"尽可能保证确有创造性的发明创造取得专利权"的司法政策。在该案中，虽然二审法院借助于本领域技术人员这个主体标准以及说明书和附图的辅助信息最终支持了专利权人的主张，但如果专利权人一开始就把权利要求撰写准确，也许能避免专利权无效的风险，节省诉讼成本。

四、简要（简单扼要）

依据 2000 年和 2008 年《专利法》第 26 条第 4 款的规定，权利要求书应当简要地限定要求专利保护的范围。2010 年版《专利审查指南》第二部分第二章第 3.2.3 节规定：权利要求书应当简要，一是指每一项权利要求应当简要，二是指构成权利要求书的所有权利要求作为一个整体也应当简要。在专利诉讼中，常见的情况是，其中某一项的权利要求是否简要。特别需要说明的是，与权利要求书有逻辑或语法毛病、不清楚或不准确不同，在专利诉讼中，权利要求书不简要一般不会影响专利权的有效性，因此一般也不会成为当事人的争议焦点。但是，法官或者审查员，对于虽然没有逻辑和语法毛病，但晦涩难懂拖沓冗长的权利要求，内心是比较反感的。这种反感也许就成为专利权人的陈述难以被接受的影响因素。因此，权利要求书的简要同样应当得到重视。

什么是简要，如何判断某一项权利要求是否简要呢？《辞海》

对"简要"的释义是：简单扼要。某一项权利要求不简要的情形可能有多种，但技术特征的重复、语言不简单扼要是其主要的表现形式。例如，在"通过微生物发酵提取胶原蛋白的方法"发明专利申请驳回复审行政纠纷案❶中，本申请权利要求1为："1. 一种生产胶原蛋白单体的方法，包括：（a）提供含胶原蛋白组织来与微生物混合接触，其中微生物为细菌或酵母菌；（b）使用细菌或酵母菌发酵含胶原蛋白的组织；（c）使微生物发酵含胶原蛋白的组织以得到主要含胶原蛋白单体的胶原蛋白组分，其 SDS－PAGE 分析主要包括 α 形式的胶原蛋白单体。"笔者认为，本申请权利要求1就不够简单扼要：第一，其中的"微生物"这个技术特征可以直接用"细菌或酵母菌"来代替；第二，（a）和（b）两个步骤是基本相同的，可以合并；第三，（c）的前半段也在重复（a）和（b）步骤中的内容。本申请权利要求1完全可以用以下更为简单的文字来表述："1. 一种生产胶原蛋白单体的方法，包括：用细菌或酵母菌发酵含胶原蛋白组织，通过 SDS－PAGE 分析发酵得到的胶原蛋白组分，可以确定其中主要包括 α 形式的胶原蛋白单体。"

五、结论及建议

综上，对权利要求书进行解读时，可以按照以下标准来评定其语文水平：第一，权利要求是否有语法或逻辑毛病；第二，权利要求是否易懂不晦涩；第三，权利要求是否明白不含混，是否有歧义；第四，权利要求中的词语是否与发明人的意思相符，是否与客观技术信息相符；第五，权利要求是否简单扼要。权利要求是否通顺、准确，是决定其能不能"活着"的基本条件；权利要求是否清

---

❶ 北京市高级人民法院（2011）高行终字第1729号行政判决书。

楚、简要，是影响其能不能"安全地、健康地存在"的重要条件。[1]

对专利诉讼参与人而言，从语文的角度来分析专利文件非常重要。在专利权保护范围的确定和权利要求书的解释过程中，不仅涉及字、词、句的理解，也涉及说明书的整体阅读理解，因此，从某种角度来说，每一次专利诉讼，都是一次语文考试。既有字、词的选择，又有病句修改，既有阅读理解，又有作文写作。在专利诉讼中，无论是专利代理人、律师，还是法官，如果语文课没有学好，考试一定不容易及格。在诉讼中，诉讼参与人一定要逐字逐句地阅读权利要求书，搞清楚每一个词的含义、每一句话的结构和含义。如果有必要，应当提前把句子的主谓宾分清楚，甚至可以将句子重新排列。只有认真地做了这些工作，才能真正搞清楚专利文件的撰写是否有问题，才能抓住要害提出诉辩意见或进行审理。

只要专利有价值，就很容易被侵权；只要专利权人起诉被侵权，被告往往会请求宣告专利权无效；只要进入到无效程序，权利要求书的"语文成绩"往往能够影响其效力。专利申请人在提出专利申请时，如果想要专利权被充分保护，就必须预见到，权利要求书的撰写水平可能会影响其效力。因此，为了能够让发明创造得到有效保护，专利申请人应当尽量重视专利文件尤其是权利要求的撰写，尽量提高权利要求书的"语文成绩"。

在专利审判实践中，笔者感觉到，目前的专利代理人考试存在一定的缺陷，因为考试题目的设计比较重视考察考生的技术课成绩和法律课成绩，但却不够重视考察考生的语文成绩。殊不知，在笔

---

[1] 石必胜："权利要求书的语文评价标准"，载《中国知识产权》2014 年第 1 期，第 25 页。

者看来，专利诉讼中语文成绩常常比技术成绩更加具有决定性作用。专利代理人的考试机制应当进行调整，更加重视对专利代理人语文素质的考核。

第三节　产品权利要求结构特征的间接限定

在解释权利要求时，首先要区分权利要求是产品权利要求还是方法权利要求。如果是产品权利要求，通常应当用产品的结构特征来描述，但是否所有产品的技术特征都必须用结构特征予以表征呢？在专利授权确权司法实践中，有的案件的产品权利要求的结构特征并未用形状、尺寸等直接表征，那么如何理解这样的权利要求，这样的权利要求是否符合 2002 年修订的《专利法实施细则》第 20 条第 1 款或 2008 年《专利法》第 26 条第 4 款关于"权利要求书应当清楚、简要地表述请求保护的范围"的规定，需要深入进行分析。

一、司法实践中的问题

在"记录载体"发明专利申请驳回复审行政纠纷案❶中，菲利浦公司提出了名称为"记录载体"的发明专利申请，国家知识产权局驳回了该申请，菲利浦公司提出复审请求，并在复审过程中修改了权利要求书。修改以后的权利要求 1 为："1. 一种记录载体，包含有基本平行的轨道，所述轨道具有记录于记录载体上的光学可检测记号，用于在回放设备中通过一种可控类型的数据处理方式恢复信息；以及所述轨道具有拥有调制模式的轨道摇摆，用于在回放设

---

❶ 北京市高级人民法院（2011）高行终字第 653 号行政判决书。

备中检索用于控制所述类型的数据处理的代码，其特征在于：记录载体包括限制环形区域（S1，S4），以及另一环形区域，所述另一环形区域在所述限制环形区域（S1，S4）之外，在所述限制环形区域中轨道具有所述轨道摇摆，而在所述另一环形区域中轨道不具有轨道摇摆，用于在回放设备中减少由于摇摆引起的干扰。"

2009 年 7 月 24 日，专利复审委员会作出第 17934 号复审请求审查决定，认定：本申请权利要求 1 中"轨道摇摆"的物理结构不清楚，导致由"轨道摇摆"所限定的"限制环形区域"的结构也不清楚，从而导致所要求保护的记录载体的结构不清楚，因此本申请权利要求 1 不符合 2002 年修订的《专利法实施细则》第 20 条第 1 款的规定。菲利浦公司不服提起行政诉讼，北京市一中院判决维持了第 17934 号决定。菲利浦公司不服，向北京市高院提起上诉。本案提出这样一个法律问题：产品权利要求的结构是否可以通过方法等其他方式间接限定。

二、权利要求书应当清楚的根本目的

权利要求书应当记载发明或者实用新型的技术特征，技术特征可以是构成发明或者实用新型技术方案的组成要素，也可以是要素之间的相互关系。2002 年修订的《专利法实施细则》第 20 条第 1 款规定："权利要求书应当说明发明或者实用新型的技术特征，清楚、简要地表述请求保护的范围。"权利要求的保护范围应当根据其所用词语的含义来理解，因此权利要求书是否清楚，对于确定发明或者实用新型要求保护的范围是极为重要的。

权利要求书应当清楚的根本目的是确保公开换保护原则的实现。专利制度的基本出发点是以公开换保护，通过对专利权人的保护来激励其作出发明创造，从而促进科学技术的进步，促进生产力的发展，提高社会公众的生活水平。公开换保护原则体现在两个方面。第一个方面是，通过公开发明创造的具体技术信息，使本领域技术人员可以依据公开的技术信息推动技术的进一步发展。除了说明书以外，权利要求书所要求保护的技术方案也是专利申请文件公开的技术信息的重要组成部分。如果权利要求书不清楚，可能会导致本领域技术人员不知道如何具体实施发明创造。公开换保护的第二个方面是，通过权利要求书确定专利权的保护范围，使其他人知道权利边界从而避免落入保护范围。从反面来看，权利要求书应当明确地告诉其他人什么技术方案是不落入专利权保护范围的。如果权利要求书不清楚，专利权保护范围不明确，就可能会使其他人感到困扰，影响其他人对相关技术方案的正常使用。因此，无论从上述哪个方面来看，权利要求书都应当清楚。

权利要求书应当清楚主要包括两个方面：一是指每一项权利要求应当清楚，二是指构成权利要求书的所有权利要求作为一个整体也应当清楚。每一项权利要求应当清楚是指：首先，权利要求的主题名称应当能够清楚地表明该权利要求的类型是产品权利要求还是方法权利要求，不允许采用模糊不清的主题名称；其次，权利要求的主题名称还应当与权利要求的技术内容相适应；再者，每项权利要求所确定的保护范围应当清楚。只有在上述要求都得以落实的情况下，才能确保专利申请人对发明创造的技术信息的公开是充分的，其要求保护的范围也是清楚和明确的，才有利于实现专利法的基本目的。

三、产品结构的直接表征

按照性质划分，权利要求有两种基本类型，即物的权利要求和活动的权利要求，或者简单地称为产品权利要求和方法权利要求。

物的权利要求包括人类技术生产的物（产品、设备）。属于物的权利要求有物品、物质、材料、工具、装置、设备等权利要求。产品权利要求适用于产品发明或者实用新型，通常应当用产品的结构特征来描述。方法权利要求适用于方法发明，通常应当用工艺过程、操作条件、步骤或者流程等技术特征来描述。

虽然产品权利要求适用于产品发明或者实用新型，通常应当用产品的结构特征来描述，但是，并不是所有产品的技术特征都能够用结构特征予以表征。因此，我国《专利审查指南》规定，特殊情况下，当产品权利要求中的一个或多个技术特征无法用结构特征予以清楚地表征时，允许借助物理或化学参数表征；当无法用结构特征并且也不能用参数特征予以清楚地表征时，允许借助于方法特征表征。使用参数表征时，所使用的参数必须是所属技术领域的技术人员根据说明书的教导或通过所属技术领域的惯用手段可以清楚而可靠地加以确定的。

即使是结构特征本身，在客观上也有两种可能的表征方式，一是直接表征，二是间接表征。原则上，产品权利要求的结构特征应当直接地予以表述，以便于本领域技术人员能直接地、直观地理解其具体物理结构信息，但在有的情况下，产品权利要求的结构特征难以用形状、尺寸等直接地表征，而需要通过方法、物理或化学参数等间接地进行限定。只要本领域技术人员根据间接的限定可以清楚地知道产品的具体物理结构，该结构特征的间接限定是应当予以准许的，同样应当认定是清楚的。

例如，在"记录载体"发明专利申请驳回复审行政纠纷案❶中，本申请权利要求 1 请求保护一种记录载体，对于记录载体这种

---

❶　北京市高级人民法院（2011）高行终字 653 号行政判决书。

产品而言，记录载体中所记录的信息代码会导致记录载体微观结构发生变化。由于记录载体微观结构的变化会随着所记录信息的变化而变化，因此，在所记录信息不确定的情况下，相应的微观结构也不确定，权利要求书和说明书都不可能穷尽地对这些信息所对应的具体结构进行限定和说明。在其所记录信息并不确定、根据实际需要可以进行变化的情况下，本申请的权利要求不能直接地表征具体的物理结构，而可以通过刻录信息的某种方法间接地限定该结构特征。这种情况下，应当认定权利要求书是清楚的。

四、"记录载体"发明专利申请驳回复审行政纠纷案的评价

在"记录载体"发明专利申请驳回复审行政纠纷案中，"轨道摇摆"实际上是一种在记录载体上刻录信息的方法。根据现有技术可知，"轨道摇摆"要根据对非摇摆轨道上的信息的解密方式（或其他数据处理方式）进行调制，具体的调制方式和调制后的具体形状可以由本领域技术人员根据具体应用来完成。虽然不同的解密方式（或其他数据处理方式）对应不同的轨道摇摆的物理结构，但是，一旦确定了信息解密方式（或其他数据处理方式），本领域技术人员就能够确定信息解密方式（或其他数据处理方式）所对应的微观结构的变化，确定轨道摇摆的物理结构。因此，北京市高院认为，本申请权利要求 1 中的轨道摇摆的物理结构相对于本领域技术人员而言是清楚的。❶

针对专利复审委员会认为本申请的权利要求书不清楚的意见，北京市高院认为，"轨道摇摆"要根据对非摇摆轨道上的信息的解

---

❶ 北京市高级人民法院（2011）高行终字第 653 号行政判决书。

密方式（或其他数据处理方式）进行调制，具体的调制方式和调制后的记录载体的具体形状可以由本领域技术人员根据具体应用来确定，本申请的具体实施方式部分亦公开了多种具体的调制方式。权利要求书和说明书都不可能穷尽地对这些具体微观结构进行限定和说明，但对本领域技术人员而言，只要按照"轨道摇摆"这种方法调制，一旦所要记录的信息确定了，该信息所对应的微观结构也就可以确定了，因此，本申请的记录载体的微观结构已经清楚地被间接地限定了。专利复审委员会在第 17934 号决定中认为本申请权利要求 1 中"轨道摇摆"所对应的微观物理结构不清楚，事实认定不清，依法应当予以撤销。北京市高院认定，第 17934 号决定和一审判决认定事实不清，菲利浦公司的上诉请求有事实和法律依据，故判决撤销一审判决和第 17934 号决定，判令专利复审委员会重新作出复审请求审查决定。结合前面的分析可知，北京市高院的判决是正确的。

五、小结

前面的分析表明，虽然产品权利要求通常应当用产品的结构特征来描述，但并不是所有产品的技术特征都能够用结构特征予以表征。在有的情况下，产品权利要求的结构特征难以用形状、尺寸等直接表征，需要通过方法、物理或化学参数等间接进行限定。只要本领域技术人员根据间接限定可以清楚地知道产品的具体物理结构，则该结构特征的间接限定应当予以准许，应当认定为符合2002年修订的《专利法实施细则》第 20 条第 1 款的规定。

第三章 专利权有效性判断的技术贡献视角

专利制度的本质有多种解读，其中一种解读是，专利制度通过给作出了技术贡献的发明人授予与其技术贡献相适应的排他性权利，激励所有人努力作出技术贡献，推动技术进步。技术贡献与专利权进行交换的基本原则是，有技术贡献，才可能获得专利权；有多大技术贡献，才可能获得多大的专利权。充分理解技术贡献与专利权相互交换的基本原则，可以帮助我们正确解答专利有效性评价中的各种难题。下文从技术贡献视角来分析如何解决司法实践中有关专利有效性评价的主要问题。

第一节 技术贡献视角下的权利要求解释

一、技术贡献的理论分析

为什么应当考虑技术贡献？专利制度的各种哲学原理，无论是专利制度的自然权利论、服务报酬论、垄断利润激励论还是公开换保护论，都隐含了对技术贡献的要求。专利制度的自然权利论建立在洛克的劳动财产理论基础上，劳动产生财产，产生类似专利权性质的财产的劳动一定不是体力劳动，而应当是产生技术贡献的劳动。专利制度的服务报酬论认为，发明人提供了有用的服务，因此应当给予发明人报酬。发明人提供的有用服务是什么，就是其技术贡献。专利制度的垄断利润激励论认为，技术创新有利于社会，所以给予垄断利益，激励技术创新。在这里，技术创新就是技术贡献的另一种表述方式。专利制度的公开换保护理论认为，公开技术贡献有利于促进技术进步，给予专利权保护有利于促进发明人将技术贡献不作为技术秘密来保护。公开换保护理论所强调的公开对象，一定是有技术贡献的技术信息。因此，专利制度的所有理论基础，都离不开技术贡献这一关键。

什么是技术贡献？技术贡献至少应当包含两层意思：第一层意思，有贡献意味着与现有技术相比有进步，有进步又包含两层意思，首先是不相同，其次是非显而易见。如果在现有技术基础上，相对于本领域技术人员而言，技术方案是非显而易见的，则应当认定为有进步。在专利法上，技术贡献的要求主要体现为专利新颖性和创造性的条件。第二层意思，贡献具有技术性。所谓技术性，是指技术贡献应当利用了自然规律的技术手段，解决了技术问题，获得了符合自然规律的技术效果；技术贡献具有在产业中被制造或使用的可能性。技术贡献的第二层意思，可以体现为专利法上对专利实用性和专利客体的要求。

技术贡献是不是专利性的充分条件？必须注意，技术贡献是专利性的必要不充分条件。没有技术贡献一定不能获得专利权保护，但有技术贡献不一定能够获得专利权。有技术贡献不申请专利保护，当然不能获得专利权。虽然申请了专利，但专利权的获得需要完成一定的审查程序，不配合专利审查部门完成审查程序，也不能获得专利权。专利权保护范围通过权利要求书来确定，如果技术贡献只体现在说明书中，但没有以合适的方式写到权利要求书中，也无法获得专利权保护。

专利贡献要求是否体现在规范文件中呢？一些规范性文件已经明确强调了从技术贡献的视角来看待专利权保护。例如，2002 年《欧盟计算机实施发明的专利保护指令》第 4 条规定，计算机程序要获得专利保护就必须具有创造性，而具有创造性的条件之一是计算机程序必须作出了技术贡献。该规定实质上是强调了在专利权有效性评价中必须考虑发明人的技术贡献。在法发〔2012〕15 号《最高人民法院关于充分发挥审判职能作用为深化科技体制改革和加快国家创新体系建设提供司法保障的意见》（以下简称法发〔2012〕15 号文件）中，最高人民法院强调，对于创新程度高、对技术革新具有突破和带动作用的首创发明，给予相对较高的保护强度和较宽的保护范围。所谓创新程度高、对技术革新具有突破和带动作用的首创发明，应当指技术贡献较大的发明。这实质上是强调了技术贡献对专利权保护范围确定的重要影响。

二、权利要求解释原则

在解释权利要求时如何体现技术贡献视角？在技术贡献视角下解释权利要求，基本要求之一是，避免确有技术贡献的发明创造因明显文字错误而被认定无效。这一基本原则得到了最高人民法院的明确认可。在 2012 年最高人民法院知识产权案件年度报告中，最高人民法院在评述"精密旋转补偿器"实用新型专利权无效行政纠纷案❶时指出，权利要求中的撰写错误并不必然导致其得不到说明书支持；如果权利要求存在明显错误，本领域普通技术人员根据说明书和附图的相应记载能够确定其唯一的正确理解的，应根据修正后的理解确定权利要求所保护的技术方案，在此基础上再对该权利

---

❶ 最高人民法院（2011）行提字第 13 号行政判决书。

要求是否得到说明书的支持进行判断。最高人民法院实质上是要求解释权利要求时对撰写瑕疵给予适度容忍。

为什么要对确有技术贡献的发明创造的撰写瑕疵给予适度容忍呢？这是因为我国的专利申请量增长太快，而专利代理行业的发展跟不上步伐，专利申请文件的撰写水平普遍不高。如果对于确有技术贡献的发明创造提出较高的撰写要求，可能会将一些确有技术贡献但有轻微撰写瑕疵的发明创造排除在专利权保护范围之外，这实际上是不利于专利权保护的。最高人民法院充分认识到这一点，在法发〔2012〕15 号文件中表示：充分考虑专利文件撰写的客观局限，在专利申请文件公开的范围内，尽可能保证确有创造性的发明创造取得专利权，实现专利申请人所获得的权利与其技术贡献相匹配，最大限度地提升科技支撑引领经济社会发展的能力。

三、解释权利要求的典型案例

在具体案件的司法实践中如何体现前述基本原则呢？笔者在审理"一种对旋转轮体加热的装置"的实用新型专利权无效行政纠纷案❶中，通过考虑隐含限定特征对专利权人的撰写瑕疵进行了弥补。在该案中，杨某是名称为"一种对旋转轮体加热的装置"的实用新型专利的专利权人。2011 年，韩某向专利复审委员会提出宣告本专利权无效的请求。2012 年 2 月 24 日，专利复审委员会作出第18200 号无效宣告请求审查决定，维持本专利权有效。韩某不服第18200 号决定提起行政诉讼。北京市一中院判令专利复审委员会重新作出决定。专利复审委员会和专利权人杨某不服一审判决向北京市高院提起上诉。

---

❶　北京市高级人民法院（2013）高行终字第732 号行政判决书。

二审诉讼中的争议焦点是，对本专利权利要求 1 中"导磁体（4）按轮体（5）的轴向在线圈骨架（2）的圆柱面（10）上均布"应当如何理解。仅从文字表述来看，上述内容可能有以下两种情形：第一种情形，多个离散的导磁体，与线圈骨架圆柱体的轴相互平行，并在线圈骨架圆柱面上均匀分布。正如本专利实施例的附图中所示的导磁管的结构。第二种情形，多个导磁管作为环形件，在线圈骨架圆柱面的轴向上相互平行，并在线圈骨架圆柱面上均匀分布。正如证据 1 中导磁管的结构。

笔者认为，为了平衡专利权人与社会公众的利益，在解释权利要求时，至少应当考虑以下两个方面：第一，对权利要求的解释规则应当激励专利申请人尽量明确地表述其专利权保护范围，避免因为模糊的表述而导致保护范围不清楚。如果专利申请人在撰写权利要求时，使用模糊的文字表述相关技术特征，导致保护范围不清楚，或者导致保护范围过大，应当承担由此产生的不利后果。第二，权利要求书中的文字表述有歧义时，解释权利要求书以确定专利权保护范围时，应当站在本领域技术人员的角度，结合说明书和附图，甚至结合专利权的修改情况，尽量全面地考虑权利要求书中相关文字表述的真正含义。对于确实有技术贡献的发明创造，要尽量避免因为明显的撰写瑕疵而否定其效力。充分考虑专利文件撰写的客观局限，在专利申请文件公开的范围内，尽可能保证确有创造性的发明创造取得专利权，实现专利申请人所获得的权利与其技术贡献相匹配。

在本案中，本专利权利要求 1 中的上述文字表述来源于说明书对实施例的技术方案的描述，而根据实施例的附图来看，本领域技术人员可以直接地、毫无疑义地确定上述内容应当是第一种情形。北京市高院认为，在这种情况下，如果专利权人确实有技术贡献，本领域技术人员结合说明书和附图也不会产生误解，应当对其撰写上的瑕疵予以适度宽容，因此，本专利权利要求 1 中的相关内容应当解释为第一种情形而不是第二种情形。专利复审委员会和专利权人的上诉主张，应当予以支持。基于前面所述的原因，二审判决撤销了一审判决，维持了无效决定。

前面的分析表明，专利制度的基本原理之一就是根据技术贡献来授予和保护专利权，技术贡献视角有时能够直接触及专利权授予规则和专利权保护规则的本质，因此有必要从技术贡献的视角来理解和确定专利权有效性评价规则。在解释权利要求时，应考虑我国的专利撰写的实际情况要求，适度容忍确有技术贡献的发明创造的专利申请文件或专利文件的拟定瑕疵。❶

第二节　技术贡献视角下的专利文件评价

在专利授权确权行政案件审判实践中，关于说明书与权利要求书的主要争议在于：说明书公开是否充分，权利要求书是否缺少必要技术特征，权利要求书是否得到说明书支持。这些主要争议除了单纯的逻辑分析外，还可以从技术贡献视角来进行分析。

一、说明书的评价

从技术贡献的视角来看，说明书是充分公开技术贡献的载体，是否作出了技术贡献，离不开说明书这个技术信息的载体。从技术贡献视角来评价说明书，应当考虑两个方面：第一，判断发明人是

---

❶ 石必胜："技术贡献视角下权利要求的解释"，载《中国知识产权》2014 年第 6 期，第 25 页。

否实际作出了技术贡献；第二，判断发明人是否充分公开了其技术贡献。

为了判断发明人是否实际作出了技术贡献，又应当考虑以下两个方面；第一，技术贡献是否在申请日之前就已经作出。评价技术贡献是否在申请日之前已经作出必须依据申请日提交的原始说明书，特别需要注意的是，申请日之后补充的技术信息不能作为说明书是否公开的判断依据。第二，技术贡献是发明人已经实际作出的，说明书公开的信息能够使本领域技术人员进行验证，不能是推断和猜测。发明人在申请日之前没有实际作出的技术贡献，是不能获得专利权保护的。

"眼自功医疗近视眼病近视眼助视器"发明专利申请驳回复审行政纠纷案❶是表明发明人没有实际作出技术贡献的典型案例。该案中，本申请涉及一种眼自功医疗近视眼病近视眼助视器，由本申请说明书公开的内容可知，其实质是利用小孔眼镜来治疗近视。目前的医学知识表明，佩戴小孔眼镜仅能起到暂时提高视力的作用，并不能从根本上治疗近视。专利申请人并未从理论上论证本申请使用小孔眼镜能够达到治疗近视的目的，也未提供任何实验数据证明本申请的技术方案能够达到何种疗效，因此专利复审委员会认为本领域技术人员根据本申请公开的内容无法实现该技术方案治疗近视的技术效果。专利申请人不服提起行政诉讼，一审判决维持专利复审委员会的驳回决定后，专利申请人又向北京市高院提起上诉。

专利申请人在上诉时认为，专利复审委员会应从针孔方位、影方位、各时期字色情况等方面论证本申请是否能治疗近视，而不应笼统地否定本专利申请。但是，从前面所论述的技术贡献的视角来

---

❶ 北京市高级人民法院（2013）高行终字第1459号行政判决书。

看，发明人应当对实际作出了技术贡献承担证明责任，通过说明书的相关记载来证明其主张的技术贡献是其实际作出的，是本领域技术人员可以验证的，而不能是推断性的。在说明书记载的信息并不足以使本领域技术人员相信其实际作出了该技术贡献的情况下，应当由其承担不利后果，而不是由专利复审委员会来证明是否能够治疗近视。

专利申请人还上诉认为，申请日之前没有被社会承认的理论应在申请日之后由国家知识产权局进行实践，实践不受现有理论的限制，如果实践成功就应批准专利。但是，从前面所论述的技术贡献的视角来看，申请日之前作出的技术贡献，判断依据是申请日提交的原始说明书，申请日之后补充的技术信息不能作为说明书是否公开的判断依据。通过说明书的记载来看，发明人在申请日之前并没有实际确认其要求保护的技术方案能够实现其声称的技术效果，则不能认为其已经作出了技术贡献。即使申请日之后他人通过实践验证了本申请要求保护的技术方案能够获得声称的技术效果，也是他人的技术贡献，而不是专利申请人的技术贡献，专利申请人并不能因此获得专利权保护。

基于前面的分析可知，本申请说明书确实存在公开不充分的问题。北京市高院二审判决驳回专利申请人的上诉，维持原判，结论是正确的。

为了判断发明人是否充分公开了其技术贡献，也应当考虑以下两个方面：第一，即使有技术贡献，但发明人没有在说明书中充分公开，导致本领域技术人员不能实现，也不能认定为发明人作出了技术贡献，也不能予以保护。第二，对技术贡献的公开程度，应当以本领域技术人员不会合理怀疑技术方案能够实现为准，不需要本领域技术人员花费过度劳动。

最高人民法院在相关案件的判决书中也强调了应当以发明人在说明书中公开的技术信息作为判断其是否实际作出技术贡献的依据。在"抗β−内酰胺酶抗菌素复合物"发明专利权无效行政纠纷案❶中，最高人民法院认为："专利申请人在其申请专利时提交的专利说明书中公开的技术内容，是国务院专利行政部门审查专利的基础，亦是社会公众了解、传播和利用专利技术的基础。因此，专利申请人未能在专利说明书中公开的技术方案、技术效果等，一般不得作为评价专利权是否符合法定授权确权标准的依据，否则会与专利法规定的先申请原则相抵触，背离专利权以公开换保护的本质属性。"

从技术贡献的视角来看，说明书应当公开充分，就是指说明书公开的技术贡献才可能获得保护，最起码是，权利要求书中要求保护的技术方案实质上所体现的技术贡献必须公开。如果本领域技术人员阅读说明书之后明白发明人实际作出了某些技术贡献，但权利要求书要求保护的技术方案相应的技术贡献没有被说明书充分公开，那也不能承认技术贡献的存在。本领域技术人员不需要作出技术贡献即可以实施权利要求书要求保护的技术方案。

在"通过微生物发酵提取胶原蛋白的方法"发明专利申请驳回复审行政纠纷案❷中，权利要求1为："1. 一种生产胶原蛋白单体的方法，包括：（a）提供含胶原蛋白组织来与微生物混合接触，其中微生物为细菌或酵母菌；（b）使用细菌或酵母菌发酵含胶原蛋白的组织；（c）使微生物发酵含胶原蛋白的组织以得到主要含胶原蛋白单体的胶原蛋白组分，其 SDS − PAGE 分析主要包括 α 形式的胶

---

❶ 最高人民法院（2011）行提字第8号行政判决书。
❷ 北京市高级人民法院（2011）高行终字第1729号行政判决书。

原蛋白单体。"对于涉案发明的说明书是否公开充分，专利复审委员会和专利申请人的意见相反。从本领域技术人员的角度来看，如果发明人使用特定的细菌能够将含胶原蛋白的组织发酵产生"主要含胶原蛋白单体的胶原蛋白组分，其 SDS - PAGE 分析主要包括 α 形式的胶原蛋白单体"，则发明人确实有可能作出了创造性的技术贡献。但问题是，说明书并没有记载哪一种具体的细菌能够取得上述技术效果。虽然说明书的实施例 1 中实际上公开了用于发酵的被称为"TW - S - 7 - 1"的微生物，但该微生物并不属于公知的微生物材料，而且也没有在国家知识产权局认可的保藏单位进行保藏，因此不能视为公开。实施例 2 ~ 6 虽然公开了芽孢杆菌属的革兰氏阳性细菌菌株，但并没有具体指明是何种酵母。从前面所述技术贡献的视角来看，对技术贡献的公开程度，应当以本领域技术人员不会合理怀疑技术方案能够实现为准，不需要本领域技术人员花费过度劳动。如果本领域技术人员需要大量实验才能从众多芽孢杆菌属的革兰氏阳性细菌菌株中筛选出能够取得相应技术效果的具体细菌，同样应当被认为对技术贡献的公开程度不够。因此在该案中，发明人确实作出了技术贡献的可能性很大，但却没有在说明书中公开其技术贡献。因此，专利复审委员会和一二审法院均认定本领域技术人员无法获知由何种具体的菌株来发酵含胶原蛋白的组织以得到主要含胶原蛋白单体的胶原蛋白组分，本申请说明书公开不充分。

二、权利要求书的评价

权利要求书得到支持，主要是指能够要求专利权保护的范围应当等于或小于发明人公开在说明书中的技术贡献，换言之，保护范围不能超出说明书公开的范围，且应当与说明书公开的技术贡献相匹配。需要注意的是，由于撰写水平的限制，发明人实际作出的技术贡献不一定都写进权利要求书；权利要求书要求保护的技术方案不一定都有技术贡献，因此，技术贡献是获得排他性专利权的充分条件，而非必要条件。

"提高 GPS 接收机之灵敏度的方法"发明专利申请驳回复审行政纠纷案❶，是体现发明人作出的技术贡献并不一定都写进权利要求书中的典型案例。在该案中，本申请提供了两种解决方案：一个方案是存在一个与全球定位系统（以下简称 GPS）时间同步的源时，对信号功率求和进而判定是否接收到信号；另一个方案是不存在与 GPS 时间同步的源时，对 GPS 信号多个代码期内的功率进行时域到频域的转换进而判断频域中任何一个频率下的功率是否大于阈值。上述两个技术方案均可以提高 GPS 接收机的灵敏度。本申请权利要求 1 限定的技术方案利用与 GPS 时间同步的源在几个代码期上对相关信号进行相干积分来提高 GPS 接收机灵敏度，该方案能够提高接收机的灵敏度。因此，北京市高院认为，权利要求 1 要求保护的技术方案并不缺少必要技术特征。该案表明，如果说明书公开了两个技术方案，二者的区别在于是否具备某一技术特征，在两个技术方案均能够解决相应技术问题、取得相应技术效果的情况下，二者均可以因为具有创造性技术贡献而获得专利权保护。发明人在权利要求中可以只要求保护其中一个技术方案。如果要求保护不具有某一技术特征的技术方案，那么该技术特征对要求保护的技术方案而言就不构成必要技术特征。

在司法实践中，从技术贡献的视角来看，关于权利要求的争议主要表现为：第一，技术贡献是否体现在权利要求书中；第二，要

---

❶ 北京市高级人民法院（2013）高行终字第 1968 号行政判决书。

求保护的范围是否与说明书公开的技术贡献相匹配。

对于技术贡献是否体现在权利要求书中，司法实践中有两种情况：第一，发明点相关的必要技术特征没有写进权利要求书；第二，发明点相关的必要技术特征没有写清楚。

"旋转式锚管桩"的实用新型专利权无效行政纠纷案❶是发明点相关的必要技术特征没有写清楚的典型案例。在该案中，专利权人主张，本专利权利要求1中的"翼条"具有"截面是类圆形"的特征，与现有技术并不相同。如果说本专利正是因为"截面是类圆形"的特征而具备了完全不同于现有技术的技术效果，则该技术特征是体现技术贡献的必要技术特征。如果该技术特征如此重要，专利权人应当在权利要求书中明确地以准确的文字表述来强调此限定特征，否则可能承担不利后果。在本案中，本专利权利要求1中的"翼条"并非本技术领域有固定含义的用词，而且本专利说明书中也没有具体地限定该技术特征，单纯从文字表述来看，"翼条"完全可以理解为空心钢管侧方伸展的细长条状物，而按照这种理解，附件2的"搅拌叶片"也完全满足"翼条"的定义。因此，专利权人关于"翼条"的相关上诉主张，应当予以支持。

"通过微生物发酵提取胶原蛋白的方法"发明专利申请驳回复审行政纠纷案❷中的事实稍作变换，就变成了发明点相关的必要技术特征没有写进权利要求书的典型案例。如果在该案中，说明书充分公开了哪一种具体的细菌能够发酵含胶原蛋白的组织以得到主要含胶原蛋白单体的胶原蛋白组分，则表明说明书充分公开了技术贡献，但是，由于专利权利要求中并没有具体指明是哪一种细菌能够

---

❶　北京市高级人民法院（2013）高行终字第2170号行政判决书。
❷　北京市高级人民法院（2011）高行终字第1729号行政判决书。

取得该技术效果，则最重要的技术贡献没有体现在权利要求书中而可能构成缺少必要技术特征。

从技术贡献的角度来看，要求保护的范围是否与说明书公开的技术贡献相匹配是权利要求书能否得到说明书支持的关键。只要满足以下两个条件，就应该认定权利要求书得到了说明书支持：第一，本领域技术人员依据说明书可以实现权利要求保护的全部技术方案，解决相应技术问题，取得相应技术效果。第二，本领域技术人员在实现要求保护的全部技术方案的过程中，并不需要付出创造性劳动，也不需要过度劳动或大量实验。

在司法实践中，关于权利要求书是否得到说明书支持，有一个争议问题在于：说明书对权利要求书的支持是形式支持还是实质支持。笔者认为，从技术贡献的视角来看，无论是否得到形式支持，只要得到了实质支持，都应当认定为权利要求书得到说明书支持。在以下几种情况下，说明书可能被认为在形式上并不支持权利要求书，但同样应当认定权利要求书得到了说明书的支持：第一，权利要求书的技术方案本领域技术人员可以实现，说明书是否记载具体实施方式，具体实施方式与权利要求书的概括是否相同，并不影响权利要求书中技术方案的实际实现。第二，虽然说明书"发明内容"部分只是对权利要求书的重复，但如果本身足以使本领域技术人员清楚，能够实现，则不需要说明书再增加说明。第三，实施例概括的技术方案不一样，但权利要求书中技术方案本身是清楚的，本领域技术人员能够实现权利要求的技术方案，实施例与权利要求书不一致也不影响权利要求书中技术方案的可实现性。

在"无刷自控电机软启动器"发明专利权无效行政纠纷案[❶]

[❶] 北京市高级人民法院（2012）高行终字第 1836 号行政判决书。

中，争议焦点为权利要求书是否得到说明书的支持。本专利权利要求 1 中记载"动电极与静电极之间设有弹性阻力装置"，但本专利说明书的具体实施例中，"弹性阻力装置"并未设置在"动电极与静电极之间"，而是设置在"动电极与凹腔内环侧壁之间"。专利复审委员会认为，虽然说明书的"发明内容"部分亦记载"动电极与静电极之间设有弹性阻力装置"，但是本专利说明书中给出的具体实施方式却与此不相同，因此本专利的权利要求未以说明书为依据，得不到说明书的支持。专利权人不服提起诉讼，一审法院认为，本领域技术人员根据说明书载明的文字内容可以非常清晰地了解本专利的技术方案，因此本专利的权利要求得到了说明书的支持。在本案中，值得讨论的问题是，权利要求书中限定的"动电极与静电极之间设有弹性阻力装置"是非常清楚的，如果本领域技术人员在没有说明书具体实施例的情况下，也能够实施权利要求中的技术方案，解决相应技术问题，取得相应技术效果，则无论说明书的相关内容如何，都不影响要求保护的技术方案的实现，那么说明书的实施例与权利要求书不相同，又有何意义呢？如果发明人实际作出了技术贡献，而且本领域技术人员不依据说明书中的具体描述也能够实现其具有技术贡献的技术方案，专利复审委员会在本案中仅仅因为说明书的内容与权利要求书不相同就否定技术贡献，可能过于看重说明书的形式而忽略了本质，是不符合"公开换保护"的基本原则的。

　　前面的分析表明，从技术贡献的视角来评价说明书和权利要求书是否符合要求及其对专利权有效性的影响，可能更容易接近专利权的本质，也有利于正确处理司法实践中的现实问题。法律规则是死板的，要正确地、灵活地理解和适用法律规则，就需要抓住法律规则背后的基本目的、原则和精神。毫无疑问，技术贡献视角有利于抓住专利法对说明书和权利要求书的本质要求。

第三节　技术贡献视角下的专利申请文件修改

在我国专利授权确权司法实践中，关于专利申请文件的修改是否符合《专利法》第 33 条的规定是争议较大的问题之一。笔者以为，技术贡献视角的分析也许能够提供合理的解释。本书尝试从技术贡献的视角来简要分析专利申请文件的修改规则。

一、技术贡献匹配原则

虽然专利文件的修改也应当遵守《专利法》第 33 条所隐含的先申请原则，但《专利法》第 33 条最直接的规范对象还是授权公告之前的专利申请文件的修改。从技术贡献的视角来看，《专利法》第 33 条的基本立法目的是：第一，保护专利申请人的修改权利。第二，限制专利申请人的修改。一方面，应当维护先申请原则；另一方面，应当防止因修改专利申请文件而损害他人的合法权益。

《专利法》第 33 条主要从两个方面来保护专利申请人修改专利申请文件的权利。第一个方面，在程序上，应当给予修改的机会。为什么要给予修改的机会呢？除了弥补撰写的文字瑕疵之外，还有很重要的一点，就是允许专利申请人将已经公开在原说明书和权利要求书中的技术贡献通过适当的方式全部纳入专利权保护范围。为了充分保护专利申请人通过修改将技术贡献纳入保护范围的权利，各国都在法律法规上规定了保障专利申请人修改专利申请文件的程序。2013 年《欧洲专利公约》第 123 条第（1）项规定："在欧洲专利局的程序中，欧洲专利申请或欧洲专利可以根据实施细则进行修改。在任何程序中，申请人都应当有至少一次按照自己意愿修改的机会。"《欧洲专利公约》保护专利申请人和专利权人修改权利的意图在上述规定中表现得非常明显。在我国,《专利审查指南》规定,在实用新型的形式审查和发明的实质审查过程中,专利申请人都有主动修改权利要求书的机会。

第二个方面,在实体上,只要是原说明书和权利要求书充分公开的技术贡献,在符合专利申请文件修改程序要求的情况下,应当允许专利申请人通过修改专利申请文件将其纳入保护范围。前述的基本规则可以简称为专利申请文件修改的技术贡献匹配原则。对权利要求书的修改是否超范围的判断应当遵守技术贡献匹配原则,主要理由为:如果对权利要求书的修改能够得到原申请文件的支持,表明对权利要求书的修改并没有使专利申请人获得与其在原说明书和权利要求书中公开的技术贡献不匹配的保护范围,也不会损害他人合法权益;如果修改以后的权利要求书不能得到原申请文件的支持,表明修改后的权利要求书使专利申请人获得了与其在原说明书和权利要求书中公开的技术贡献不匹配的保护范围,专利申请人获得了不正当的利益,也可能会损害他人的合法权益。

前面的分析表明,权利要求书的修改不能适用直接地、毫无疑义地确定标准来判断是否超范围,而应当适用技术贡献匹配原则来评价。例如墨盒案❶中的"半导体存储装置"能不能修改为"存储装置",取决于修改后的权利要求是否得到原说明书和权利要求书的支持。

二、修改的影响因素

在专利授权之前,影响专利申请文件修改是否超范围的主要因素有:第一,修改对象。权利要求书和说明书的作用不同,法律地

---

❶ 最高人民法院(2010)知行字第53-1号行政裁定书。

位不同，修改规则也不完全相同。在专利授权之前，说明书的修改应当严格遵守先申请原则，不允许增加原说明书和权利要求书没有公开的技术信息，架空先申请原则。说明书的修改，如果产生了本领域技术人员不能从原说明书和权利要求书中直接地、毫无疑义地确定的技术内容，这样的修改应当被认定为超范围。权利要求书的修改，只要能够得到原说明书和权利要求书的支持，表明其意图获得的保护范围与其在原说明书和权利要求书中的技术贡献是匹配的，既不会获得不正当的利益，也不会损害他人合法权益，就应当予以允许。在目前的专利审查实践中，国家知识产权局按照直接地、毫无疑义地确定标准来评价专利申请文件的修改是否超范围，并没有区分说明书和权利要求书，对于法律性质并不完全相同的对象适用相同的修改规则，是明显不合理的。

第二，修改时机。主动修改和被动修改的规则也不完全相同，如果是主动修改，只要符合先申请原则，没有增加与原说明书和权利要求公开的技术内容之外的技术信息，而且符合技术贡献匹配原则，能够得到原说明书和权利要求书公开的技术内容的支持，就不会获得不正当的利益，又不会损害社会公众的利益，应当予以准许。如果是被动修改，除上述限制外，还应当遵守国家知识产权局的相关要求。如果不遵守国家知识产权局规定的限制条件，可能导致专利审查程序的不适当拖延，浪费审查成本。

三、修改的依据

为了确保专利申请人获得的专利权保护范围与其技术贡献相匹配，必须确保专利申请人能够将其在原说明书和权利要求书中公开的所有技术信息作为修改基础。专利申请文件修改的参照对象不仅限于原说明书，还包括原权利要求书。1984 年《专利法》规定，对发明和实用新型专利申请文件的修改不得超出原说明书记载的范围。这一规定意味着，修改权利要求书确定专利权保护范围时，只能依据说明书的技术信息来确定专利权保护范围，而这是明显不合理的，因为原权利要求书公开的技术贡献不能被纳入专利权保护范围。为了克服 1984 年《专利法》这一规定的缺陷，1992 年修订的《专利法》规定，对发明和实用新型专利申请文件的修改不得超出原说明书和权利要求书记载的范围。相对于 1984 年《专利法》，修改后的原始范围不仅仅限于原说明书，还增加了权利要求书。这样一来，就使得专利申请人可以在其原申请文件公开的所有技术贡献基础之上确定其专利权保护范围。1992 年《专利法》的该处修改，体现了技术贡献匹配原则。国家知识产权局在《审查指南》中更加细化了该原则，规定原权利要求书中记载而原说明书中没有描述的技术特征可以补入说明书。在美国，联邦巡回上诉法院的判例特别强调，原权利要求书公开的技术信息应当作为申请文件公开的技术信息的一部分。如果原权利要求书公开的技术信息没有记载在说明书中，专利申请人也可以修改说明书以补入该技术信息。上述判例规则还被美国专利商标局收入了《美国专利审查指南》之中。

四、修改的二次概括

在"计算机监控防误装置专用电磁锁"的实用新型专利权无效行政纠纷案❶中，专利申请人在专利审查阶段将原权利要求 1 中的"一对常闭常开双接点的微开关"修改为"微开关"。本案在二审诉讼中的争议焦点之一为对"微开关"的二次概括是否符合《专利法》第 33 条的规定。本专利权利要求书对"微开关"的修改，

---

❶　北京市高级人民法院（2014）高行终字第 66 号行政判决书。

相对于原权利要求书而言扩大了保护范围，将所有微开关均纳入修改后的权利要求保护范围。对本领域技术人员而言，使用其他微开关或者多对微开关，是否能够实现本专利权利要求1所要解决的技术问题，是判断权利要求书修改时的二次概括是否得到原说明书和权利要求书支持的关键。如果能够得到支持，表明概括为"微开关"并没有使专利申请人获得与其在原说明书和权利要求书中公开的技术贡献不匹配的保护范围，也不会损害他人合法权益；如果不能得到支持，表明对"微开关"的概括使专利申请人获得了与其已经公开的技术贡献不匹配的保护范围，专利申请人获得了不正当的利益，也可能会损害他人合法权益。

在本案中，原说明书只是公开了使用一双常闭常开微开关能够实现技术方案所要解决的技术问题，没有公开本领域技术人员使用其他微开关或多对微开关是否能够实现技术方案、解决相应技术问题，因此北京市高院二审判决认为，根据本案现有证据应当认定修改后涵盖各种类型和数量的微开关得不到原说明书和权利要求书的支持，修改以后的权利要求与专利权人在原说明书和权利要求中公开的技术贡献不匹配，因此应当认定该修改超出了原说明书和权利要求书记载的范围，不符合《专利法》第33条的规定。反过来说，如果本案中对微开关的二次概括能够得到原说明书和权利要求书的支持，则这样的修改是应当允许的。

前面的分析表明，从技术贡献的视角来看，专利申请文件修改的主要规则为：第一，专利申请人有权进行修改，使权利要求书确定的保护范围与其在原说明书和权利要求书中公开的技术贡献的范围相匹配。第二，权利要求书的修改只要能得到原申请文件的支持就应当允许，只要修改后的权利要求书确定的保护范围没有超出原申请文件公开的技术贡献的范围。第三，修改权利要求书时应当允许对权利要求的二次概括，只要二次概括以后的权利要求书能够得到原申请文件的支持，这样的概括就符合技术贡献匹配原则。

第四节　技术贡献视角下的专利创造性判断

在专利授权确权审判实践中，是否具备创造性无疑是最为常见而且最为重要的争议焦点。关于专利创造性判断，绝对可以说"一言难尽"。从不同的角度来看，专利创造性判断有不同的"相貌"。从某个角度来看，专利创造性的本质就是技术贡献，因此，有必要从技术贡献的视角来分析专利创造性判断司法实践中的一些问题。

一、创造性的本质

技术贡献的本质是什么，是有技术进步就有技术贡献，还是非显而易见的技术进步才有技术贡献？这个问题涉及我国《专利法》第 22 条第 3 款规定中的实质性特点与进步的关系，对此可能有几种观点。观点一，实质性特点和进步是两个独立的条件，需要同时满足才具备创造性。这种观点认为，具备创造性包括以下情形：情形一，非显而易见且有更好的技术效果；情形二，非显而易见但技术效果相同，也满足进步。观点二，实质性特点和进步是两个独立的条件，但只满足一个就具备创造性。这种观点认为具备创造性包括以下几种情形：情形一，虽然技术方案是显而易见的，但有显著的进步；情形二，虽然没有显著的进步，但技术方案是非显而易见的。观点三，实质性特点和显著的进步是互补的两个条件，在非显而易见性较强的情况下，即使没有进步，也具备创造性；在有显著进步的情况下，对显而易见性的要求可以降低，甚至在取得预料不到的技术效果的情况下，即使技术方案是显而易见的，也具备创造性。观点四，有实质性条件就有进步，只要技术方案是非显而易见的，技术方案就具备创造性。

上面这些观点哪一个才是合理的，需要比较深入的分析，笔者将单独撰文分析。单从技术贡献视角来看，对本领域技术人员而言显而易见的技术进步是不能认定为有技术贡献的，技术进步必须以对本领域技术人员而言具有非显而易见性为前提。如果只是对本领域技术人员基本知识和技能的应用，无论取得的技术效果有多大，都不应当被授予专利权。换一个角度来看，显而易见的技术方案取得的技术进步越大，越不应当获得专利权的保护，因为专利权的保护意味着排他性的权利。显而易见的技术进步，没有授予排他性权利的正当性。

按照观点二，即使技术方案没有实质性特点，但只要具有显著的进步，也是具备创造性的。这就意味着，即使是显而易见的技术方案只要取得显著的技术进步也具备创造性。在这种观点基础上，有人认为，只要取得了预料不到的技术效果，就必然具备创造性。换言之，预料不到的技术效果是具备创造性的充分条件。笔者认为这种观点是错误的。在下列情形中，即使发明取得了预料不到的技术效果，也不能当然认定其具备创造性：第一，如果技术进步能够依照技术启示进行改进而自然得出，由于没有技术贡献，无论是否取得预料不到的技术效果，都不具备创造性。第二，如果缺乏选择而构成一个"单行道"的情形，本领域技术人员在现有技术基础上没有付出任何努力而不可避免地取得了预料不到的技术效果，也因为没有作出技术贡献而不具备创造性。

在"治疗乳腺增生性疾病的药物组合物及其制备方法"发明专

利权无效行政纠纷案❶中，本专利权利要求 1 为"一种治疗乳腺增生性疾病的药物组合物"，与证据 1《中华人民共和国药典》（2000年版一部）公开的一种乳块消片相比，本专利权利要求 1 主治功能相同，组成成分相同，各组分配比相同，主要制备步骤相同，区别仅在于：一是二者的剂型不同，由此导致制剂步骤（3）有所不同，与证据 1 相比，本专利权利要求 1 在制备颗粒剂的过程中在加入辅料之前省去了"减压干燥成干浸膏，粉碎"的步骤，并具体规定了加入的辅料为蔗糖 500g 以及淀粉和糊精适量；二是与证据 1 规定的相对密度为 1.25～1.30 相比，本专利权利要求 1 将其进一步限定为 1.28。

　　本案的争议焦点在于区别技术特征 1 能不能使本专利权利要求 1 具备创造性。专利复审委员会认为本专利权利要求 1 不具备创造性，但北京市一中院撤销了专利复审委员会的无效决定，认为本专利权利要求 1 的技术方案取得了预料不到的技术效果，因此具备创造性。北京市高院认为，在本案中，本专利是将证据 1 中的片剂改换成了颗粒剂，将某种处方已知的药物由某常规剂型改换成另一种常规剂型，是本领域技术人员的常见做法，而且，本专利的颗粒剂制法也是《中华人民共和国药典》中两种常规颗粒剂制法中的一种，之所以相对于证据 1 省去了"减压干燥成干浸膏，粉碎"的步骤，是因为采用了《中华人民共和国药典》中记载的颗粒剂的两种常规制法中的一种。因此，本专利权利要求 1 相对于证据 1 和证据 3 的结合不具备创造性。北京市高院撤销了一审判决，维持了无效决定。

　　本案可以这样解读，使用《中华人民共和国药典》记载的配

---

❶ 北京市高级人民法院（2011）高行终字第 1704 号行政判决书。

方、制药方法制作记载的常规剂型，无论是否取得预料不到的技术效果，都不应当被授予专利权，因为这样的技术方案如果给予排他性权利，实质上就排除了不需要付出创造性劳动即可以转换中成药剂型的本领域技术人员使用该技术方案的机会，显然，这不具有正当性，也不符合专利制度的本意。对于显而易见的技术方案，无论其在技术效果上如何，都不应当被授予专利权。

二、发明点的评价

从技术贡献的角度来看，发明人作出技术贡献的发明点可能体现在技术问题、技术手段或者技术效果任何一个方面，并不需要同时都具有技术贡献，因此，要求专利创造性判断应遵守综合原则。专利创造性判断的综合原则是指，在进行专利创造性判断时，应当将技术手段、技术问题和技术效果结合起来进行立体的判断。

有些技术方案的技术贡献或发明点体现在揭示技术问题的原因上，例如在 Sponnoble 案❶中，美国法院认为，揭示技术问题的原因是专利创造性"综合评价"要求的一部分。揭示技术问题的原因的发明可能具有创造性，因为一旦问题的原因被明确了，解决的办法就是显而易见的。在 Sponnoble 案中，发明人发现潮气是通过中间的自然橡胶塞进入，就选择用一种包裹着硅树脂丁基合成橡胶做的塞来防止潮气渗透，美国法院认为发明人发现了问题的原因，而且现有技术中没有教导申请人选择比自然橡胶更能防止渗透的本发明中的材料的技术启示，因此认定本发明具有创造性。当然需要注意的是，技术问题原因的揭示并不一定总是产生具有专利性的发明。现有技术中存在对同样技术问题的同样解决方案时，解决方案相对

---

❶　In re Wiseman, 596 F. 2d 1019, 1022, 201 USPQ 658（CCPA 1979）.

于现有技术是显而易见的，是不具备创造性的。

　　有些技术方案的技术贡献或发明点主要体现在其能够实现的功能上，例如，在"运行通信系统的方法"发明专利申请驳回复审行政纠纷案❶中，本申请权利要求 1 请求保护的技术方案与对比文件 1 公开的技术内容相比，区别技术特征是：本申请权利要求 1 中，无线资源若不满足同时建立呼叫，则由所述终端选择一种呼叫方式；对比文件 1 中，在无线资源充足时，直接同时建立两种呼叫。本申请权利要求 1 实际所要解决的技术问题是，在无线资源不充足时，如何提高终端选择连接方式的灵活性。需要强调的是，本申请权利要求 1 并没有具体描述在无线资源不满足同时建立呼叫时如何通过所述终端选择一种呼叫方式，只是描述了该方法具有这样一种功能。换言之，本申请权利要求 1 相对于现有技术而言，实质区别是功能性的，而非实现该功能的具体技术手段。在本案中，北京市高院认为，就功能性技术方案的创造性判断而言，首先要分析体现技术贡献的发明点是功能本身还是实现功能的技术手段。如果功能本身是容易想到的，实现功能的技术手段也是容易想到的，则技术方案整体上是显而易见的；如果功能是不容易想到的，虽然实现功能的技术手段是容易想到的，则技术方案在整体上也可能是非显而易见的。

　　有些技术方案的技术贡献或发明点体现在解决技术问题的技术手段上。例如，在"用于互联网搜索引擎的信息发布方法及其系统"的发明专利申请驳回复审行政纠纷案❷中，本申请权利要求 1 实际解决的问题是：（1）实现系统各模块间的数据通信；（2）使

---

❶　北京市高级人民法院（2013）高行终字第 1264 号行政判决书。
❷　北京市高级人民法院（2013）高行终字第 2289 号行政判决书。

得在固定的时间段或者单位检索次数内，客户的显示信息出现的概率由某一权重参数决定，而同时实现在每一次搜索时，客户的显示信息随机出现。为了实现上述第二项功能，本专利采取了以下技术手段：一是在固定的时间段或者单位检索次数内，客户的显示信息在指定位置出现的概率由某一权重参数决定；二是每一次搜索时，客户显示信息随机出现。正因为本专利采取了这样的技术手段，而且这两个技术手段之间是相互配合起作用的，没有被现有技术公开，而且本领域技术人员不容易想到，因此北京市高院认为，正因为本申请具有了上述特征，使其相对于对比文件1在整体上具备创造性。

三、创造性判断方法

从技术贡献的视角来看，不同发明思路的技术贡献程度可能并不相同，是否具备创造性应当根据技术贡献程度最低的发明思路来判断。只要达到要求保护的技术方案中的任意一个发明思路对本领域技术人员而言是显而易见的，或者说不需要付出创造性劳动的，那么这个技术方案相对于现有技术就是没有创造性的。如果要求保护的技术方案的两个以上的发明思路相对于本领域技术人员而言都不需要付出创造性劳动，则必然没有创造性。

在"由控制芯片直接驱动的 LED 数码万年历"的实用新型专利权无效行政纠纷案❶中，本专利权利要求1与证据1公开的技术内容相比，其区别技术特征仅在于"显示模块的地址线一对一直接连接至扫描顺序控制端口"，该区别特征的实质是，省略了驱动电路，不经过放大而直接使用控制芯片的电流对 LED 显示屏进行

---

❶ 北京市高级人民法院（2013）高行终字第1705号行政判决书。

供电。

　　为了达到这样的技术方案，可能有两种发明思路：第一种发明思路，虽然现有技术中，在控制芯片与 LED 显示屏之间都有驱动电路对来自控制芯片的输入电流进行放大，但放大的目的是保证 LED 显示屏达到最佳的显示亮度。当对显示屏亮度的需求降低时，不需要放大电流即可以使显示屏亮起来，这对本领域技术人员而言是公知常识。在降低显示屏亮度要求的情况下，本领域技术人员很容易想到省略驱动电路而直接使用控制芯片的电流供电，因此本专利权利 1 的技术方案是很容易想到的。第二种发明思路，当技术不断发展，控制芯片的输出电流可以不断提高，当输出电流大到足以满足 LED 显示屏对输入电流的需求时，自然也就不需要驱动电路来放大电流，这也是本领域技术人员容易想到的。换言之，即使是要完全满足 LED 显示屏对输入电流的需求，在合理选择输出电流足够大的控制芯片的情况下，同样不需要驱动电路来放大电流。本专利权利要求 1 的技术方案也有可能是技术发展所导致的。

　　由于上述两种发明思路相对于本领域技术人员都不需要付出创造性劳动，因此北京市高院认为，无论是上述第一种思路，还是第二种思路，都可以使本领域技术人员很容易想到采用本专利权利要求 1 的技术方案。对本领域技术人员而言，只要达到本专利权利要求 1 的技术方案中的若干路径中的一条是容易想到的，本专利权利要求 1 就是显而易见的。在本领域技术人员通过上述两种很容易想到的路径都能够得到本专利权利要求 1 的技术方案的情况下，无论是否因为付出了创造性劳动才得到本专利权利要求 1 的技术方案，本专利权利要求 1 都是显而易见的，不具备创造性。

　　从技术贡献的视角来看，创造性判断的本质是分析发明创造是否作出了创造性的技术贡献，只要能够抓住这个本质，专利创造性判断的方法和步骤就可以灵活运用。在我国，法律、行政法规虽然没有对专利创造性判断的方法和步骤作出强制性的规定，但专利复审委员会的创造性判断方法和步骤应当清楚地说明本专利的技术方案相对于现有技术而言对本领域技术人员是否显而易见。为了客观地判断创造性，应当统一和规范创造性的判断方法，一般情况下应当按照"三步法"进行创造性判断。但是，正如北京市高院在"用于直接和间接丝网印刷的贵金属制剂和光泽制剂"发明专利权无效行政纠纷案❶中所述，"如果用其他的方法和步骤更能清楚地说明本专利相对于现有技术是否显而易见，在个别情况下也可以灵活运用其他创造性判断的方法和步骤"。美国联邦最高法院在 KSR 案中也强调，联邦巡回上诉法院所坚持的"教导—启示—动机"规则不再是唯一标准，强调判断是否具备创造性可以根据具体案情多角度进行，如果基本的创造性判断方法不能准确地判断是否作出创造性技术贡献，则可以灵活地运用其他方法进行创造性判断，专利创造性判断不能过分地被一个标准或公式所约束，以至于不能实现专利创造性判断的根本目的，即衡量是否作出非显而易见的技术贡献。❷

四、创造性判断与说明书的记载

不仅仅是权利要求书，说明书也是判断技术方案是否具备创造性的基础性文件，从技术贡献的角度来看，说明书对于专利创造性判断具有特别的重要性，这是因为，发明人在说明书中没有记载的技术贡献不能作为创造性判断的依据；发明人声称的技术贡献，得

---

❶ 北京市高级人民法院（2012）高行终字第 702 号行政判决书。

❷ KSR, 82 USPQ2d at 1391.

不到说明书支持，也不能作为创造性判断的依据。

除非是本领域技术人员根据现有技术能够直接确定的技术效果，否则没有记载在专利申请文件中的技术效果不能作为创造性判断的依据。这是因为，本领域技术人员在现有技术基础上能直接确定的技术效果，不需要付出创造性技术贡献即可得知；没有记载在专利申请文件中的技术效果，不能作为认定发明人意识到并公之于众的技术贡献的依据。在"抗 β - 内酰胺酶抗菌素复合物"发明专利权无效行政纠纷案❶中，最高人民法院认为："专利申请人未能在专利说明书中公开的技术方案、技术效果等，一般不得作为评价专利权是否符合法定授权确权标准的依据，否则会与专利法规定的先申请原则相抵触，背离专利权以公开换保护的本质属性。"这意味着，虽然任何技术效果都可以作为重新确定技术问题的基础，但在司法实践中，客观技术问题的可选择性也有限制，即需要从说明书记载的内容得知该技术效果。最高人民法院的上述观点还体现在《最高人民法院关于审理专利授权确权行政案件若干问题的意见》（2012 年 10 月第三稿）第 36 条关于"未记载在说明书、附图中的功能或者技术效果的认定"的规定中。该条规定："权利人主张权利要求限定的技术方案具有未在说明书、附图中明确记载的其他技术效果的，人民法院一般不予支持。但本领域普通技术人员根据说明书、附图记载的内容，能够直接、毫无疑义地确定该技术效果的除外。"按照上述规定，未在说明书中记载的技术效果，如果本领域技术人员根据现有技术不能直接确认，则不能作为创造性判断的依据。

即使是说明书记载的技术效果，如果得不到说明书公开的内容

---

❶ 最高人民法院（2011）行提字第 8 号行政判决书。

的支持，也不能作为创造性判断的依据。发明人声称的技术贡献是否存在，如果取决于其是否实际解决了声称的技术问题或取得了声称的技术效果，则需要结合说明书的记载来看其是否实际解决了声称的技术问题或取得了声称的技术效果。在"风扇及其叶轮"的发明专利权无效行政纠纷案❶中，专利权人主张本专利具备创造性的理由在于本专利的技术特征"高度比为 15% 至 22.5%"取得了说明书所记载的技术效果，但无效请求人却上诉主张对专利权人在说明书中记载的技术效果的真实性提出质疑。在本案中，如果专利权人主张的技术效果是真实的，则本专利具备创造性，但如果专利权人主张的技术效果并不真实，则意味着专利权人声称其作出了技术贡献缺乏事实依据。在这种情况下，说明书及其记载的技术效果的真实性对创造性判断产生了影响，在作出创造性判断结论之前，需要对说明书记载的技术效果的真实性进行认定。在本案中，北京市高院认为，虽然无效请求人在诉讼中对本专利说明书及附图5中的技术效果的真实性提出了质疑，但本领域技术人员对本专利说明书及附图5描述的特定技术效果不会提出合理怀疑，而且无效请求人没有提交相反证据，因此法院对无效请求人的质疑不予支持。在确认说明书及附图5描述的技术效果的真实性的基础上，北京市高院认为，本领域技术人员不会想到通过使得"高度比为 15% 至 22.5%"来提升风扇工作区域的效能，更不会想到"高度比为 15%至22.5%"能够取得本专利说明书附图5中体现的特定技术效果，因此，本专利权利要求1中的"高度比为 15% 至 22.5%"及其能够取得的特定技术效果是现有技术没有公开的，也是本领域技术人员在现有技术基础上难以想到的，其所取得的技术效果使本专

---

❶ 北京市高级人民法院（2014）高行终字第1437号行政判决书。

利权利要求 1 要求保护的技术方案整体上具备创造性。

　　从技术贡献的视角来分析专利创造性判断规则，笔者的主要观点可以简要归纳为以下几点：第一，从技术贡献的视角来看，只有非显而易见的技术方案才可能有技术贡献，显而易见的技术方案不能认为有技术贡献。第二，发明人的技术贡献或发明点可能体现在技术问题、技术手段或者技术效果的任何一个方面。第三，不同发明思路的技术贡献程度不同，应根据技术贡献程度最低的发明思路来判断创造性。第四，发明人没有记载的技术贡献不能作为创造性判断的依据，发明人声称的技术贡献，如果得不到说明书支持，同样也不能作为创造性判断的依据。

第四章　专利创造性的经济分析和比较研究

专利创造性是专利的实质条件之一。在专利授权确权司法实践中，专利创造性判断是重点和难点。专利创造性的判断往往涉及专利创造性的理论基础，其中包括专利创造性的定义、目的、价值和高度等诸多问题。在美国，对专利创造性高度的研究是多角度的，其中法律经济学的研究比较深入，为理解和适用专利法提供了非常有益的视角。下面笔者拟对专利创造性的相关经济理论进行归纳，并结合美国和中国的专利审判实践进行分析，以期能对我国的专利创造性制度的深入研究提供有益素材。

第一节　专利创造性的经济分析

一、专利制度的经济分析

要求授予专利的发明具备创造性，其根本原因是经济上的，因此专利创造性的经济分析以专利制度的经济分析为前提。在经济学上，专利制度主要有三个方面的价值。专利制度的第一个价值是激励创新。经济学家认为，知识和技术是公共产品。公共产品容易被过度使用，就像道路和渔业资源等，这种情况被称为市场失灵

（market failure）。❶ 就知识产权而言，其公共产品属性意味着一旦发明出现后就能够被他人没有附加成本地免费使用。如果没有专利制度，没有人愿意承担技术创新需要负担的研发成本和投资风险，就无法激励技术创造。专利制度通过向发明人提供独占性的权利以防止他人免费利用其发明，从而能够使发明人从许可他人实施发明的过程中获得利益，发明人才会愿意继续进行研发。专利制度的性质之一就是以公开换权利，是成本与收益的交换。❷ 一方面通过提供一定期限的垄断权利给发明人以激励其从事发明的研发，另一方面又要求其公开发明的内容。有学者对 32 个国家的情况进行了分析研究。他们的研究表明，知识产权的高水平保护对研发投资有积极作用。❸ 有学者提供的经验数据证明，在药品和化学行业，专利制度在激励创新方面尤其有效。❹

　　专利制度的第二个价值是通过公开发明增加社会知识总量。专利权人获得制止他人利用其专利技术的独占性权利的对价就是向社会公开他的专利技术方案。如果没有专利制度，或者没有专利公开制度，发明人会趋向于选择对发明技术方案保守秘密，从而使得社会公众难以知晓技术方案的具体内容。专利公开制度能够及时扩充技术知识的总量，从而有利于整个社会的创新。自 20 世纪 80 年代中期，全世界每年有 100 万件专利申请被提出并公开出版，这使得

---

❶ ［美］格里高利·曼昆：《经济学原理》（上册），梁小民译，机械工业出版社 2003 年版，第 9 页。

❷ ［美］威廉·兰德斯，理查德·波斯纳：《知识产权法的经济结构》，金海军译，北京大学出版社 2005 年版，第 26 ~ 31 页。

❸ Sunil Kanwar & Robert Evenson, *Does Intellectual Property Protection Spur Technological Change?*, Oxford Economic Papers, 2003, 55（2），pp. 235 – 264.

❹ Edwin Mansfield, Patents and Innovation：An Empirical Study, *Management Science*, 1986, 32（2），pp. 173 – 181.

专利信息成为最重要的技术知识来源。❶ 专利公开制度还能够有效地避免研发领域的重复投资。

专利制度的第三个重要价值是促进技术交易与应用。专利制度授予发明人可以交易的专利权，就会促进专利技术的本国内转移和跨国转移。在没有专利制度的情况下，发明人会非常谨慎地将发明作为技术秘密来保护，他们不会大胆地与他人分享其技术成果，而是会小心地防止用户模仿其技术方案。而在专利制度建立后，由于有专利法的强制保护，发明人不再那么担心其技术方案被免费的使用，而将其技术方案拿到技术市场去进行交易。

专利制度的上述三个方面的价值都可以归结到促进经济发展和社会进步。专利制度的建立和完善是否真正地促进了经济发展和社会进步，有很多客观事实可以研究。无论是发达国家还是发展中国家，都在大量地投资技术研发，都在向着知识经济迈进。近年来，经济合作与发展组织的无形资产投资快速增长，占 GDP 的 10%左右，成员国的研发投资达到 7 720 亿美元，已经超过了有形资产投资。中国的研发投资自 2000 年来每年增长率达到 18%，研发投资达到 1 150 亿美元，已经成为世界第三大研发国。在 2005 年，全世界的专利申请量超过了 160 万件，大约一半的申请来自日本和美国。同期，中国、韩国和美国的专利申请量有所增加。❷ 这些专利申请量较大的国家也是同期经济发展最为迅速的国家，这非常有力地说明专利制度具有促进经济发展的作用。

---

❶ Search results Report on the International Patent System, *WIPO Standing Committee on the Law of Patents*, SCP/12/3 Rev. 2, February 3, 2009, p. 10.

❷ Report on The International Patent System, *WIPO Standing Committee on The Law of Patents*, SCP/12/3 Rev. 2, February 3, 2009, p. 12.

二、专利创造性的经济理论概述

专利制度的上述价值都离不开专利的创造性条件。对于专利法中的创造性条件的经济功能是什么，经济学家给予了越来越多的关注。在1969年诺德豪斯（Nordhaus）理论的时代，经济学家只是以一个单独的变量即专利期限来描述和分析专利政策。❶此后经过不断发展，现在已经有众多的经济学家详细研究专利创造性的制度价值和创造性的合理高度等问题，这些研究深化了我们对专利创造性条件的理解。

在判断专利创造性时，审查员和法官面临的最重要问题在于，哪些可证实的技术特征应当用于确定发明是否具备创造性。经济学家并不擅长处理此类问题，经济学并不能对发明的概念化表述方式提供分析手段。大体上，经济学文献含蓄地认为，评价专利创造性的变量是发明的度（size）。度的确切含义依赖于具体的评价模式，它可以是方法发明减少成本的量，可以是产品质量提高的程度，也可以是新产品的市场规模，无论怎样，它都是与发明的积极价值成正相关的。在经济学上，还可以用成本代替价值来评估创造性，但使用这种评估方法的人较少，也许是因为研发的花费众所周知的难以计算。而且，《美国专利法》规定，在评价发明的专利性时，不应当考虑发明是如何被研发出来的。❷我国《专利审查指南》也有类似的规定。❸这个规定表明，不能依据研发成本来评价发明的专利性。

---

❶ William D. Nordhaus, *Invention, Growth, and Welfare: A Theoretical Treatment of Technological Change*, M. I. T. Press, 1969.

❷ 35 U. S. C. § 103 (a).

❸ 2010年版《专利审查指南》第二部分第四章第6.1节"创立发明的途径"。

　　一旦确定了如何在经济学上描述发明，经济学家分析创造性的最佳起点就容易了。1969 年诺德豪斯对专利保护的最佳水平进行了经济分析，他认为，最佳的专利保护水平是一个平衡点。❶ 超过这个平衡点的更强专利保护通过激励创造活动而产生社会收益，同时也使社会负担更重的固定成本。最佳的保护水平必须是与边际的社会成本和边际社会收益相等的点。提高专利创造性的高度要求会产生何种后果，不同经济学家的分析模式不同，其结论也不相同。也就是说，专利创造性的高度是否会影响最佳的专利保护水平还存在争议。

　　对专利的保护水平应当适度，这种经济学思路在司法实践中也有所体现。在 1923 年的 Eibel 案中，美国联邦最高法院推翻了联邦第一巡回上诉法院的判决，认定涉案专利有效且侵权成立。❷ 塔夫脱（Taft）法官在判决中写道：在判断专利是否具备创造性时，法院首先考察本领域技术以确定发明或发现的真正贡献是什么，是否实质性地产生技术进步。如果确实存在进步，则法院可以自由裁量是否具备创造性从而授予专利权以给予发明人奖励。如果发明人只是做了一点小改进，正好处于普通技能改进和真正发明之间的边界线上，则即使维持专利有效性，也应当给予较小的保护范围。本案发明人作出了非常有用发明，实质性地产生了技术进步，值得授予专利。❸

　　在经济学文献中，专利创造性的主要经济学理论可以概括为四个方面：选择价值理论；连续发明理论；错误成本理论；互补发明

---

❶　William D. Nordhaus, *Invention, Growth, and Welfare: A Theoretical Treatment of Technological Change*, M. I. T. Press, 1969.

❷　Eibel Process Co. v. Minnesota & Ontario Paper Co. , 261 U. S. 45（1923）.

❸　261 U. S. 45, 63（1923）.

理论。❶ 这些理论有共同的前提：专利制度并不总是带来社会收益，也会产生负面的外在性。例如，当发明是连续时，给开创性发明的细微改进以专利保护可能会减慢技术进步的节奏。同样地，如果一项复杂技术的每一个细小组成部分都可以分别获得专利的话，在整体上对技术进行改进的激励作用就会受到损害，这时容易拒绝给真正的发明以专利保护。

选择价值理论建立在不可逆投资的概念之上。这种观点认为，市场经济中有一种过早地采用新产品或新设备的趋势，现在的发明人通过剥夺未来发明人研发更好发明的机会而产生外部性，但现在的发明人并不会内化这种外部性。专利的创造性条件可以保护潜在的发明人不受早先的发明的影响。连续发明理论与选择价值理论相反。这种理论认为，专利的创造性条件是一种保护在先发明人不受后续改进的竞争的工具。当发明是连续的时，后续的改进只有在前面的基本发明产生后才能发生，保护前面的发明人是非常重要的。错误成本理论认为，专利的创造性条件只是对新颖性要求的强化，目的在于防止给一项已经存在于公共领域的技术授予专用权。互补发明理论关注对一项复杂技术进步有共同贡献的不同发明人之间如何分配利润。这种理论认为，在某些情况下，否定某些组成部分的专利性有利于全面地激励发明。❷

三、专利创造性的连续发明理论

虽然正如选择价值理论所强调的那样，今天的发明会对将来的

---

❶ Vincenzo Denicolò, *Economic Theories of the Nonobviousness Requirement for Patentability*：*A Survey*，Lewis & Clark L. Rev. , 2008，(12)，p. 443.

❷ *Ibid.*

发明活动产生抑制作用，即所谓的提前虚化效应，但今天的发明也确实会刺激某些后续技术进步。发明人和学者都熟悉的虚化效应理论，在连续发明的研究方面已经成为大量经济学文献的焦点。这些文献强调，每个发明都是建立在在先发明基础之上的，反过来也是后续发明的基础。在市场经济中，新的发明的产生对过去发明人产生负的外在性影响，旧的发明人的利润会因为新的更好的技术的竞争而受到侵蚀。这种外在性能够解释为什么某些发明不值得被授予专利，只有具备一定创造性的发明才应授予专利。

连续发明理论和选择价值理论既有共同点也有区别。在选择价值理论中，负有外在性即失去了等待更好发明的机会。换言之，后续发明被抑制了。而在连续发明理论中，负的外在性在于在先的发明受到了抑制。两种情况中，现在的发明和将来的发明之间都存在一种平衡，发明活动的最大化。

当发明是连续的，发明人既需要对过去发明进行专利保护，又需要对将来发明进行专利保护，这有两个原因。第一，缺乏对过去发明的保护，将来发明人将消除过去发明人的利益。第二，第一个发明人应当因为给将来的后续技术进步开道而受到奖励。❶ 当发明持续发生，每个发明人都对前面的和后面的发明人增加一些负的外在性。很多学者都在此分析框架的基础上发展出对最佳创造性条件的分析。❷

专利权的保护范围由必要技术特征限定，必要技术特征越多，

---

❶ Suzanne Scotchmer, Standing on the Shoulders of Giants: Cumulative Research and the Patent. Law, *Journal of Economic Perspectives*, 1991, (5), pp. 29-41.

❷ Suzanne Scotchmer & Jerry Green, Novelty and Disclosure in Patent Law, *RAND Journal of Economics*, 1990, (21), pp. 131-146. Ted O'Donoghue, A Patentability Requirement for Sequential Innovation, *RAND Journal of Economics*, 1998, 29 (4), pp. 654-679.

意味着限制也越多，专利权范围也越小。将来发明与过去发明的区别往往就在于关键的一两个区别技术特征，实际上将来发明通过区别技术特征改变了保护范围，放弃了对过去发明的权利主张。因此，在创造性判断实务中，在对将来发明和过去发明的保护的平衡中，最有效的操作就是正确地认定区别技术特征。其中一个方面就是，应当考虑过去发明中的暗含的技术特征。例如，在"自然风电风扇"发明专利权无效行政纠纷案❶中，一审法院认定"对比文件1已暗含地公开了风扇具有控制系统这一技术特征"，二审法院也认定"证据2－1暗含公开风扇具有控制系统"。司法实践中的这种认定，客观上起到了准确划分在先发明与将来发明的权利边界的作用。《美国专利审查指南》也规定，在考虑对比文件的公开内容时，不仅应当考虑现有技术中的明确教导，还要考虑本领域技术人员能够合理地从中得到的启示。❷

　　2004 年亨特（Hunt）的分析模式中，有一系列无限长的连续发明。❸ 前一个发明作出后，后一个发明才能开始，发明活动是连续的。发明时间长度是不确定的，跟研发投资数额有联系。每个发明都可能受到专利保护，但当下一个发明产生，过去发明人的累积利益被清零，最新发明人成为新的受益人。发明的创造性高度也不确定。当研发机构投入研发时，并不知道计划中的发明是否能获得专利，也不知道发明规模和盈利水平。在这种不确定的情况下，投资研发的激励依赖于发明人的预期利益。预期利益不仅取决于专利性的高度和发明创造性的高度，也取决于发明人专用权的期限。专

---

❶ 北京市高级人民法院（2006）高行终字第 212 号行政判决书。

❷ MPEP § 2144.01.

❸ Robert M. Hunt, Patentability, Industry Structure, and Innovation, *Journal of Industrial Economics*, 2004,（52）, pp. 401 – 425.

利性条件中创造性的要求越高，当前发明获得专利的可能性就越弱，而且也会减少下一代发明获得专利的可能性。然而，如果对发明授予专利，专利的期限也会延长。这意味着一个较高的专利创造性条件在激励发明方面有两个相反的激励效果。

如果政策制定者关注静态垄断产生的无谓损失，创造性的最佳高度似乎应当更加严格。为了说明为什么最优的专利性条件在这个分析框架中总是积极的，假设政策制定者的唯一目标是最大化技术进步节奏。假设从零开始提升创造性的起点。对创造性高度很小的发明不授予专利的政策变动对发明人可预期利益有负面影响，但即使可以获得专利，小发明的利润也很小。因此这种影响是次要的。改变专利期限的影响是首要的，因为这并不依赖于创造性高度而只依赖于其节奏。因此，从零开始在创造性起点上的每个小的提高都会明显地加快技术进步的步伐。

亨特对最优创造性条件进行了比较统计分析，他最主要的结论是认为在创新程度较高的产业领域，创造性的最低起点应当比其他领域更高一些。凭直觉来看，在这些行业里，利润侵蚀非常迅速，因此更需要促进专利保护。实践中的一些做法符合了上述经济分析。《美国专利审查指南》规定考虑本领域技术人员的知识和技能时要考虑以下因素：（1）技术问题的类型；（2）现有技术对这些问题的解决方案；（3）创新的速度；（4）技术的复杂性；（5）本领域技术人员的受教育程度。❶《美国专利审查指南》的上述规定表明，不同技术领域的本领域技术人员的知识和技能水平并不相

---

❶ In re GPAC, 57 F. 3d 1573, 1579, 35 USPQ2d 1116, 1121（Fed. Cir. 1995）; Environmental Designs, Ltd. V. Union Oil Co. , 713 F. 2d 693, 696, 218 USPQ 865, 868（Fed. Cir. 1983）.

同，不同技术领域的技术复杂性和技术创新频率也不相同，这些因素都应当作为本领域技术人员知识和技能水平认定的考量因素，换个角度来看，意味着不同技术领域的创造性判断标准也应当有所区别。

《欧洲专利局申诉委员会案例法》也注意到不同技术领域的创造性标准有所不同，专门汇编了计算机领域本领域技术人员的认定的有关案例。[1] 在一个判例中，欧洲专利局申诉委员会认为，如果技术问题涉及对一个商业方法、保险精算或会计方法的计算机应用，本领域技术人员不仅应当是一个商人、保险精算师或会计，还应当熟练掌握数据处理技术。[2] 欧洲专利局申诉委员会按照技术领域对本领域技术人员进行精细界定的做法也体现了根据技术领域区分创造性高度的思路。

亨特的理论认为，即使是有创造性的技术进步也可能对基础专利构成侵权。[3] 2002 年，德尼卡罗（Denicolò）和赞册汀（Zanchettin）从不同角度讨论了创造性条件对在先发明人的保护。[4] 一方面，发明必须满足其创造性条件可能抑制或阻碍后续技术进步；另一方面，认定技术改进侵犯在先发明的专利权，可以促进利益分享交易，从而允许在先发明人从技术后续进步中分享利益。这意味着当发明连续时，创造性条件具有阻碍效果，而在先专利权具有分享效果。

---

[1] 《欧洲专利局申诉委员会案例法》第一部分第四章第 7.1.4 节。

[2] T 172/03.

[3] Jerry R. Green & Suzanne Scotchmer, On the Division of Profit in Sequential Innovation, *RAND Journal of Economics*, 1995, 26 (1), pp. 20 – 33.

[4] Denicolò, V., & Zanchettin, P., How Should Forward Patent Protection Be Provided? *International Journal of Industrial Organization*, 2002, (20), pp. 801 – 827.

德尼卡罗和赞册汀进一步讨论认为，前后发明人的这种利益分配总比阻碍技术进步要好，基于发明的累积属性产生的时间先后顺序上的这种外部性至少可以部分内化，即通过利益分配来消除阻碍。❶ 如果在后发明的创造性高度较小而且侵犯在先发明的专利权，则两代专利权人之间的交易会使研发成本沉淀下来。在有的情况下，这种交易也可能使在后发明人得到的利润很低，投资得不到收益。这意味着现存的创造性条件作为给技术进步的发明提供专利保护的现存经济理由是很不彻底的。除了解释为什么给未来发明提供专利保护是值得的，理论还必须解释在什么情况下创造性条件是达到这个目标的最有效工具。技术竞争者之间的交易可能引发过于琐碎的知识产权，导致产生更大的交易成本，而创造性高度有利于降低这种技术竞争和交易成本。❷

美国联邦贸易委员会在 2003 年的研究报告中认为，由于专利的阻塞效应，给创造性高度太低的发明授予专利可能影响公平竞争，阻碍技术创新。❸ 其中一个理由是，创造性过低的专利会提高竞争成本。创造性太低的专利所属技术领域的竞争者可能会放弃对相同技术问题的研发。如果竞争者意识到其在相同技术领域进行相应的技术研发可能会侵犯专利权，则很有可能放弃对专利权覆盖领域的研发。如果在后发明人于在先专利相同技术领域进行研发并取得创造性较高的发明成果后，要实施其技术方案可能需要以在先创

---

❶ Denicolò, V. , & Zanchettin, P. , How Should Forward Patent Protection Be Provided? *International Journal of Industrial Organization*, 2002, (20), pp. 801 – 827.

❷ Robert P. Merges & Richard R. Nelson, On the Complex Economics of Patent Scope, *Columbia Law Review*, 1990, (90), pp. 839 – 916.

❸ Fed. Trade Comm'n, *To Promote Innovation: The Proper Balance of Competition and Patent Law and Policy* (*2003*), p. 8. www. ftc. gov/os/2003/10/innovationrpt. pdf (last visited Jan. 18, 2012).

造性较低专利方案的实施为前提，在这种情况下在后发明人需要取得在先专利权人的同意才能实施其专利。否则，将会有大量的成本用于解决专利侵权纠纷。当然，相互许可对方实施自己的发明专利也是解决问题的较好办法。无论在先专利的创造性程度如何，都划定了一个"势力范围"，任何人未经许可不得入内。在后发明人如果觉得要绕开此"势力范围"的代价太高，或者取得许可的代价太高，就会选择其他研究主题。这样一来，有问题的在先专利实际上阻碍了有价值的公平竞争。当然，在后的研发者也可以通过法律途径宣告在先专利权无效。

在我国，任何单位或者个人都可以提出无效宣告请求，法律对无效宣告请求人的资格没有限制，这实际上有利于清除创造性高度较低的专利。在实践中，潜在的竞争者为了不暴露自己的信息，往往会让一个无关的人去提出无效宣告请求。如果利益冲突已经公开，才会直接出面提出无效宣告请求。美国专利商标局限制了提出无效宣告请求的主体范围，但在民事诉讼中可以提出无效抗辩主张。在美国，由于专利诉讼费用非常昂贵，动辄上百万美元，因此容易出现问题专利"拦在路上挡住他人去路"的情况。为了解决这个问题，美国联邦贸易委员会提议建立专利授予之后的专利审查制度。❶ 2011 年《美国发明法案》回应了这一需求，取消了双方再审程序，增加了授权后重审程序（post‐grant review）和双方重审程序（inter parte review），以利于对创造性高度太低的问题专利提出挑战。

---

❶ Fed. Trade Comm'n, *To Promote Innovation：The Proper Balance of Competition and Patent Law and Policy*（2003），p. 8. www. ftc. gov/os/2003/10/innovationrpt. pdf（last visited Jan. 18，2012）.

四、专利创造性的选择价值理论

选择价值理论是建立在不可取消投资理论的基础上的，将采用新产品或者设备比较作出选择。为了解释这种理论，有学者2007年在论文中想象了一批潜在的发明人，他们不时想着填补技术市场的需求。[❶] 有人不断产生发明构思，不同的发明构思有不同的实施成本，但都是可以相互替代的。因此，如果专利保护足够宽泛，或市场竞争足够激烈，在第一个发明构思实现、发明获得专利后，发明进程就停止了，第二个发明人将不会获得发明成本的补偿，也不能收回投资。

这个简单的模式表明，除了为后续发明开辟道路外，在先的发明还会产生抑制后续发明的效应。在市场经济中，在决定是否投资发明时，个体发明人不会内化他们通过剥夺他人作出更好发明的机会而产生的外在性。因此，如果发明人能够充分获取发明的价值，例如，通过获得专利享有专用权，则市场将会呈现对研发的过度投资。也就是说，发明将会以付出过高的研发成本为代价而过早地出现。抑制不成熟发明还存在一个政策空间，在有的学者的分析模式中，当实施成本低于某个关键的起点后，可以给最好的解决方案授予专利权。尔卡（Erkal）和斯科特美尔（Scotchmer）明确地计算了这样一个起点，而且还提出一种比较统计分析方法。[❷] 从直觉上分析，如果灵感发生的可能性大，起点应该高一些；相反地，当发明灵感稀缺时，起点就应当降低，这样更容易获得专利保护。

---

❶ Nisvan Erkal & *Suzanne Scotchmer*, *Scarcity of Ideas and R&D Options*：*Use it*，*Lose it or Bank it*，*Competition Policy Center Working Paper CPC07 – 080*，University of California，Berkeley，2007. http：//www. nber. org/papers/w14940（last visited Jan. 18，2012）.

❷ *Ibid.*

尔卡和斯科特美尔的分析为政策制定者提供了有益的视角。首先，这一分析暗示创造性高度应当根据研发成本衡量。第二，专利局和法院应当试着考虑创造灵感的稀缺性，在创造思维稀缺时更加慷慨地授予专利权。但这些结论存在的一个问题是，研发成本和创造思维的稀缺程度都是难以观察的，然而，政策应当依赖于各种可证实的变量。尔卡和斯科特美尔还提出，发明的等待时间可以作为判断发明灵感是否稀缺的决定指标。但对于专利局和法院而言，在创造性判断过程中难以对发明开始的时间进行认定，因此这种方案的可操作性不强。另外，最优的政策可以通过各种效果等同的路径来实现。例如，政策制定者可以使用最优化的金钱奖励方案来代替创造性制度这种政策工具，也可能实现对专利的最佳保护水平。当然，这需要更为完善的分析模式来比较各种政策工具的优劣。

美国法官在司法实践中很早就意识到授予专利的创造性高度太低容易导致"投机分子"出现。早在 1883 年的 Atlantic Works 案中，美国联邦最高法院的布拉德利（Bradley）法官在判决中精彩地阐述了他对专利投机的看法：专利法的目的在于奖励那些作出实质性发明的人，这些发明使我们在实用技术领域增加了知识或取得了进步。这些发明人值得授予专利权。专利法的目的绝不是对任何细微的进步或任何思想的轻微进步都授予专利权，这些进步将会自然而然地发生在产业发展过程中的任何熟练的技术人员身上。不加选择地授予专利权更容易阻碍而不是激励发明创新。专利制度也造就了一些"投机分子"，这些人专门观察产业进步的趋势，然后制造专利权泡沫，从而对产业发展施加了沉重的负担，却并未对真正的技术进步贡献力量。这种情况使得真正的产业进步缩手缩脚，害怕不小心卷入诉讼中，以其善意使用技术而获得的利润承担赔偿责任。❶ 在 Atlantic Works 案中，涉案发明被认为能够自然而然地被本领域技术人员发现，因此是显而易见的。❷

五、专利创造性的错误成本理论

错误成本理论认为创造性条件是为了减少适用新颖性条件的错误而设立的。如果把技术空间描述为一条线，则专利权覆盖的是一段距离，而不是一个点。专利权通过命名一整套技术享有专用权。如果专利权只根据文字严格限定于说明书中的产品，则专利权很容易被架空，因为稍微改变产品是很容易的。专利相关的一个重要问题就是如何决定专利保护的最佳范围。专利权有一定范围可能引发这样的问题：即使是最好的权利要求书，由于人类语言的模糊性，专利局和法院在确定专利权范围时也存在犯错的危险。这时可能出现两种错误：拒绝承认发明人事实上相对于现有技术作出的进步，或者将专用权授予那些已知的技术或公共领域的技术。相对应地，也存在将专利权授予那些还没有发明出来的技术方案的危险性，这也会扼杀后续发明。错误成本理论用以减少第二种错误的危险，专利权应当授予那些技术进步超越技术前沿并超过一定程度的创造性发明。

专利权的授权范围不能被专利局和法院精确控制。放弃某些发明计划能够有效避免第二类错误的方法是拒绝给予那些相对于现有技术并不具有足够进步的发明。这种政策即使可能产生第一种错误，也是可取的。专利施加的负的外部性会产生无谓损失的危险。

---

❶ Atlantic Works v. Brady, 107 U. S. 192, 199 – 200 （1883）.
❷ Atlantic Works, 107 U. S. at 200.

发明与技术前沿越近，危险越大。这就说明为什么创造性程度较高的发明才能被授予专利权。虽然错误成本理论看起来是创造性条件的自然经济理论，但却缺乏正式的经济分析。

专利权范围的认定错误可能发生在对没有技术贡献的技术特征的理解上。如果在授权和确权过程中将没有技术贡献的技术特征作为限定条件考虑，则实质上可能对没有创造性的技术方案授予专利权，而要求技术方案具备创造性能够有效地防止这种错误发生。法院在司法实践中的判决往往暗含了这种思路。在"一种鼠标"实用新型专利权无效行政纠纷案❶中，本专利权利要求 1 为："一种鼠标，其是由底部壳体和上盖壳体所构成，其特征在于：鼠标的尾部结合有一液体摆饰器。"法院认为，权利要求 1 中的摆饰器只起到动感装饰功能，并不产生技术效果，在创造性判断中不应当考虑此技术特征。

根据《欧洲专利局申诉委员会案例法》，如果申请人证明该特征能够独立地或者与其他特征结合起来对技术问题的解决作出贡献，则在创造性判断时必须考虑该特征。❷ 因此，只要是对技术问题的解决有贡献的技术特征都应当被考虑。❸ 但是，对技术问题的解决没有贡献的技术特征在组合发明的创造性判断中不应予以考虑。❹ 例如，并不产生任何技术进步的附加特征对技术问题的解决并无任何贡献，因此，所述附加特征与技术特征的组合发明的创造

❶　北京市高级人民法院（2004）高行终字第 353 号行政判决书。

❷　T 65/87，T 144/90，T 206/91，T 574/92，T 226/94，T 912/94，T 15/97，T 471/98，T 442/02.

❸　T 285/91.

❹　T 37/82，OJ 1984，71.

性判断并无关系。❶

六、专利创造性的互补发明理论

技术的不断复杂化导致了知识产权的激增和琐碎化。在许多创新产业，例如电信、软件和生物技术中，新产品的制造经常需要几十个甚至上百个互补发明的实施，每个产品涉及一个或者更多专利权的保护。自 1990 年起，就有学者注意到专利琐碎程度的提高会增加交易成本并导致低效率。❷ 这也产生了一个发明人施加给其他发明人外在性的潜在可能性，以及拒绝给某些发明授予专利的理由。很多经济学文献提到了互补发明理论的各种模式：有些研究模式认为研发机构只是专长于研究某类发明；❸ 另一些研究模式认为研发机构是全面的，每个研发机构都能研发新技术产品的全部组成部分；❹ 也有些研究模式认为某些研究机构只对某些部件的研发有比较优势；❺ 在有些研究模式中，有些研发机构从事连续研究，有些研发机构则同时从事全面研究。

❶ T 294/89.

❷ Robert P. Merges & Richard R. Nelson, On the Complex Economics of Patent Scope, *Columbia Law Review*, 1990, 90（4）, pp. 839 – 916. Michael A. Heller & Rebecca S. Eisenberg, *Can Patents Deter Innovation? The Anticommons in Biomedical Research*, *Science*, 1998,（280）, pp. 698 – 701.

❸ Carl Shapiro, Patent Reform: Aligning Reward and Contribution, *UC Berkeley Competition Policy Center working papers*, 2007, http://www.nber.org/papers/w13141（last visited Jan. 20, 2012）.

❹ Adam B. Jaffe, Josh Lerner & Scott Stern（eds.）, *Innovation Policy and the Economy*, Volume 8, 2007, The University of Chicago Press.

❺ Chaim Fershtman & Sarit Markovich, Patents, Imitation and Licensing In an Asymmetric Dynamic R&D Race, *CEPR Discussion Paper No. 5481*, 2009, http://www.cepr.org/pubs/dps/DP5481.asp（last visited Jan. 20, 2012）.

法律经济学者认为，科斯定理可以用于解释和解决交易成本带来的问题。[1] 科斯定理可以概括为，构建法律以消除私人协商的阻碍。[2] 合理的专利创造性制度可以减少交易成本。美尼尔（Ménière）在 2004 年的研究模式中认为较高的创造性条件能够减少知识产权琐碎化造成的合作和交易成本。[3] 然而，较高的创造性条件也会减少对研发小发明的激励，并因此鼓励重复研发。达到平衡的最优选择只能是分别给那些确实难以作出的发明授予专利。如果成功的可能性较大，技术革新时应当在整体上授予专利，也就是说，一个发明人研发了所有的新组成部分才能获得产品专利。美尼尔的理论前提是研发投资是一个要么为 0 要么为 1 的变量，研发机构只能选择投资或者不投。将这种分析应用到研发成功的可能性由研发投资决定的情况中是很有意思的，但与创造性判断实务相距太远。

美国联邦贸易委员会在 2003 年的研究报告中指出，由于专利的阻塞效应，创造性高度太低的发明授予专利可能影响公平竞争，阻碍技术创新。[4] 其中一个原因是，创造性太低的专利会增加防御专利和许可复杂性。在有些技术领域，例如，计算机软件和硬件，由于其技术特性往往来自技术进步不断地累积和叠加，要形成一个

---

[1] ［美］理查德·波斯纳：《法律的经济分析》，蒋兆康译，中国大百科全书出版社1997 年版，中文版译者序言第 20 页。

[2] ［美］罗伯特·考特，托马斯·尤伦：《法和经济学》，施少华、姜建强等译，上海财经大学出版社 2002 年版，第 74 页。

[3] Yann Ménière, Non - Obviousness and Complementary Innovations, *European Economic Review*, 2008, 52 (7), pp. 1125 –1139.

[4] Fed. Trade Comm'n, *To Promote Innovation：The Proper Balance of Competition and Patent Law and Policy* (*2003*), p. 8. www. ftc. gov/os/2003/10/innovationrpt. pdf (last visited Jan. 18, 2012).

最终产品，可能需要申请成百上千项专利。单就微处理器而言，就可能涉及很多公司的上千项专利。这些专利是相互交叉许可的，也存在严重的阻塞效应。过多的交叉许可成本使得一些公司难以生产出最终产品。❶ 为了在专利交叉许可中增加交易筹码，很多公司不断地申请具有叠加关系的专利。但对社会而言，与其将成本花费在不断地研发并无太多创造性高度和实用价值的防御专利上，还不如去研发一些真正有创造性高度和有价值的发明。创造性高度较低的专利容易形成"专利丛林"（patent thicket），使任何前进者都需要艰难地披荆斩棘。很明显美国联邦贸易委员会的观点与互补发明理论是一致的。

前面的分析表明，无论是连续发明理论、错误成本理论还是互补发明理论，即使在抽象的理论层面，仍然有几个没有解决的问题。现有经济理论中的一个缺陷是，他们人为地限制了意图加强创造性条件的作用的政策工具的运用。所有分析工具的使用使得对创造性制度正当性的确认更加困难，这个问题在选择价值理论和连续发明理论中更加尖锐。另一个缺陷是，多数经济学分析聚焦于难以观测的变量，然而政策制定和实务操作都必须依赖于可测定的变量。克服这些缺陷应当成为将来研究的重要任务。

不管怎样，专利创造性的经济学理论都从某个方面深入解说了专利创造性制度合理的一面和不合理的另一面，而且，都毫无例外地能够对实践产生影响。事实表明，实践中的很多做法都暗含了这些理论分析所隐含的经济理性。从这个角度讲，专利创造性的经济学分析能够为认识和实践专利创造性制度提供帮助。由于经济学理

---

❶ Carl Shapiro, Navigating the Patent Thicket: Cross Licenses, Patent Pools, and Standard - Setting, *Innovation Policy and the Economy*, 2001, (1), p. 120.

论的应用难以提供可操作性的工具，经济学分析要为创造性判断实务提供实实在在的指导还有很多的工作要做。

第二节 美国专利创造性制度的司法变迁

专利创造性是专利最重要的实质性条件，专利创造性判断在我国专利授权确权审判中是最重要的问题，[1] 对专利创造性制度的研究有重要的理论和实践意义。虽然国际上一般认为 1623 年《美国垄断法规》是近代专利保护制度的起点，[2] 但美国的专利制度却是相对稳定和持续发展的典范。美国是普通法国家，判例法对美国专利创造性制度的发展起到了重要作用。研究美国专利创造性制度的司法变迁对我国专利审判具有重要意义。本节拟通过对美国专利创造性制度司法变迁的研究，对在我国司法实践中正确判断专利创造性提供帮助。

一、美国专利创造性制度的司法创设与发展

美国专利创造性制度由司法创设是因为立法有空白。《美国宪法》第 8 条赋予国会授予专利权的权力，但却没有规定具体标准。专利制度需要实现的目标只有一个，即模糊的"发明"标准。[3] 专利性标准的最早参考文献来自 1790 年《美国专利法》，其只是简单

---

❶ 石必胜：《专利创造性判断研究》，知识产权出版社 2012 年版，第 9 页。

❷ 郑成思：《知识产权论》，法律出版社 2003 年版，第 6 页。

❸ Giles S. Rich, The Vague Concept of "Invention" As Replaced By Sec. 103 of the 1952 Patent Act. *Journal of the Patent and Trademark Office Society*, 46（1964），p. 861, n. 14a.

要求"发明"应当"足以有用并重要"。❶ 根据 1790 年《美国专利法》，由国务卿牵头，与战争部长、司法部长三人组成设置在国务院内的专利审查机构，时任国务卿、后来成为美国第三任总统的杰弗逊（Jefferson）成了美国最早的专利审查员。杰弗逊被过多差异细微的专利所困扰，因此建议改变立法，拒绝对那些并不重要和显而易见的发明授予排他性权利。❷ 1793 年《美国专利法》规定了新颖性和实用性，此后，《美国专利法》被修正了约 50 次，但国会一直坚持专利的制定法标准仅限于 1793 年《美国专利法》中的新颖性和实用性，通过司法判例创设专利创造性制度成为不得已的选择。

Hotchkiss 案是第一个确立专利创造性的司法判例。在 1793 年《美国专利法》的背景下，早期的司法判例曾经拒绝确立创造性制度。例如，在 1825 年的 Earle 案中法院拒绝认定专利性除新颖性和实用性之外还有其他条件。❸ 1851 年的 Hotchkiss 案是美国早期最重要的专利判例，美国联邦最高法院认可了初审法院给陪审团的一个指示，即专利性除新颖性和实用性之外还需要更多的条件，"发明"被用来表述创造性。❹ Hotchkiss 案开启了专利创造性制度的司法变迁史，为后来制定法中的非显而易见性条款的出现播下了种子。由于"发明"并不能准确地表述创造性，因此在此后各种判例中的适

---

❶ 1790 年《美国专利法》第 7 章第 1 节（Patent Act of Apr. 10, 1790, ch. 7, § 1, 1 Stat. 109）。

❷ Paul Leicester Ford ed., The Writings of Thomas Jefferson, 1788－1792, G. P. Putnam's Sons, 1895, p. 279. See Giles S. Rich, Principles of Patentability. *George Washington Law Review*, 28（1960）, p. 403.

❸ Earle v. Sawyer, 8 F. Cas. 254（C. C. D. Mass. 1825）.

❹ Hotchkiss v. Greenwood, 52 U. S. 248（1851）.

用非常混乱。[1] 例如，在 1875 年的 Reckendorfer 案中，美国联邦最高法院推进了在 Hotchkiss 案中的观点，引入了"创造性天赋"标准（"inventive genius" test）；[2] 1941 年，美国联邦最高法院又在 Cuno 案中提出了"创造性天赋的火花"标准（"flash of creative genius" test）。[3]

在专利创造性制度被司法判例创设的初期，辅助判断因素很快就被第一次提出。1876 年的 Goodyear 案中，美国联邦最高法院被认为第一次采用了"辅助判断因素"（secondary considerations）或"显而易见或非显而易见的标志"（indicia of obviousness or non – obviousness）。[4] 这些辅助判断因素包括长期渴望被解决的技术问题、他人解决相同问题的失败案例、被人模仿、商业上的成功等。在 1891 年的 Magowan 案中，美国联邦最高法院认定发明的商业成功是不应当被忽略的事实，在专利性判断中具有重要作用。[5] 关于辅助判断因素的作用，1892 年的 Washburn & Moen 案较早地明确表示，发明的价值不应当放在与其背景相隔离的真空中进行评判，而是应当放在本技术领域的背景中进行评判，辅助判断因素有利于正确理解发明的背景。[6]

美国联邦巡回上诉法院建立前，美国早期的判例表现出两个司法学派的分野。1850~1891 年美国国会建立巡回上诉法院期间的诸

---

[1] Giles S. Rich, Laying the Ghost of the "Invention" Requirement. *American Patent Law Association Quarterly Journal*, 1（1972），p. 26.

[2] Reckendorfer v. Faber, 92 U. S. 347（1875）.

[3] Cuno Eng'g Corp. v. Automatic Devices Corp. , 314 U. S. 84, 90‑91（1941）.

[4] Smith v. Goodyear Dental Vulcanite Company, 93 U. S. 486（1876）.

[5] Magowan v. New York Belting & Packing Co. , 141 U. S. 332（1891）.

[6] Washburn & Moen Manufacturing Co. v. Beat 'Em All Barbed – Wire Co. , 143 U. S. 275（1892）.

多判决，在决定发明是否具备"发明"条件时，判断方法上存在的分歧形成了 20 世纪的两个司法学派：一派主张，发明的创造性判断应当结合发明作出的技术背景和产业发展状况来进行，应当重视辅助判断因素的作用；另一派则主张，发明应当隔离其技术背景来判断是否显而易见，这是因为，只参考现有技术中的对比文件而不关注本技术领域当时和之后的发展状况有利于避免事后眼光（hindsight）。

1891 年美国联邦巡回上诉法院建立后，美国联邦最高法院仍然在积极探索专利创造性制度的具体规则。联邦巡回上诉法院建立起来以及调卷令制度实施后，美国联邦最高法院能够选择其审理的专利案件的数量和类型。尽管如此，美国联邦最高法院在 1892～1930 年期间，仍然表现出了对专利创造性的复杂态度。一方面，美国联邦最高法院不断强调背景知识对于客观地判断创造性的重要作用，并且不断拒绝适用主观性太强的创造性判断标准。例如，美国联邦最高法院在 1911 年的 Diamond Rubber 案中强调要考虑发明的商业成功因素，认为发明者的成功应当作为专利性的考虑因素，而且明确地拒绝了主观且难以操作的"创造性天赋"标准，倾向于根据发明在结果上的技术贡献来确定其专利性。❶

另一方面，美国联邦最高法院有时也忽视发明背景知识的重要性，不重视辅助判断因素的作用。例如，在 1935 年的 Paramount 案中，美国联邦最高法院并不重视发明在商业上的成功，对他人在解决本发明所解决的技术问题时的失败也不予考虑。美国联邦最高法院认为"只有在对本发明是否显而易见有疑问"时，这些证据才能

---

❶ Diamond Rubber Co. of N. Y. v. Consolidated Rubber Tire Co. , 220 U. S. 428, 437 (1911).

够"放在天平上衡量"。❶

从 1930 年开始，罗斯福（Roosevelt）总统似乎对专利也持怀疑态度，这导致美国联邦最高法院对专利创造性的要求更加苛刻。在 1938 年给国会的意见中，罗斯福主张专利制度是"困扰国家的经济病"。第二次世界大战结束后，美国司法部反垄断局"开展了一项反对专利滥用的运动"。❷ 在 1937 年前的 10 年间，美国联邦最高法院认定了 17 个专利无效的同时只认定了 2 个专利有效。❸ 在 1949 年的 Jungersen 案中，杰克逊法官写下了令当时的专利界震惊的著名断言："美国联邦最高法院对认定专利无效的热衷，将会使只有美国联邦最高法院的手够不着的那个专利才能有幸成为唯一有效的专利。"❹

总之，在 20 世纪初至 1952 年，美国联邦最高法院对专利的态度是复杂的。美国联邦最高法院在认定专利和"发明"标准的路途中走得非常曲折，"发明"标准可以像橡皮一样被捏弄成各种形状以满足个案中的创造性判断，创造性判断的判例混乱而主观，这导致了下级法院的困惑和专利界的迷茫。❺ 正如汉德法官 1955 年在 Lyon 案中表示，"发明"也许是最为令人困惑的概念。❻

---

❶ Paramount Publix Corp. v. American Tri - Ergon Corp. 294 U. S. 464, 474（1935）.

❷ George E. Frost, Judge Rich and the 1952 Patent Code—A Retrospective, *Journal of the Patent and Trademark Office Society*, 76（1994）, p. 343.

❸ Picard v. United Aircraft Corp. , 128 F. 2d 632, 639 n. 2（2d Cir. 1942）.

❹ Jungersen v. Ostby & Barton Co. , 335 U. S. 560, 572（1949）.

❺ George M. Sirilla, 35 U. S. C. 103: From Hotchkiss To Hand To Rich, The Obvious Patent Law Hall - of - Famers. *John Marshall Law Review*, 32（1999）, p. 462.

❻ Lyon v. Bausch & Lomb Optical Co. , 224 F. 2d 530, 536（2d Cir. 1955）.

二、《美国专利法》第 103 条与司法的互动

由于美国联邦最高法院和下级法院的判决中缺乏统一的创造性判断标准，各方都呼吁在专利法中明确规定创造性。例如，1948年由著名发明家凯特林带领的国家专利规划委员会制作的关于专利法状况的报告提出：专利制度最大的技术缺陷在于对"发明"的界定缺乏一个明确的标准。国家专利规划委员会呼吁"专利性应当通过发明对技术进步的贡献来客观地决定，而不是通过发明完成过程的性质来主观地决定"。❶ 面对各种呼声，美国专利商标局安排首席审查员费德里科（Federico）起草专利法，全国专利法协会理事会安排瑞奇（Rich）参与起草。❷ 1952 年，修改后的《美国专利法》得以通过，其中第 103 条将专利创造性明确规定为发明在现有技术的基础上相对于本领域技术人员具有非显而易见性。

《美国专利法》第 103 条的非显而易见性标准相对于"发明"标准有了巨大的进步。虽然是否显而易见的判断最终还是主观判断，但基于创造性才能、天赋、火花等标准作出判断，与基于现有技术相对于本领域技术人员是否显而易见的判断有巨大差异。这个标准不会使审查员和法官随意以各种主观原因认定一项发明不具备专利性，而使得他们必须以相对于本领域技术人员是否显而易见这样的词语来表述。虽然本领域技术人员的技能是什么以及什么是显

---

❶ *Report of the* 1948 *National Patent Planning Commission*, quoted in Giles S. Rich, Why and How Section 103 Came to Be, in John F. Witherspoon ed. , *Nonobviousness—The Ultimate Condition of Patentability*, Virginia：Bureau of National Affairs, Inc. 1980, pp. 1：201－1：207.

❷ Giles S. Rich, Address to American Inn of Court Inaugural Meeting, 1991, *Journal of the Patent and Trademark Office Society*, 76（1994）, pp. 317－318.

而易见的最终决定仍然是主观的，但这是一个可以明确举出证据的表述。❶

在 1952 年《美国专利法》制定后的几年中，美国联邦关税和专利上诉法院等多数法院和美国专利商标局并没有正确认识并适用体现在《美国专利法》第 103 条中的精细立法变化。1955 年，第二巡回上诉法院审理了在 1952 年《美国专利法》制定后的首个涉及专利性的案件，"初出茅庐"的《美国专利法》第 103 条遇到了德高望重的汉德法官。这个案件是 Lyon 案，汉德法官在判决中表示，1952 年《美国专利法》体现了美国国会有意恢复 Hotchkiss 案规则的目的，而且将其提升为制定法。❷ 其他几个联邦巡回上诉法院随后采用了汉德法官对《美国专利法》第 103 条的解释。❸ 通过援引 Lyon 案，这些法院开始将认定专利有效的理由建立在"专利技术方案与现有技术之间的区别"以及这些区别是否"在发明作出时，相对于本领域技术人员是显而易见的"。这样的创造性判断方法和步骤符合了《美国专利法》第 103 条规定的创造性标准。

虽然辅助判断因素没有被《美国专利法》第 103 条所采用，但在显而易见性的判断中却得到许多法院的重视。在 1952 年《美国专利法》的制定过程中，长期存在的技术需求等因素作为立法建议提交到众议院，但最后并没有辅助判断因素被制定法所确认，原因可能是辅助判断因素在案例法中的适用缺乏统一性。《美国专利法》

---

❶ Giles S. Rich, Principles of Patentability. *George Washington Law Review*, 28（1960），p. 406.

❷ Lyon v. Bausch & Lomb Optical Co. , 224 F. 2d 530（2d Cir. 1955）.

❸ Robert W. Harris, The Emerging Primacy of "Secondary Considerations" as Validity Ammunition：Has the Federal Circuit Gone Too Far? . *Journal of the Patent and Trademark Office Society*, 71（1989），p. 185.

第 103 条制定后，随着汉德法官的指引，许多法院采用了例如长期存在的技术需求和商业成功等客观因素来判断显而易见性。❶

1966 年，《美国专利法》第 103 条最终通过四个案件展现在美国联邦最高法院面前，这四个案件是：Graham 案❷、Calmar 案 ❸、Colgate 案❹、Adams 案❺。在这四个涉及《美国专利法》第 103 条的案件中，Graham 案与第 103 条最为相关。克拉克（Clark）法官起草了 Graham 案的判决，他明确表示在已有的新颖性和实用性之外，制定法为专利性又增加了非显而易见性，法院应当抛弃"发明"标准。克拉克法官在判决中认为，《美国专利法》第 103 条与 Hotchkiss 案有紧密的联系，二者都强调了发明的技术领域和在该技术领域的进步，二者主要的区别在于，国会强调的"非显而易见"更有可操作性，而非容易导致不同理解的"发明"标准。❻ 克拉克法官强调，美国专利商标局对《美国专利法》第 103 条的适用应当"严格地坚持"在 Graham 案中所解释的 1952 年《美国专利法》第 103 条。❼

Graham 案是美国专利创造性制度司法变迁过程中的里程碑，不仅明确了 Graham 案要素，还强调了辅助判断因素。Graham 案的判决书中列举了判断显而易见性时应当依据的事实要件：现有技术的范围和内容应当被认定；现有技术与争议权利要求之间的区别应

---

❶ Brown v. Brock, 240 F. 2d 723, 727 (4th Cir. 1957)；Mott Corp. v. Sunflower Indus., Inc., 314 F. 2d 872, 879 (10th Cir. 1963).

❷ Graham v. John Deere Co., 383 U. S. 1 (1966).

❸ Calmar, Inc., v. Cook Chem. Co., 383 U. S. 1 (1966).

❹ Colgate v. Cook Chem. Co., 383 U. S. 1 (1966).

❺ United States v. Adams, 383 U. S. 39 (1966).

❻ Graham v. John Deere Co., 383 U. S. 1, 14 (1966).

❼ Graham v. John Deere Co., 383 U. S. 1, 18 (1966).

当确定；相关领域的普通技术人员的水平应当明确。在这些前提下，再来确定技术方案是否显而易见。这就是所谓的Graham要素。Graham案还强调：辅助判断因素，例如商业上的成功、长期存在但未满足的需求、他人的失败等，作为显而易见或非显而易见的标志，这些标准都具有关联性，可以用于帮助认定发明的最初技术背景。● 在 Graham 案中，美国联邦最高法院满怀信心地表示："我们相信，恪守这里所确定的各种要求，将产生国会在 1952 年《美国专利法》中所要求的一致性和确定性。"在 Graham 案之后，各联邦巡回上诉法院应当在创造性判断过程中认定 Graham 案中确定的事实要件，❷ 而且认为创造性应当按照发明作出时的情况来判断，而不是基于事后眼光。❸ 如果不遵循 Graham 案的规则，法院的判决将会被改判。❹

　　早在 Graham 案之前，美国联邦关税和专利上诉法院就在《美国专利法》第 103 条的适用中确立了 TSM 检验法即 "教导—启示—动机" 检验法（teaching – suggestion – motivation test）。❺ TSM 检验法有利于防止专利创造性判断的事后眼光，有利于促进创造性判断的客观化。1981 年联邦巡回上诉法院成立后，继续坚持适用 TSM 检验法。虽然围绕 TSM 检验法一直存在着争议，但 TSM 检验法无疑是联邦巡回上诉法院在专利创造性判断中的最大招牌，有力地促进了《美国专利法》第 103 条适用标准的统一。

---

❶　Graham v. John Deere Co. , 383 U. S. 1, 17 – 18（1966）.

❷　383 F. 2d 252, 258 n. 10（5th Cir. 1967）, 392 F. 2d 29（2d Cir. 1968）.

❸　387 F. 2d 855, 858（D. C. Cir. 1967）.

❹　Colourpicture Publishers, Inc. , v. Mike Roberts Color Prods. , Inc. , 394 F. 2d 431, 433 – 35（1st Cir. 1968）.

❺　In re Bergel, 292 F. 2d 955（C. C. P. A. 1961）.

作为专利案件的唯一上诉法院，联邦巡回上诉法院还强调了辅助判断因素的作用。已经被任命为联邦巡回上诉法院法官的瑞奇努力引导律师和法官在所有的创造性判断案件中考虑辅助判断因素。联邦巡回上诉法院的马克（Markey）法官也强调辅助判断因素的重要性，他在一次演讲中表示，辅助判断因素在重要性上并不是辅助性的，他们的辅助性只体现在时间顺序上。❶ 在 Stratoflex 案中，马克法官强调辅助判断证据并不只在对是否显而易见有疑惑时才使用，Graham 案要素需要全面考虑，并不存在优先的要件以忽视对其他要件的考察。❷ 由于联邦巡回上诉法院的重视，1978 年美国专利商标局修改《美国专利审查指南》时正式规定创造性判断时要考虑商业成功和其他涉及创造性的因素。

三、KSR 案对专利创造性制度的发展

2007 年 KSR 案❸发生之前，有一些研究认为联邦巡回上诉法院的 TSM 检验法降低了专利创造性的判断标准。1994 年，美国专利商标局对专利创造性标准举行了公共听证，听证会上唯一的争议在于专利创造性标准是否应当再严格一些。❹ 2001 年，有学者对联邦巡回上诉法院 1995 年前 15 年间的判决进行实证研究，认为被认定

---

❶ Howard T. Markey, Special Problems in Patent Cases. *Journal of the Patent Office Society*, 57 (1975), p. 684.

❷ Stratoflex, Inc., v. Aeroquip Corp., 713 F. 2d 1530, 1538 – 39 (Fed. Cir. 1983).

❸ KSR Int'l Co. v. Teleflex, Inc., 550 U. S. 398 (2007), 127 S. Ct. 1727, 82 U. S. P. Q. 2d 1385.

❹ Public Hearings and Request for Comments on the Standard of Nonobviousness, *Federal Register*. 59 (1994), p. 22152.

为不具备创造性的发明的比例有所下降。❶ 2003 年，美国联邦贸易委员会发布了题为《促进创新：专利法与政策的适度平衡》的研究报告。❷ 2004 年，另一研究机构发布了题为《二十一世纪的专利制度》的研究报告。❸ 这两个报告以联邦巡回上诉法院的案例为重点进行了研究，认为联邦巡回上诉法院不恰当地降低了创造性标准，并认为其中一个重要原因就是 TSM 检验法的适用。

2007 年的 KSR 案首先明确专利创造性判断应当遵守 Graham 案中确立的规则。美国联邦最高法院在 KSR 案的判决中提出，对于非显而易见性的判断，Graham 案规则确定了宽泛的认定要件并要求重视可能有用的辅助判断因素，已经确立了一个灵活的判断机制，能够促进专利创造性判断的统一性和确定性。❹ 在 KSR 案中，美国联邦最高法院分析了 TSM 检验法与 Graham 案规则的关系，认为适用 Graham 案规则与适用 TSM 检验法并不存在冲突。

美国联邦最高法院在 KSR 案中指出了联邦巡回上诉法院在适用 TMS 检验法时存在的错误，认为应当适用更为灵活的 TSM 检验法。美国联邦最高法院认为，TMS 检验法提供了有益的视角，能够促进专利创造性判断的客观化，但并不应成为僵化的强制形式。如果死板地适用 TSM 检验法，正如联邦巡回上诉法院在 KSR 案中的适用，就会与美国联邦最高法院的先例规则不符。美国联邦最高法院认为，专利创造性判断不能局限于教导、启示和动机的形式化概

---

❶ Glynn S. Lunney, Jr. , E – Obviousness. *Michigan Telecommunications and Technology Law Review*, 7 (2001), p. 370.

❷ Federal Trade Commission, *To Promote Innovation：The Proper Balance of Competition and Patent Law and Policy* (2003).

❸ Stephen A. Merrill, Richard C. Levin, and Mark B. Myers, ed. , *A Patent System for the 21st Century*. Washington：National Academies Press, 2004.

❹ Graham v. John Deere Co. of Kansas City, 383 U. S. 1, 12 – 18 (1966).

念，或者过分强调出版文献和公开专利的表面内容。技术进步的多样性并不能将分析局限于过于机械的方式，事实上市场需求远远要比科技文献更能促进技术进步。将专利授予并没有创造性的发明，例如将已知要素组合起来的发明，将会剥夺现有技术的价值和用途。美国联邦最高法院强调，联邦巡回上诉法院应当适用更为灵活的 TSM 检验法。❶

美国联邦最高法院通过指出适用 TSM 检验法存在的问题，从四个方面明确了专利创造性判断的规则。第一，在专利创造性判断中应当客观地认定技术问题。美国联邦最高法院认为，联邦巡回上诉法院适用 TSM 检验法的第一个错误是，认为法官和专利审查员只能受到专利权人试图解决的技术问题的限制，并没有正确地认识到激励专利权人解决的技术问题只是发明要解决的诸多技术问题之一。问题并不在于发明相对于专利权人是否显而易见，而是在于发明相对于本领域技术人员是否显而易见。在这种正确的分析前提下，在发明作出时本领域的任何需求和问题，以及专利本身的技术问题，都可能是将发明中的各种要素组合起来的原因。❷ 本领域技术人员与发明人认识到的技术问题可能不相同，发明人与本领域技术人员选择作为起点的现有技术也可能不相同，因此，应当客观地认定技术问题有利于客观地判断创造性。美国联邦最高法院实际上提高了对专利创造性高度的要求。

第二，本领域技术人员具有一定的创造能力。美国联邦最高法院认为联邦巡回上诉法院适用 TSM 检验法的第二个错误是，认为本领域技术人员只能从现有技术解决相同问题的因素中寻找解决办

❶ 82 USPQ2d at 1395.

❷ *Ibid.*

法。美国联邦最高法院认为，联邦巡回上诉法院将本领域技术人员认定为一个不具有创造能力的人过于死板和僵化。本领域技术人员在面临技术问题时不仅会考虑解决同一技术问题的现有技术，也具有一般的判断、分析能力，能够将现有技术中的多个技术方案结合在一起，就像是玩智力拼图一样。本领域技术人员也具备普通的创造能力，并不是一个机器。❶ 美国联邦最高法院在 KSR 案中实际上通过认定本领域技术人员具有一定的创造能力而提高了专利创造性的高度。

　　第三，"明显值得尝试"的情形应当认定为显而易见。美国联邦最高法院认为联邦巡回上诉法院适用 TSM 检验法的第三个错误是，即使一项专利的技术方案被证明是明显值得尝试的也不能被认定为显而易见。美国联邦最高法院认为，当存在解决技术问题的技术需求或者市场压力时，会有大量比较明确的可预测的解决方案出现，本领域技术人员有充分理由在他的能力范围内去寻找已有的解决方案。如果这只是可以预料的成功，则解决方案只是普通技术和常识的结果而不是发明的结果。在上述情况下，明显值得尝试的组合有可能符合《美国专利法》第 103 条规定的显而易见性。❷ 美国联邦最高法院的这一观点实际上是认为 TSM 检验法并不是认定显而易见的唯一方法。判断是否显而易见可以根据具体案情多角度进行，在有的情况下，即使不存在明确的技术启示，技术方案也有可能是显而易见的。实现发明的途径有多个，并不因为发明人选择和认为的那条道路是曲折的，就一定要认定发明是非显而易见的。美国联邦最高法院主张更加灵活地判断创造性，客观上提高了创造性

---

❶　82 USPQ2d at 1395.
❷　*Ibid.*

的判断标准。

第四，技术启示不仅存在于现有技术中，还存在于公知常识中。美国联邦最高法院认为联邦巡回上诉法院在适用 TSM 检验法中的第四个错误是，为了防止法官和审查员受到事后眼光的影响，过于机械地阻止本领域技术人员从公知常识中寻求技术启示。[1] 在认定事实时，专利创造性判断者确实要防止受到事后眼光的偏见造成的影响。[2] 然而，过于严格地限制求助于公知常识既不必要，也不符合在先判例。事实上，在 2006 年 Patrick 案中，联邦巡回上诉法院就认为 TSM 检验法事实上非常灵活，不仅准许，而且应该要求考虑公知常识。[3] 美国联邦最高法院强调非显而易见性的判断不能局限于对比文件中表达教导、启示或者动机的文字，也不能过分强调公开文献和授权专利的字面内容的重要性，应当扩大现存解决方案的寻找范围，尤其是应当重视从本领域技术人员的技术常识中寻找解决方案的技术启示。美国联邦最高法院的这一观点，实际上回应了社会各界对专利创造性高度过低的批评，意在减少质量不高的专利。

KSR 案对美国专利制度产生了广泛、深远的影响。KSR 案提高了专利创造性判断的标准，使得此后的司法判例更加严格地适用创造性标准。在 2008 年，联邦巡回上诉法院对两个涉及专利创造性的案件作出了判断，均适用了 KSR 案确定的规则。在 Agrizap 案中，涉案专利是已知要素的组合，取得了本领域技术人员能够预料的技术效果，陪审团认为涉案专利有效，但联邦巡回上诉法院的判决推

---

[1]　82 USPQ2d at 1395.

[2]　Graham, 383 U. S. , at 36.

[3]　DyStar Textilfarben GmbH & Co. Deutschland KG v. C. H. Patrick Co. , 464 F. 3d 1356, 1367（2006）.

翻了陪审团的结论，认为已知要素的组合没有取得预料不到的技术效果是显而易见的。❶ 在 Ortho – McNeil 案中，联邦巡回上诉法院也强调如果涉案专利没有取得预料不到的技术效果，则应当被认定为显而易见。❷ KSR 案之后，美国专利商标局随后根据 KSR 案的规则修改了《美国专利审查指南》，确保按照 KSR 案的规则进行专利审查和授权。

四、对创造性制度法律移植的启示

美国专利创造性制度的司法变迁为法律移植的研究提供了鲜活的样本。德国比较法学家格罗斯菲尔德（Grossfeld）是主张法律不可移植观点的代表之一，他认为文化、地理、语言、宗教等都会阻碍法律移植，甚至提出"法律的不可移植性规律"。❸ 美国专利创造性制度的司法变迁表明，习惯很难改变，尤其是一个职业共同体的习惯。在1952年《美国专利法》生效后，美国专利商标局仍然在专利性判断中认为如果缺乏"发明"则不授予专利，而且关税和专利上诉法院也保持相同的习惯。❹ 这种情况经过较长时间后才逐渐改变。美国的专利创造性制度史表明，法律移植面临各种各样的难题。但是，美国专利创造性相关判例法的广泛移植，也佐证了法律的可移植性。欧洲和美国似乎用了不相同的思路来规定创造性，

❶ Agrizap v. Woodstream Corp. , No. 07 –1415 （Fed. Cir. March 28, 2008）.

❷ Ortho – McNeil Pharmaceutical v. Mylan Labs, No. 07 – 1223 （ Fed. Cir. March 31, 2008）.

❸ ［德］格罗斯菲尔德:《比较法的力量与弱点》，孙世彦，姚建宗译，清华大学出版社2002年版。

❹ George M. Sirilla, 35 U. S. C. 103: From Hotchkiss To Hand To Rich, The Obvious Patent Law Hall – of – Famers. *John Marshall Law Review*, 32 （1999）, p.443.

但《欧洲专利局专利审查指南》也专节规定了显而易见性。● 欧洲专利局申诉委员会还专门解释了显而易见的含义。● 1952 年《美国专利法》第 103 条第（a）项的最后一句话是：专利性的认定不受发明完成过程的影响。● 我国 1993 年《专利审查指南》就借鉴了此规定，而且这一规定在历次《专利审查指南》的修改中都予以保留。美国专利创造性的判例法的广泛移植还体现在对判例的直接引用上。1979 年美国有个判例涉及带凹槽以排除表面水的碳刹车盘的发明。● 《美国专利审查指南》引用了该案例，● 《日本专利审查指南》引用了该案例，● 我国 2006 年版《审查指南》也引用了该案例。● 上述法律移植的事实佐证了沃森（Watson）关于现实中大量存在法律移植并具有可行性的主张。●

专利法是一个受政治、文化等方面的差异影响不大的部门法，专利自身的无形性是其寻求国际保护的内在动因，专利权国际保护的不断完善和发展成为专利创造性制度法律移植的根本原因。专利创造性制度的可移植性为我们借鉴外国的专利创造性制度提供了理论依据，在我国的专利审查和专利审判实践中，有选择地借鉴外国的专利创造性判断规则将会有助于完善我国的相关制度。

● 《欧洲专利局专利审查指南》第三部分第四章第 9.4 节。

● 《欧洲专利局专利审查指南》第三部分第四章第 11.4 节。

● Giles S. Rich, Why and How Section 103 Came to Be, in John F. Witherspoon ed., *Nonobviousness—The Ultimate Condition of Patentability*, Virginia：Bureau of National Affairs, Inc. 1980, p. 1：209。

● In re Wiseman, 596 F. 2d 1019, 201 USPQ 658（C. C. P. A. 1979）。

● MPEP § 2145. II.

● 《日本专利审查指南》第二部分第二章第 2.5 节案例 1。

● 我国 2006 年版《审查指南》第二部分第四章第 3.2.1.1 节。

● ［美］赛德曼："评阿兰·沃森的《法律移植》：比较法的方法"，王晨光译，载《中外法学》1989 年第 5 期，第 58 页。

五、对创造性判断司法主导的启示

美国司法界为专利创造性制度的创设和发展起到了重要作用，汉德法官和瑞奇法官是司法推动者中最为耀眼的明星。在制定法没有规定专利创造性制度的情况下，美国司法界通过判例创设并不断发展了专利创造性制度。享有盛誉的联邦第二巡回上诉法院的汉德法官对促进专利创造性判断的客观化起到重要作用，其在专利创造性判断中总是求助于辅助判断因素。❶ 他多次解释了发明的技术背景知识对创造性判断的重要性，❷ 其在 1952 年《美国专利法》第103 条制定后，仍然坚持上述原则，直到 1966 年美国联邦最高法院在 Graham 案中正式认可了辅助判断因素。瑞奇在担任法官前参与了《美国专利法》第 103 条的制定，而且在担任法官后对《美国专利法》第 103 条的正确适用起到重要作用。瑞奇一直在努力主张采用显而易见性标准，其在参与《美国专利法》修改中强调专利性"不应当被贡献完成的方式所否定"，瑞奇的主张体现在了《美国专利法》第 103 条的规定中。因为对《美国专利法》第 103 条的制定作出了巨大贡献，瑞奇后来被称为"专利法创建之父"。❸ 由于瑞奇对《美国专利法》第 103 条的贡献，他在 1956 年成为第一个联邦关税和专利上诉法院的专利律师，后来，他被任命为该法院的法官。他不断利用自己的职位促进《美国专利法》第 103 条的正确适用，作出了许多具有重要意义的判决。❹

---

❶ Graham v. John Deere Co. , 383 U. S. 1, 17 – 18（1966）.

❷ Clark v. Wright Aeronautical Corp. , 162 F. 2d 960（2d Cir. 1947）.

❸ Nadine Cohodas, *The Founding Father of Patent Law. Legal Times*, July 10, 1995, p. 1.

❹ Giles S. Rich, Why and How Section 103 Came to Be, in John F. Witherspoon ed. , *Nonobviousness—The Ultimate Condition of Patentability*, Virginia: Bureau of National Affairs, Inc. 1980, p. 1: 208.

在我国，2000 年《专利法》确立了专利授权确权纠纷的司法终局制度，人民法院掌握了适用专利法的权利，也承担了促进专利制度健康发展的重要责任。美国的历史表明，如果法院对专利创造性的判断规则掌握得好，将会对专利制度的发展产生积极影响，但如果掌握得不好，则可能导致专利制度的混乱。因此，人民法院应当重视专利案件的审理，加强相关制度的研究，促进判例规则的统一。美国的情况也表明，法官是最终裁判者，优秀的法官能够有力地促进专利制度的健康发展。为了保证专利案件的正确审理，人民法院应当重视培养法官的业务能力。

六、对创造性判断客观化的启示

美国专利创造性制度的司法变迁表明，专利创造性判断容易主观性泛滥的主要原因有专利创造性条件固有的主观性、判断主体事后眼光的影响、判断主体的分散性和差异性等几个方面。汉德法官很早就认识到专利创造性本身固有的主观性，他表示："我知道在回答创造性条件在每个案件中引发的问题时，不存在客观标准。"[1]并认为判断创造性根本上是主观判断，"创造性条件的缺陷确实是它的不确定性"。[2] 事后眼光或"事后诸葛亮"也是造成创造性判断主观性泛滥的重要因素，正如麦肯纳（McKenna）法官在 1911 年的 Diamond Rubber 案中所表示：马后炮总是容易的，问题一旦解决了，就不再有困难。[3] 判断主体的分散性和差异性是专利创造性判断客观化的障碍之一，美国早期在创造性判断上表现出来混乱与

---

[1] Wire Wheel Corp. of America v. C. T. Silver, Inc. , 266 F. 221, 227（S. D. N. Y. 1919）, aff'd, 266 F. 229（2d Cir. 1920）.

[2] Van Heusen Products v. Earl & Wilson, 300 F. 922, 929（S. D. N. Y. 1924）.

[3] Diamond Rubber Co. v. Consolidated Rubber Tire Co. , 220 U. S. 428, 430（1911）.

判断主体的分散性有密切关系。

美国的情况也表明，为了促进专利创造性判断的主观化，应当从五个方面着手。第一，专利创造性判断方法的统一能够有效促进专利创造性判断的客观化。Graham 案确立了判断创造性的事实要件，结合联邦巡回上诉法院采用的 TSM 检验法，美国的专利创造性判断方法出现了相对客观、统一的局面。第二，正确认定客观技术问题能够有效促进专利创造性判断的客观化。美国联邦最高法院在 KSR 案中就指出，不能局限于考虑专利权人意图解决的技术问题。❶《美国专利审查指南》也规定，应当意识到有时发明人是为了不同于创造性判断者的目的或解决不同的技术问题而进行相同的改进。❷ 第三，重视辅助判断因素的作用能够有效促进专利创造性判断的客观化。在 1960 年的 Reiner 案中，汉德法官就认为辅助判断因素在判断非显而易见性时相当于"路标"，辅助判断因素往往会使创造性判断者掌握的信息更加完整。❸ 第四，对相同情况适用相同判断规则是促进创造性判断客观化的有效途径之一。对一些常见的发明类型确定统一的判断规则，比如 KSR 案中增加的一些类型化的判断规则，有利于客观地判断创造性。《美国专利审查指南》就列举了支持显而易见性的认定的几种具体情形，❹ 我国《专利审查指南》第二部分第四章第 4 节有类似的规定，还可以根据司法实践中的情况不断总结类似的规则。第五，专利创造性判断主体的集中和同质化有利于促进创造性判断的客观化。在联邦巡回上诉法院建立后，专利上诉案件集中到了少数法官手中，法官的集中和同质

---

❶　KSR，82 USPQ2d 1385，at1397.

❷　MPEP § 2144.

❸　Reiner v. I. Leon Co. ，285 F. 2d 501，503 – 04 （2d Cir. 1960）.

❹　MPEP § 2144. III.

化促进了创造性判断标准的统一。2009 年起，我国所有专利授权确权行政案件统一由知识产权庭审理，有利于我国的专利创造性判断标准向着更加稳定、统一的方向发展。

七、对创造性判断司法政策的启示

自从 1791 年杰弗逊建议不授予专利权给那些不重要的和显而易见的发明以来，美国司法界对专利创造性高度的要求不断地变化。Hotchkiss 案对专利提出了创造性的要求。1911 年的 Diamond Rubber 案确认了即使发明相对于现有技术进步较小也应当予以专利保护。❶从 1930 年开始，罗斯福新政前的大萧条和国家经济困难影响到了美国联邦最高法院对专利的态度，美国联邦最高法院对专利创造性高度的要求更加苛刻。1952 年《美国专利法》第 103 条制定后，美国对专利创造性高度的严格要求有所缓和。一段时间之后，又有人认为授予美国专利的创造性高度太低。在 2007 年美国联邦最高法院对 KSR 案作出判决前，理论界和实务界普遍对联邦巡回上诉法院是否降低创造性标准进行了讨论。美国联邦最高法院回应了这种意见，在 KSR 案中提高了专利创造性判断的标准。

美国的情况表明：第一，专利创造性判断标准的高低，直接影响专利制度的健康发展。美国联邦贸易委员会在 2003 年的研究报告中就提出，由于专利的阻塞效应，给创造性高度太低的发明授予专利可能影响公平竞争，阻碍技术创新。❷ 在美国出现的所谓专利丛林（Patent Thickets）问题，其主要原因之一就是对专利创造性

---

❶ Diamond Rubber Co. v. Consolidated Rubber Tire Co., 220 U. S. 428, 435（1911）.

❷ Federal Trade Commission, *To Promote Innovation：The Proper Balance of Competition and Patent Law and Policy*（2003）, p. 8.

的要求太低。因此，专利创造性标准应当适中，既不能太高，也不能太低。第二，专利创造性是一个裁量性规范，是贯彻司法政策的重要切入点。美国法院不断调整专利创造性的高度以促进专利制度的健康发展，表明美国的司法政策是根据实际情况不断调整的。在我国的专利审判实践中，也应当根据我国专利制度发展情况和社会经济发展情况调整知识产权司法政策，促进专利制度的健康发展。

第五章　专利创造性判断的客观化

近十年来专利行政判决书的统计表明，在我国的专利授权确权案件的一审中，涉及实用新型和发明的创造性判断的案件占到一半以上；在二审专利授权确权行政案件中，涉及创造性判断的专利授权确权案件约占 80%，这表明专利创造性判断是专利授权确权审判的重点。[1] 专利创造性判断的主观性较强，容易发生争议，也是专利授权确权行政审判的难点。如何促进专利创造性判断的客观化，是专利授权确权审判面临的重要问题。

第一节　专利创造性判断客观化的障碍

一、专利创造性固有的主观性

创造性条件固有的主观性是专利创造性判断客观化的障碍之一。美国第二联邦巡回上诉法院的汉德法官认识到创造性条件本身固有的主观性，他表示："我知道在回答创造性条件在每个案件中引发的问题时，不存在客观标准。"[2] 他还认为判断创造性根本上

---

[1] 石必胜：《专利创造性判断研究》，知识产权出版社 2012 年版，第 8 页。

[2] Wire Wheel Corp. of America v. C. T. Silver, Inc., 266 F. 221, 227（S. D. N. Y. 1919），aff'd, 266 F. 229（2d Cir. 1920）.

是主观判断，"创造性条件的缺陷确实是它的不确定性"。❶ 在我国，创造性判断同样不可避免地要体现为主观判断，这可以从专利复审委员会的行政决定和法院的判决中大量使用"容易想到"等体现主观判断的词语中看出。例如，在"多节扩孔灌注砼桩成型装置及其处理方法"发明专利权无效行政纠纷案❷中，一二审法院不仅在认定区别特征时使用了"容易想到"一词，还认为本领域技术人员"很容易"在对比文件 1 的基础上想到权利要求 2 的技术方案。但"容易想到"却是"易变、难解、任性和模糊的幻影"。

二、事后眼光的影响

事后眼光的影响是专利创造性判断客观化的障碍之一。事后眼光（hindsight）或"事后诸葛亮"是创造性判断主观性泛滥的重要因素，也是各国在创造性判断时普遍面临的难题。我国很多判决明确地指出了这一点，例如，在"前轮定位装置"实用新型专利权无效行政纠纷案中，争议焦点在于本专利权利要求 4 相对于对比文件 1 和对比文件 2 是否具备创造性。二审法院认为，判断要求保护的发明是否具备创造性，为了避免"事后诸葛亮"的影响，一般要确定发明与最接近的现有技术的区别技术特征和发明实际解决的技术问题。❸ 在 1911 年的 Diamond Rubber 案中，美国联邦最高法院明确地批评了事后眼光对创造性判断的影响。麦肯纳（McKenna）法官在判决中表示："马后炮总是容易的，问题一旦解决了，就不再有困难。"❹

---

❶ Van Heusen Products v. Earl & Wilson, 300 F. 922, 929 (S. D. N. Y. 1924).
❷ 北京市高级人民法院（2006）高行终字第 240 号行政判决书。
❸ 北京市高级人民法院（2010）高行终字第 1102 号行政判决书。
❹ Diamond Rubber Co. v. Consolidated Rubber Tire Co., 220 U. S. 428, 430 (1911).

三、判断主体的分散性

判断主体的分散性和差异性是专利创造性判断客观化的障碍之一。美国早期在创造性判断上表现出混乱与判断主体的分散性有密切关系。1981 年联邦巡回上诉法院取得专利上诉案件管辖权的随后几年中，联邦巡回上诉法院不断通过上诉案件的审理统一创造性判断标准，促进了创造性判断的客观化。对我国专利授权确权行政案件的实证分析表明，判断主体的分散是扩大主观化缺陷的主要原因，这可以从专利授权确权行政案件的改判情况中看出。在 2009 年前，我国的专利授权确权行政案件由北京市一中院和北京市高院的知识产权庭和行政庭同时审理。实证分析表明，行政庭和知识产权庭在一审中对行政决定的改判率差异较大，在二审中对一审判决的改判率差异也较大，这表明行政庭和知识产权庭对专利授权确权行政案件的审理标准并不完全相同。归根结底，差异的决定性因素是判断主体的分散。

第二节　专利创造性判断客观化的路径

一、判断方法对专利创造性判断的客观化的促进

判断步骤的统一能够有效促进专利创造性判断的客观化。在美国，Graham 案确立了判断创造性的事实要件，❶ 联邦巡回上诉法院为了使创造性判断更加协调一致，采用了 TSM 检验法，这样的判断方法使对创造性的判断更加客观。欧洲专利局申诉委员会则应用

---

❶　Graham v. John Deere Co. , 383 U. S. 1 (1966).

"问题—解决"方法来促进创造性判断的客观化，以避免对现有技术的事后眼光分析（ex post facto analysis）。[1] 我国《专利审查指南》参考欧洲专利局的方法规定了创造性判断的三步法，即认定区别技术特征、认定客观技术问题、判断是否存在技术启示。我国有的案例中，如在"电路断路器的辅助跳闸单元"发明专利权无效行政纠纷案中，法院就认为，不按照三步法来判断创造性可能导致创造性判断错误。[2] 欧洲专利局就认为，虽然"问题—解决"方法并不是法律强制规定的方法，但正确的适用"问题—解决"方法能够排除不适当地使用发明申请本身的知识进行事后眼光的判断。如果不适用此方法，应当说明原因。在我国，为了促进创造性判断的客观化，也应当要求严格地遵守三步法的判断步骤，在不适用三步法进行创造性判断时，应当说明理由。

"客观能—主观能"方法能够有效避免事后眼光的不利影响，促进专利创造性判断的客观化。欧洲专利局申诉委员会为了避免事后眼光的影响所确定的案例法是，创造性判断并不应考察发明在客观上能不能被作出，而应当考察对于本领域技术人员而言，受到当时的知识和技能的局限，主观上能不能作出，这被称为"客观能—主观能"方法。这样的判断方法实际上促进了创造性判断的客观化，能够有效避免事后眼光的不利影响。我国的司法实践中也有判例明显地适用了"客观能—主观能"方法来判断创造性。例如，在"线材固定装置"实用新型专利权无效行政纠纷案中，一审法院明确表示：本案判断创造性的关键不是取决于技术手段本身普通技术人员是否有能力采用，而是基于申请日前的现有技术的教导，看普

---

[1] 《欧洲专利局专利审查指南》第三部分第四章第 9.8 节。
[2] 北京市高级人民法院（2006）高行终字第 181 号行政判决书。

通技术人员会不会有技术动因确实会采用这样的手段。❶ 美国有类似的规则来避免事后眼光。在 1971 年的 McLaughlin 案中，联邦关税和专利上诉法院实际上也确定了"客观能—主观能"方法。❷ 2007 年有判例强调，对比文件能够被结合或者改进本身并不足以认定初步具有显而易见性，除非结果相对于本领域技术人员是可以预料的。❸ 这表明，"客观能—主观能"方法值得我国借鉴。

在创造性判断中正确认定客观技术问题能够有效促进专利创造性判断的客观化。2006 年版《审查指南》规定，基于最接近现有技术重新确定的该发明实际解决的技术问题，可能不同于说明书中所描述的技术问题；在这种情况下，应当根据审查员所认定的最接近的现有技术重新确定发明实际解决的技术问题。我国在司法实践中坚持了这种观点。例如，在"电动自行车轮毂"实用新型专利权无效行政纠纷案中，二审法院就强调应当基于重新认定的最接近现有技术重新确定的该发明实际解决的技术问题，即使不同于专利权人认为的技术问题。❹ 欧洲专利局也规定，技术问题应当客观地认定，客观地确定技术问题有利于客观地判断创造性。美国在司法实践中也提出在确定技术问题时要注意客观性，例如美国联邦最高法院在 KSR 案中就指出，联邦巡回上诉法院和专利审查员不能局限于考虑专利权人意图解决的技术问题。❺《美国专利审查指南》规定，应当意识到有时发明人是为了不同于创造性判断者的目的或解决不同的技术问题而进行相同的改进。美国与欧洲及我国相关规定

---

❶ 北京市高级人民法院（2009）高行终字第 1285 号行政判决书。

❷ In re McLaughlin, 443 F. 2d 1392, 1395, 170 USPQ 209, 212（CCPA 1971）.

❸ KSR International Co. v. Teleflex Inc. , 82 USPQ2d 1385, 1396（2007）.

❹ 北京市高级人民法院（2010）高行终字第 311 号行政判决书。

❺ KSR International Co. v. Teleflex Inc.（KSR）, 82 USPQ2d 1385, 1397（2007）.

的相同规则表明，为了促进创造性判断的客观化，客观地认定技术问题是普遍的必要的判断步骤。

重视辅助判断因素能够有效促进专利创造性判断的客观化。虽然辅助判断因素的适用一直存在争议，也存在种种问题，但正如瑞奇法官所说，辅助判断因素并不比"本领域技术人员""技术启示""容易想到"等更加主观，相对而言，它是客观性更强的考量因素。专利制度的目的就是鼓励技术进步，而商业成功可以有力地佐证技术进步。这对于有大量专利没有实际应用的我国更加重要。重视辅助因素能够促进客观化的另一重要原因在于，辅助判断往往会使创造性判断者掌握的信息更加完整。在 1960 年的 Reiner 案中，汉德法官就认为辅助判断因素在判断非显而易见性时相当于"路标"。❶

二、类型化和领域化对专利创造性判断的客观化的促进

对相同情况适用相同判断规则是促进创造性判断客观化的有效途径之一。对一些常见的发明类型确定统一的判断规则，正如 KSR 案中增加的一些类型化的判断规则，有利于客观地判断创造性。《美国专利审查指南》列举了支持显而易见性的认定的几种具体情形，❷ 我国 2010 年版《专利审查指南》第二部分第四章第 4 节有类似的规定。但必须注意，虽然这种类型化的判断规则有利于统一判断创造性，但这种按照发明创造的类型规定的类型化创造性判断规则只是参考性的，并不能生搬硬套，而是要根据每项发明的具体情况和创造性判断的基本规则客观地作出判断。

---

❶　Reiner v. I. Leon Co. , 285 F. 2d 501, 503 – 04（2d Cir. 1960）.

❷　MPEP § 2141. III.

　　对于常见技术领域的发明的创造性判断，统一地适用相同的创造性判断规则，也有利于创造性判断的客观化。但这些统一适用的规则必须根据技术领域的共同属性确定，而且在具体适用过程中应当遵循具体问题具体分析的原则，避免机械地适用统一的规则。例如，我国2006年版《审查指南》和2010年版《专利审查指南》第二部分第十章第6.1节中专门规定了化学相关技术领域的创造性判断规则。《美国专利审查指南》也专节规定了化合物结构相似情况下的创造性判断。❶ 我国2010年版《专利审查指南》的这些规则在司法实践中得到了法院的认可，例如在"制备一种噻吩并二氮杂化合物的方法"发明专利权无效行政纠纷案中，法院实际上肯定了《专利审查指南》的相关规定。❷ 我国还有判例对机械领域的创造性判断的特殊性进行了论述，例如，在"高速编织机"实用新型专利权无效行政纠纷案中，二审法院认为对机械领域的技术方案应当重点考察机械的组成部件、部件的位置及连接关系等方面。❸ 我国也有判例认为，电学领域的创造性判断应当着重考虑电路结构、连接关系及其功能。例如，"电子发音书装置"实用新型专利权无效行政纠纷案中的二审法院就持此观点。❹ 在"开关装置触头耗损的测定方法和设备"发明专利权无效行政纠纷案中，二审法院认为在电学领域进行创造性判断，不仅要考虑电路的连接关系，还要考虑电路的工作状态。❺

---

❶　MPEP § 2144. 09.
❷　北京市第一中级人民法院（2005）一中行初字第1012号行政判决书。
❸　北京市高级人民法院（2008）高行终字第521号行政判决书。
❹　北京市高级人民法院（2010）高行终字第686号行政判决书。
❺　北京市高级人民法院（2009）高行终字第225号行政判决书。

三、判断主体对专利创造性判断的客观化的促进

专利创造性判断主体的标准的统一有利于促进创造性判断的客观化。美国最早在 Hotchkiss 案中接受了有争议的陪审团指示中的"熟悉本技术领域的普通技术人员"的技能标准，确立了创造性判断的主体标准。本领域技术人员是思维的产物，他是建立在我们对许多判断者的要求的基础之上假设的人，并不像具体的发明者一样是实际存在的人。❶ 各国的专利法都在认可上述假设。以本领域技术人员作为创造性判断的主体，在理论上统一了判断主体的标准，有利于创造性判断的客观化。

对创造性判断主体面临的技术盲点的有效克服有利于促进创造性判断的客观化。在具体案件中，是否具备创造性的争议焦点往往集中于对本领域技术人员的知识和能力的认识上，但作为创造性判断者的法官往往不具备本技术领域的知识和能力，有着技术盲点。在美国，很早就有人指出了技术盲点这个问题。在 1911 年的 Parke - Davis 案中，汉德法官对技术性的发明由法官作出外行的主观评价提出了质疑；❷ 在 1920 年的 Wire Wheel 案中，汉德法官又对法官正确地认定现有技术和正确地评价发明人贡献的能力表示了怀疑。❸技术盲点可以分为两类。（1）技术盲点可以因为当事人的共识而解决，并不需要判断者真正知晓该技术知识。例如，在"多晶硅层结构与其形成方法以及平面显示器"发明专利申请驳回复审行政纠纷案中，当事人就对激光晶化法的非晶硅层厚度与晶粒尺寸大小的关

---

❶　MPEP § 2141.

❷　Parke - Davis & Co. v. H. K. Mulford Co. , 189 F. 95, 115 （S. D. N. Y. 1911）.

❸　Wire Wheel Corp of America v. C. T. Silver, Inc. , 266 F. 221, 227 （S. D. N. Y. 1919）, aff'd, 266 F. 229 （2d Cir. 1920）.

系达成了共识。❶（2）但是，最有效克服法官技术盲点的途径还是
强化合理分配当事人的举证责任。欧洲专利局通过对判断主体的科
学安排有效解决了技术盲点带来的问题。《欧洲专利公约》第21条
规定，欧洲专利局申诉委员会审理的上诉案件如果涉及技术问题，
则合议组必须包括两个以上的具备相应技术能力的技术专家。这一
规定得到了欧洲专利局扩大上诉委员会的确认。❷

专利创造性判断主体的集中和同质化有利于促进创造性判断的
客观化。正如1925年，汉德法官在Kirsch案中所述，主观判断在
对发明的专利性的判断中不可避免。❸ 既然创造性判断最终是审查
员或法官的主观判断，判断者的个体特点必然会给创造性判断打上
个性的烙印。即使创造性步骤和判断规则统一和稳定，也只能对创
造性判断的客观化产生有限的影响。创造性判断者的集中有利于促
进创造性判断的客观化，美国的经验就是很好的例证。在联邦巡回
上诉法院成立之前，正如瑞奇法官所说："创造性是法律中的'美
丽的不确定'。"❹ 但在联邦巡回上诉法院建立后，专利上诉案件集
中到了只有少数法官的联邦巡回上诉法院，法官的集中和同质性促
进了创造性判断标准的统一。前面的实证分析表明，我国的行政庭
与知识产权庭在一审中对专利复审委员会的行政决定的撤销比例以
及在二审中对一审判决的改判比例都有较大差异，根本原因是判断
者的分散。因此，所有专利授权确权行政案件统一由行政庭或者知
识产权庭审理，都有利于创造性判断的客观化。可以预料，我国的

---

❶ 北京市高级人民法院（2010）高行终字第513号行政判决书。
❷ G2/90，G8/95，G1/02，G3/03（Annex I）。
❸ Kirsch Manufacturing Co. v. Gould Mersereau Co.，6 F. 2d 793（2d Cir. 1925）。
❹ Giles S. Rich，Why and How Section 103 Came to Be，in Nonobviousness—The Ultimate Condition of Patentability 1：201，1：207（John F. Witherspoon ed.，1980）。

创造性判断标准自 2009 年专利授权确权案件集中由知识产权庭审理后，会向着更加稳定、统一的客观化方向靠近。另外，加强法官与审查员的交流，促进其同质化，也有利于专利创造性判断的客观化。

综上所述，容易造成专利创造性判断主观化泛滥的主要因素可归结为专利创造性条件固有的主观性、判断主体事后眼光的影响、判断主体的分散性和差异性。促进专利创造性判断的客观化，应当从以下几个方面来着手：第一，严格遵守专利创造性判断的三步法，参考适用"客观能—主观能"判断方法，重视客观技术问题的作用，使用能够促进客观化的创造性判断方法。第二，判断规则的类型化是促进创造性判断客观化的有效途径，对于一些常见种类以及常见技术领域的发明创造适用统一的判断规则，有利于客观地判断创造性。当然，对于类型化的判断规则，应当结合基本原则灵活适用，不能生搬硬套。第三，判断主体的集中性和同质化有利于促进专利创造性判断的客观化。以本领域技术人员作为创造性判断的主体，统一了判断主体的标准，有利于创造性判断的客观化。专利授权确权行政案件统一由知识产权庭审理，也利于创造性判断主体的同质化。另外，还应当保持法官人员的稳定性，促进审查员与法官的交流。

第三节　客观技术问题与发明人声称技术效果的关系

在专利创造性判断的司法实践中，客观技术问题的确定对于客观地判断专利创造性具有重要作用。在司法实践中，对于客观技术问题的认定存在很多问题，其中一个问题是：客观技术问题与发明人声称的技术效果的关系是什么？这一问题又包含以下几个方面：

第一，客观技术问题是否必须依据发明人声称的技术效果进行认定；第二，客观技术问题是否可以依据说明书没有记载的技术效果进行认定；第三，客观技术问题是否可以依据本领域技术人员显而易见的技术效果进行认定。本书拟对上述问题进行研究，以期为统一认识打下基础。

一、与发明人声称的技术效果的关系

在确定客观技术问题时，技术效果具有重要影响。根据 2010 年版《专利审查指南》第二部分第四章第 3.2.1.1 节的规定，发明实际解决的技术问题，是指为获得更好的技术效果而需对最接近的现有技术进行改进的技术任务。虽然技术问题不完全等于技术效果，但是，技术效果是引导发明人确定技术任务的重要因素。因此，在专利创造性判断过程中，技术效果对确定客观技术问题有重要影响，技术效果可以作为确定客观技术问题的基础。关于技术问题与技术效果的关系，根据我国 2010 年版《专利审查指南》第二部分第四章第 3.2.1.1 节的规定，发明的任何技术效果都可以作为重新确定技术问题的基础，只要本领域的技术人员从该申请说明书中所记载的内容能够得知该技术效果即可。

既然技术效果是确定客观技术问题的基础，那么在确定客观技术问题时是只能依据发明人主观认为的技术效果来进行认定，还是应当依照一个更加客观的标准来确定呢？我国《专利审查指南》规定客观技术问题应当客观地认定，并不能完全受到发明人声称技术效果的限制。根据 2010 年版《专利审查指南》第二部分第四章第 3.2.1.1 节的规定，基于最接近的现有技术重新确定的该发明实际解决的技术问题，可能不同于说明书中所描述的技术问题；在这种情况下，应当根据审查员所认定的最接近的现有技术重新确定发明实际解决的技术问题。

　　为什么客观技术问题的认定不受到发明人声称技术效果的限制呢？这是因为，专利审查员所认定的最接近的现有技术可能不同于发明人在说明书中所描述的现有技术，现有技术不同，发明的起点也就不相同，发明相对于最接近现有技术需要进行改进的技术任务也可能发生变化。正如欧洲专利局的规定，确定客观技术问题的目的是客观地判断创造性。在 COMVIK 案中，欧洲专利局对"问题—解答"方法进行了以下说明："为了客观地判断创造性，'问题—解答'方法中的问题应当是一个技术问题，它应当实际被权利要求中的解答所解决，权利要求中的所有技术特征都应当用于解答。问题应当是在优先权日所属技术领域的技术人员提出来要求解决的……如果在专利申请中不能提取出技术问题，则《欧洲专利公约》第 52 条中规定的具有专利性的发明就不存在。"[1] 我国现有判例也强调，由于专利权人在说明书中描述的现有技术可能并非专利复审委员会认定的最接近现有技术，因此，基于专利复审委员会认定的最接近现有技术重新确定的该发明实际解决的技术问题，可能不同于专利权人认为的技术问题。

　　我国《专利审查指南》关于客观技术问题的规定，实际上参照了欧洲专利局的相关规定。欧洲专利局在案例中认为，如果新发现的现有技术比发明申请中原始记载的最接近现有技术更接近发明申请，则专利申请人或专利权人可能需要重新陈述说明书中表述的技术问题。最后，发明申请相对于新发现的最接近现有技术所具有的技术效果应当被用以确定新的客观技术问题。[2]

---

[1]　T 0641/00.

[2]　T 0024/81.

我国《专利审查指南》的上述规定得到了人民法院的确认。例如，在"电动自行车轮毂"的实用新型专利权无效行政纠纷案❶中，专利权人上诉主张，"行星轴固定在离合器上、离合器固定在主轴上，省略了行星架，解决了简化离合器结构、减轻构件重量的技术问题"。北京市高院则认为："由于专利权人在说明书中描述的现有技术可能并非专利复审委员会认定的最接近现有技术，因此，基于专利复审委员会认定的最接近现有技术重新确定的该发明实际解决的技术问题，可能不同于专利权人认为的技术问题。本专利权利要求 1 相对于附件 2 的技术方案多了离合器这个部件，而增加离合器能够解决现有技术中轮毂外壳的转动通过行星齿轮机构传递给电机转子，引起电机不必要的转动的技术问题，因此该技术问题是本专利实际解决的技术问题。"

客观地认定技术问题是各国专利审查和审判实践中的普遍做法。美国在司法实践中也提出在确定技术问题时应注意客观性，有的情况下确定的技术问题不一定要与发明申请人或专利权人声称的技术问题相同。在 KSR 案❷中，联邦最高法院特别地指出了联邦巡回上诉法院在四个方面存在错误，其中第一项就是认为联邦巡回上诉法院和专利审查员只局限于考虑专利权人意图解决的技术问题。《美国专利审查指南》规定，对比文件中记载的改进现有技术的动机往往就是发明人进行改进的原因，但有时发明人却是为了不同于创造性判断者的目的或解决不同的技术问题而进行相同的改进。❸只要取得相同技术进步或者效果，发明人改进的原因与创造性判断

---

❶ 北京市高级人民法院（2010）高行终字第 311 号行政判决书。
❷ KSR. 82 USPQ2d at 1397.
❸ MPEP § 2144.

者认为的原因不相同就并不影响显而易见的判断。是否有技术启示，应当根据发明人面临的普遍问题来确定，而不是由发明具体解决的问题决定。❶ 本领域技术人员并不需要认识到记载在现有技术中的相同技术问题并以进行改进。❷

二、与说明书没有记载的技术效果的关系

按照专利法的一般原理，如果不是本领域技术人员在本专利说明书和现有技术基础上能够知晓的技术内容，发明人应当在说明书中充分公开，否则，这样的技术内容就不能作为认定专利有效的依据。从公开技术贡献从而换取保护的角度来说，发明人在申请日之前没有发现并记载在专利申请文件中的技术效果，不能视为发明人的技术贡献，因此不能作为确定客观技术问题的依据。正如最高人民法院在"抗 β - 内酰胺酶抗菌素复合物"发明专利权无效行政纠纷案❸中所强调的那样，专利申请人在其申请专利时提交的专利说明书中公开的技术内容，是国务院专利行政部门审理专利的基础，亦是社会公众了解、传播和利用专利技术的基础。因此，专利申请人未能在专利说明书中公开的技术方案、技术效果等，一般不得作为评价专利权是否符合法定授权确权标准的依据，否则会与专利法规定的先申请原则相抵触，背离专利权以公开换保护的本质属性。

司法实践中的很多案例都在有关客观技术问题的争议中强调了上述原则。在笔者审理的"注射用三磷酸腺苷二钠氯化镁冻干粉针

---

❶　*In re Kahn*, 441 F. 3d 977, 987, 78 USPQ2d 1329, 1336（Fed. Cir. 2006）.

❷　*In re Linter*, 458 F. 2d 1013, 173 USPQ 560（CCPA 1972）；*In re Dillon*, 919 F. 2d 688, 16 USPQ2d 1897（Fed. Cir. 1990），*cert. denied*, 500 U. S. 904（1991）.

❸　最高人民法院（2011）行提字第 8 号行政判决书。

剂及其生产方法"发明专利权无效行政纠纷案❶中，专利权人认为本专利要解决的客观技术问题是："现有技术采用活性分装，使用时现场配比，而本专利采用单一制剂，其活性组分在工厂生产中完成严格配比，有效克服了现场配比所带来的配比波动性。"本专利说明书记载有将三磷酸腺苷二钠和氯化镁制成冻干粉针剂，提高了药品的稳定性，据此专利复审委员会认定权利要求1实际解决的技术问题在于以冷冻干燥的方法提高药品的稳定性。二审法院认为："本专利说明书所描述的背景技术内容与证据1的技术内容是相同的，因此本专利要解决的技术问题不包括避免配比波动性，且本专利说明书也未记载其他可以使本领域技术人员从中能够得知本专利具有避免配比波动性的技术效果的内容，因此原审判决认定权利要求1实际解决的技术问题不包括避免配比波动性亦无不当。"

最高人民法院在"抗β－内酰胺酶抗菌素复合物"发明专利权无效行政纠纷案❷中表示，本案中专利权人主张其为了解决本案专利的安全性、有效性、稳定性，还进行了长期毒性试验、急性毒性试验、一般药理研究试验等一系列试验和研究，但由于相关技术内容并未记载于本案专利说明书中，不能体现出本案专利在安全性、有效性、稳定性等方面对现有技术作出了创新性的改进与贡献。因此，这些试验和研究不能作为认定本专利权利要求1的创造性的依据。最高人民法院的上述论述表明，说明书中没有记载的技术效果，不是发明人实际作出技术贡献的依据，因此不能作为确定客观技术问题的基础。

---

❶ 北京市高级人民法院（2010）高行终字第285号行政判决书。
❷ 最高人民法院（2011）行提字第8号行政判决书。

三、与显而易见的技术效果的关系

前面的分析表明，因为不是发明人的技术贡献，所以不能依据说明书没有记载的技术效果认定客观技术问题。但是，在因与最接近现有技术不同导致发明人声称的技术效果不能作为认定客观技术问题的依据时，是否绝对不能依据说明书没有记载的技术效果认定客观技术问题呢？在回答这个问题时，非常有必要强调，专利创造性判断的主体应当是申请日的本领域技术人员，应当从专利创造性判断主体的角度来分析这种情形下如何确定客观技术问题。首先，发明是否具备创造性，应当基于所属技术领域的技术人员的知识和能力进行评价。其次，所属技术领域的技术人员，也可称为本领域的技术人员，是一种假设的"人"，假定他知晓申请日或者优先权日之前发明所属技术领域所有的普通技术知识，能够获知该领域中所有的现有技术，并且具有应用该日期之前常规实验手段的能力，但他不具有创造能力。再者，既然本领域技术人员并不具有创造能力，把对本领域技术人员显而易见但说明书中没有记载的技术效果作为认定客观技术问题的依据，就不会违反前面所述的技术贡献原则。

前面的分析表明，即使说明书中没有记载，但只要是对本领域技术人员显而易见的技术效果，也可以作为认定客观技术问题的依据。这样既符合专利创造性判断的主体标准，又不会违反说明书应当公开请求保护的技术贡献的原则。我国《专利审查指南》的相关规定体现了上述思想。2010 年版《专利审查指南》第二部分第四章第 3.2.1.1 节中规定："重新确定的技术问题可能要依据每项发明的具体情况而定。作为一个原则，发明的任何技术效果都可以作为重新确定技术问题的基础，只要本领域的技术人员从该申请说明书中所记载的内容能够得知该技术效果即可。"其中的重点在于"本领域的技术人员从该申请说明书中所记载的内容能够得知该技术效果"。

最高人民法院在"乳腺疾病药物组合物及制备方法"发明专利无效案❶中指出："专利权人主张本专利实际要解决的技术问题是提高丹酚酸 B 的含量，并非改变剂型。然而，本专利权利要求书中并没有记载药物组合物中丹酚酸 B 的含量，也没有记载用于提高丹酚酸 B 的具体技术手段，更没有记载丹酚酸 B 的含量与疗效之间的因果关系。本领域技术人员在阅读说明书后，无法得知本发明要解决的技术问题与提高丹酚酸 B 的含量有何关联，更无法得出本案专利实际要解决的技术问题是改变药物特定活性成分比例的结论。"最高人民法院的上述论述可以解读为，如果本领域技术人员在阅读说明书之后不需要付出创造性劳动即可得知本发明要解决的技术问题与提高丹酚酸 B 的含量有关联，则可以将本专利实际要解决的客观技术问题确定为提高丹酚酸 B 的含量；如果本领域技术人员在阅读说明书之后需要付出创造性劳动才可得知本发明要解决的技术问题与提高丹酚酸 B 的含量有关联，则因为说明书没有公开上述技术内容，所以上述技术内容对应的技术贡献没有公开，也不能作为认定本专利客观技术问题的依据。

四、小结

前面的分析表明，说明书没有记载的技术效果，一般不得作为确定客观技术问题的依据。因为发明人没有发现并公开的技术效果，不是发明人的技术贡献的内容，所以也不得作为创造性判断的

---

❶ 最高人民法院（2014）行提字第 13 号行政判决书。

依据。但是，虽然说明书没有记载，但是本领域技术人员可以显而易见地确定的技术效果，可以作为确定客观技术问题的依据。至于依显而易见的技术效果确定的客观技术问题来认定，是否会得出具备创造性的结论，则是另外一个问题。

第四节　技术方案理解的倒序法

在专利授权确权审判实践中，为了促进专利创造性判断的客观化，避免受到"事后诸葛亮"的影响，笔者认为应当颠倒技术方案理解的传统顺序，采用倒序法。所谓倒序法，是指先理解对比文件中的现有技术，然后再理解本专利的技术方案。为了验证这种做法是否有效，笔者在专利授权确权审判实践中进行了多年的实践。实践的情况表明，这种倒序法可操作性强，有利于专利创造性判断的客观化。下文中笔者拟从以下几个角度来介绍这种倒序法：第一，倒序法的必要性；第二，倒序法的可行性；第三，倒序法的具体操作过程。

一、倒序法的实践价值

根据我国 2000 年修订的和 2008 年《专利法》第 22 条第 3 款规定，专利创造性，是指同申请日以前已有的技术相比，该发明有突出的实质性特点和显著的进步，该实用新型具有实质性特点和进步。2010 年版《专利审查指南》及之前的《审查指南》都规定，发明有突出的实质性特点，是指对所属技术领域的技术人员来说，发明相对于现有技术是非显而易见的。在我国，不仅是审查员，法官也同样适用上述标准来判断发明创造是否具备创造性。是否具有显而易见性在本质上是一个主观认识，因此各国专利创造性判断都面临着克服主观性、促进客观化的问题。

专利创造性判断的主观性主要源自于以下因素：第一，专利创造性判断者掌握的信息不完整。第二，"事后诸葛亮"的影响。正如麦肯纳（McKenna）法官在 Diamond Rubber 案中所认识到那样，"马后炮"总是容易的，问题一旦解决了，就不再有困难。回头来看，新事物常常看起来唾手可得，常人只要稍微注意一点就能发现。❶ 第三，判断主体的分散性和判断方法的差异性。为了促进专利创造性判断的客观化，可以采取以下主要对策：重视辅助判断因素的作用，使判断者掌握的信息更加完整；判断主体的集中化和同质化；判断方法和步骤的规范化。倒序法，正是通过改进判断方法和步骤来避免"事后诸葛亮"的不利影响。

二、倒序法的理论基础

倒序法能否避免"事后诸葛亮"的不利影响，可以根据心理学的一些理论来进行分析。为了论证倒序法的必要性，下面介绍两个心理学理论上的重要概念，一个是锚定效应（anchoring effect），一个是后见之明偏差（hindsight bias）。

锚定效应是普遍存在的一种现象，它是指在不确定状态判断过程中，人们以最初的信息（数据或其他参数）为参照点来调整对事件的估计，致使最后的估计值趋向于开始的锚定值，并由此导致错误的决策。❷ 研究表明，锚定效应不只局限在单纯的数字判断中，它时刻发生在真实世界不确定状态下的各种判断与决策之中。例如，人们在理解他人的观点时先锚定于自身的观点，随后再进行调整，解释他人观点与自身观点的差异，因此导致了自我中心偏见。

---

❶ 220 U. S. 428, 430 (1911).

❷ 肖刘威："浅析锚定效应"，载《学理论》2010 年第 31 期，第 129 页。

在专利创造性判断的传统做法中，判断者事先知道了发明创造的技术方案，在现有技术基础上评估发明创造是否容易作出时，容易将其事先知道的发明创造的技术信息作为锚定值，从而影响其对本专利是否显而易见的判断。

后见之明偏差是与锚定效应相关的心理学术语。生活经验表明，当我们知道某事的答案后，再让我们去回忆自己过去的想法，或者推测其他不知道这件事情的人的想法，我们往往会认为自己"一直都知道"，或者认为别人也知道。也就是说，在知道结果后我们往往会夸大并不知情的他人或者之前不知道结果的自己的认知状态。这种倾向性便是心理学上的后见之明偏差。心理学家菲斯科霍夫（Fischhoff）对后见之明偏差定义为，后见判断（可得益于事件结果反馈的判断）与先见判断（不知晓事件结果时的判断）的系统差异。[1] 心理学家归纳了人们产生后见之明偏差的四种原因，其中一种是锚定于当前观点而调整推断初始观点。

后见之明偏差的不利影响广泛存在于专利创造性判断中。除了麦肯纳法官，美国联邦最高法院的法兰克福特（Frankfurter）法官1943年对无线电报发明者马可尼（Marconi）的发明进行创造性评述时，批评其他法官受到了后见之明偏差的影响。他表示，以后见之明的眼光重新审视，当然会觉得被公开之前相对于任何大脑都不是显而易见的东西会变得显而易见。[2]

后见之明偏差对专利创造性判断产生的负面影响主要源于传统做法中技术方案的理解顺序。按照传统的技术方案理解顺序，由于事先知道了本发明的技术方案，知道如何解决技术问题，判断者往

---

[1] 杜建政："后见之明研究综述"，载《心理科学进展》2002年第4期。

[2] Marconi Wireless Tel. Co. v. United States, 320 U. S. 1, 62 –63. （1943）.

往往会因为自己早知道技术方案作出的判断，从而认为本领域技术人员也应当有这样的判断，因此更容易认为本专利或本申请相对于本领域技术人员而言是显而易见的。后见之明偏差现象不利于判断者作出正确的判断和决策。笔者的实践表明，应当改变传统的技术方案理解顺序，采用倒序法。倒序法的核心是，改变专利创造性判断者接触信息的顺序，使其在只知道现有技术及其技术问题，不知道本发明如何解决该问题的情况下，有机会亲身体验本领域技术人员解决该技术问题的难度。当判断者在结果不确定的情况下思考如何解决相应技术问题时，会更加接近本发明作出前本领域技术人员的真实状态。这种信息接触先后顺序的变化，能够在一定程度上使判断者"穿越"到申请日，避免受到申请日之前并不存在的信息的影响，因此能够有效消除后见之明偏差的产生。

三、倒序法的可行性

在我国，对于专利创造性判断的基本步骤，人民法院基本采用了我国《专利审查指南》规定的三步法。虽然倒序法有可能替代三步法，但也可以与三步法兼容。在坚持三步法的情况下，倒序法只是要求在进行三步法判断之前，改变传统做法中的技术方案理解顺序。在专利创造性判断实践中适用倒序法，并不会改变我国专利创造性判断实践中的现行基本做法。

与专利创造性判断相关的主要程序有：专利实审部门对发明的实质审查；专利复审委员会对发明专利申请驳回决定的复审；专利复审委员会对无效请求的审查；人民法院在专利授权案件中对驳回复审决定的审查，或者在专利确权案件中对无效决定的审查。在实质审查程序中，由于审查员要事先知道本申请的技术信息才能去检索对比文件，因此审查员无法适用倒序法。当然，也可以改革现有的做法，由不同的审查员来分别检索对比文件和判断创造性。在专利复审程序中，审查员完全可以改变传统的顺序，先了解对比文件中的现有技术，再了解本发明的技术方案。在司法程序中，法官更可以这样做。因此，从程序的角度来看，倒序法有适用的可能性。

为了达到采用倒序法的目的，在具体实施过程中应当遵守以下步骤：

第一步，整体地、综合地理解被审查员或无效请求人作为最接近现有技术的技术方案，既全面理解其技术特征，又充分理解其要解决的技术问题、取得的技术效果。特别需要注意的是，在第一步中要避免考虑或涉及本申请或本专利的技术方案。在充分理解最接近现有技术的基础上，对发明人或审查员主张的最接近现有技术的技术方案中存在的客观技术问题进行了解，搞清楚对现有技术进行改进是为了达到什么目的。此时同样需要注意，不能涉及本发明的具体技术方案。

第二步，在思考如何解决最接近现有技术的技术方案存在的技术问题的情况下，带着问题再去理解与最接近现有技术的技术方案相结合的其他现有技术的技术方案，分析现有技术是否存在解决办法。在理解现有技术之后，判断者还要假想自己是本领域技术人员的话，应如何在现有技术的基础上解决技术问题。由于此时判断者仍然不知道本申请或本专利的具体技术方案，因此能够更加客观地体验本领域技术人员要解决技术问题时面临的困难。

第三步，在分析了各种可能的解决方案及困难之后，再让发明人介绍本发明的技术方案。此时，问题的解决方案才向判断者揭晓，判断者对是否显而易见的判断会更加客观。❶

---

❶　石必胜："专利创造性判断中技术方案理解的倒序法"，载《中国知识产权》2013年第9期。

使用倒序法也存在一些难题。首先，判断者在口头审理前或者开庭前可能笼统地知晓本发明的技术领域等信息，但不能提前知晓本发明的具体技术方案，只能当庭按照倒序的三步法理解技术方案。其次，在传统做法已经形成习惯的情况下，当事人和审查员在介绍对比文件的技术方案时，很容易用本发明的技术信息作为比较对象，本发明的技术方案容易提前"泄露"给判断者。再者，审查员或法官在传统做法中形成的根深蒂固的习惯需要改变。综合来看，上述困难是可以克服的。

前面的分析表明，倒序法能够得到心理学理论的支持，能够有效促进专利创造性判断的客观化，既必要又可行，具有重要的实践价值。笔者在近几年的司法实践中通过实际操作，已经体会到了这种做法的好处，因此，笔者大力倡导在专利创造性判断中使用倒序法。

第五节　专利创造性判断中的"温水煮青蛙效应"

司法审判活动也是法官的心理活动。心理学有助于深入分析司法审判活动，有助于纠正司法审判活动中的错误，有助于改进法官的审判技巧和律师的诉讼技巧，也有助于促进专利创造性判断的客观化。在专利授权确权审判实践中，专利是否具备创造性是常见的争议焦点。而专利创造性判断本质上是一个主观判断，因此可以从心理学的角度来解释司法实践中的经验，进而改进专利创造性判断的方法。笔者在前文用心理学上的锚定效应和后见之明偏差理论来改进专利创造性判断的方法，提出了专利创造性判断的倒序法。现在，笔者准备用心理学理论来分析专利创造性判断司法实践中的"温水煮青蛙效应"。对这个问题的分析主要分为两个方面：第一，为什么专利创造性判断会出现"温水煮青蛙效应";第二,怎样避免专利创造性判断中的"温水煮青蛙效应"。

一、什么是专利创造性判断中的"温水煮青蛙效应"

"温水煮青蛙效应"据称源自美国康奈尔大学的科学家做过的一个温水煮蛙实验:将一只青蛙放进沸水中,青蛙一碰沸水会立即从锅中跳出逃生。当把这只青蛙放进装有冷水的锅里时,青蛙会照常在水中畅游。而慢慢将锅里的水加温,直到水变得很烫时,青蛙已经四肢无力,无法跃出水面,往往最终死在热水中。这个实验说明,对渐变刺激的适应性和习惯性,很容易使感觉变得麻木,从而丧失警惕性和反抗力。

"温水煮青蛙效应"经常出现在人们的日常生活中。从心理学的角度来说,"温水煮青蛙效应"的主要原因有两个方面:第一,心理学上的绝对感受性(absolute sensitivity)理论认为,人们不容易感受到没有达到一定程度的细微刺激的变化。例如,几岁的小孩子每天都在生长,但每天的生长都不明显,每天与其生活在一起的父母几乎不会感受到每天的变化,只有经过较长一段时间后才会发现孩子的身高和体重有了变化。第二,心理学上的差别感受性理论认为,人们对刺激的适应能力越来越强,而对刺激变化的感受能力越来越弱,正如"入芝兰之室,久而不闻其香","入鲍鱼之肆,久而不闻其臭"。[1] 归结起来,出现"温水煮青蛙效应"需要满足至少两个条件:一是主观感受性,即是否采取行为取决于主观感受;二是刺激渐变性,即引发主观感受的刺激是逐渐变化而不是跳跃式变化。

---

[1] 罗洪兰:"心理学答问",载《当代电大》1994年第7期。

为了说明专利创造性判断实践中存在"温水煮青蛙效应",下文以"多晶硅层结构与其形成方法以及平面显示器"发明专利申请驳回复审行政纠纷案❶为例来进行分析。在该案中,本申请权利要求1~3为:"1. 一种多晶硅层结构,包括:一第一多晶硅层以及一第二多晶硅层,其中该第一多晶硅层的厚度小于该第二多晶硅层的厚度,且该第一多晶硅层的晶粒尺寸大于该第二多晶硅层的晶粒尺寸,其中该第一多晶硅层位于一驱动电路区中且该第二多晶硅层位于一显示区中。2. 如权利要求1所述的多晶硅层结构,其中该第一多晶硅层与该第二多晶硅层的厚度差大体为100~1000埃。3. 如权利要求2所述的多晶硅层结构,其中该第一多晶硅层与该第二多晶硅层的厚度差大体为200~400埃。"

专利复审委员会在第17681号复审请求审查决定中认为,本申请权利要求1不具备创造性,在此基础上,对权利要求2、3是否具备创造性的评述为:本申请从属权利要求2、3的附加技术特征进一步限定了第一多晶硅层与第二多晶硅层的厚度差为"100~1000埃"和"200~400埃"。证据1中公开了如下技术特征:外围驱动电路TFT形成区域的厚度为50纳米,像素TFT形成区域的厚度为30纳米。可见两者的厚度差为20纳米,即200埃,落入权利要求2、3的附加技术特征中的数值范围内,因此在其引用的权利要求1不具备创造性的情况下,权利要求2、3也不具备创造性。

专利复审委员会对创造性的评述有以下两点值得注意:第一,在权利要求1没有创造性的基础上,评述权利要求2、3是否有创造性时,主要评价权利要求2、3进一步限定的特征是否使得技术方案具备创造性;第二,权利要求2、3的限定特征被现有技术公

---

❶ 北京市高级人民法院(2010)高行终字第513号行政判决书。

开，因此就认定权利要求2、3不具备创造性，并没有将权利要求1与最接近现有技术的区别技术特征，以及权利要求2、3的进一步限定特征结合起来考虑。专利复审委员会的这种判断过程，容易使人感觉，评价权利要求2的创造性时，权利要求1最接近现有技术；评价权利要求3的创造性时，权利要求2最接近现有技术，每一个从属权利要求的非显而易见性都被在先权利要求的非显而易见性所稀释。对从属权利要求创造性的否定就像是在剥笋，每一次都只剥掉一小层，不知不觉中却剥掉了整个笋。只要独立权利要求被认定不具备创造性，后面逐层限定的从属权利要求很容易被认定为不具备创造性。本申请的创造性就像一只青蛙，被逐步升高的温度所麻木，最终丢掉性命。专利复审委员会的上述分析，表明专利创造性判断实践中客观存在"温水煮青蛙效应"。那么为什么专利创造性判断会出现"温水煮青蛙效应"呢？什么情况下才能满足"温水煮青蛙效应"的条件呢？下文将进一步深入分析。

二、专利创造性判断是否符合主观感受性条件

专利创造性判断本质上是个主观判断，或者说，对于专利创造性判断者而言，是否具备创造性根本上取决于判断者的主观感受，这为专利创造性判断过程中出现"温水煮青蛙效应"提供了可能性。专利创造性判断之所以本质上是个主观判断，其首要的原因在于，创造性本身就是个主观要件。我国2008年《专利法》规定，"创造性，是指同申请日以前已有的技术相比，该发明有突出的实质性特点和显著的进步，该实用新型有实质性特点和进步"。虽然在我国，法律规定除了实质性特点外，还有显著的进步，但是，实质性特点往往成为是否具备创造性的决定性因素。我国2010年版《专利审查指南》及之前的《审查指南》关于"突出的实质性特

点"的判断规定:"判断发明是否具有突出的实质性特点,就是要判断对本领域的技术人员来说,要求保护的发明相对于现有技术是否显而易见。"实质性特点,无论是我国专利审查部门还是司法机关,都一致认定为非显而易见性。非显而易见性,毫无疑问是一个主观标准,取决于裁判者的主观感受。无论是欧洲专利局,还是美国和日本等国家和地区的专利主管部门,都认为专利是否具备创造性取决于相应技术方案是否相对于本领域普通技术人员是否具备非显而易见性。因此,在这些国家和地区,是否具备专利创造性本质上都取决于判断者的主观感受。

专利创造性判断的方法和步骤也表明是否具备专利创造性最终取决于裁判者的主观感受。虽然为了促进专利创造性判断的客观化,我国司法实践中一般采用三步法来判断是否具备创造性,而且规定判断主体应当是本领域普通技术人员,但是即使使用三步法,对本领域技术人员而言,是否具有技术启示,也难以进行定量分析,只能进行定性分析。是否存在技术启示的判断,是否显而易见的判断最终是裁判者的主观判断。正因为专利创造性判断本质上是个主观判断,裁判者的主观感觉将起到最终决定作用,因此为"温水煮青蛙效应"的出现提供了主观感受性条件。

三、专利创造性判断是否符合刺激渐变性条件

虽然是否具备专利创造性最终取决于主观感受,但"温水煮青蛙效应"的出现还需要满足前面所述的刺激渐变性条件。递进式权利要求具备刺激渐变性条件,其专利创造性判断容易出现"温水煮青蛙效应"。所谓递进式权利要求,是指一个独立权利要求之后有多个从属权利要求,而从属权利要求相对于独立权利要求,在限定特征上是逐渐增加的,而且每一次增加的限定特征都不是很多。如

果每一次增加的限定特征使技术方案的变化不容易被察觉，那么这样递进式的变化容易使判断者感受不到差异。递进式权利要求中，独立权利要求相对于从属权利要求组成了渐变的金字塔结构。典型的递进式权利要求书如图5-1所示。

"1. A + B + C。

2. A + B + C + D。

3. A + B + C + D + E。

……"

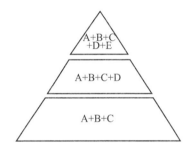

图5-1　递进式权利要求书

递进式权利要求书很受欢迎，是因为其具有很多优点。使用递进式权利要求，权利要求之间有良好的逻辑层次，能够组建出层层递进的权利要求保护范围，在较大保护范围被宣告无效之后，还可以逐步缩小保护范围使专利权不容易完全无效。递进式权利要求有这些优点，因此被普遍使用，但下文的分析将表明，递进式权利要求也可能会存在一些问题。

笔者的经验表明，递进式权利要求能够给予判断者逐渐变化的刺激，因此其专利创造性判断容易出现"温水煮青蛙效应"。结合心理学理论来看，递进式权利要求的创造性判断出现"温水煮青蛙效应"主要有以下原因：第一，随着刺激时间的增长，绝对感受阈值递增，换言之，人们对刺激的适应性增加，对刺激的感受能力下降。刚刚能引起感觉的最小量，叫绝对阈限（absolute sensory threshold）。在专利创造性判断中，假设最接近现有技术是 A + B，而且假设区别技术特征 C、D、E 对应的刺激是相同的，但专利创造性判断者对这几个相同刺激的感受却有可能不相同。例如，判断者容易觉得 C 产生的非显而易见性最强，而随后会认为 D、E 产生的非显而易见性越来越弱。第二，在判断递进式权利要求 2 是否具备创造性时，理论上判断者应当考虑的刺激应当是 C 和 D 对应的刺激的总和，但事实上，判断者很容易忽略 C 对应的刺激，仅仅对 D 对应的刺激产生感受。第三，如果从属权利要求之间的区别太小，即 C、D 和 E 对应的刺激量都小于能够引起差别感受的刺激物间的最小差异量，即差别阈值（difference threshold）或最小可觉差，则本领域普通技术人员感受不到 C、D 或 E 产生的非显而易见性，在判断者容易忘记将 C、D 和 E 加起来作为区别评价权利要求 3 的非显而易见性时，则很容易出现"温水煮青蛙效应"。即使 C、D、E 对应的刺激都大于差别阈值，但由于判断者对 C、D、E 的感受能力逐渐降低，因此在判断者忘记将 C、D 和 E 对应的刺激的总和作为评价权利要求 3 的非显而易见性的依据时，也很容易出现"温水煮青蛙效应"。

前面的分析表明，"温水煮青蛙效应"符合心理学基础理论，也符合专利创造性判断实践经验。其根本原因在于，专利创造性判断本质上取决于判断者的主观感受，递进式权利要求给判断者的刺激是渐变的，二者的结合可能满足"温水煮青蛙效应"的条件。由于感觉对刺激的适应能力是边际效应递增的，递进式权利要求在刺激上的逐渐增加容易使专利创造性判断者的感觉出现偏差，从而不再具有本领域普通技术人员对非显而易见性应当具有的感觉能力，而且判断者容易忘记将递进式权利要求的差异进行叠加，因此容易出现"温水煮青蛙效应"。虽然"温水煮青蛙效应"表明判断者对专利创造性的判断产生了误差，但是，如果这种误差的程度不严重，并不必然会使创造性判断结论产生错误；如果这种误差的程度比较严重，则可能使创造性判断结论出现错误。

前文论述了为什么专利创造性判断过程中会出现"温水煮青蛙效应"。之所以会出现"温水煮青蛙效应"是因为递进式权利要求容易改变专利创造性判断者对技术方案是否显而易见的感受能力，使其不具备本领域普通技术人员对非显而易见性应当具有的标准感受能力。如何避免专利创造性判断中的"温水煮青蛙效应"？为了避免"温水煮青蛙效应"，专利申请人在专利申请过程中，专利权人在无效程序中，专利创造性判断者在无效和诉讼过程中，分别应当怎么做？为什么要这么做？下文将结合相关的心理学理论进行简要分析。

四、专利申请人如何避免"温水煮青蛙效应"

在分析如何才能使专利申请人在撰写权利要求书时避免将来可能出现的"温水煮青蛙效应"时，我们可以从心理学中的差别感受性（difference sensitivity）和差别阈值（difference threshold）两个概念中得到启示。

差别感受性是指，两个同类的刺激物，它们的差异只有达到一定的强度，才能引起差别感觉，即人们能够觉察出它们的差别，或能把它们区分开来。例如，几百人参加的大合唱，如果增加或减少一个人，很难听出声音的差别，如果增加或减少 10 个人，就可能被觉察。这种刚刚能够引起差别感受的刺激物间的最小差异量，叫差别阈值或最小可觉差。而对这一最小差异量的感觉能力，叫差别感受性。差别感受性与差别阈限在数值上也成反比，差别阈限越小，即刚刚能够引起差别感觉的刺激物间的最小差异量越小，差别感受性就越强。德国生物学家韦伯（Weber）曾经系统地研究了触觉的差别阈限。[●] 在试验中，如果试验对象手上原有的重量是 100 克，那么必须至少增加 2 克，他们才能感觉到两个重量（即 100 克和 102 克）的差异。如果原有的重量是 200 克，那么增加的重量必须达到 4 克，如果原有的重量为 300 克，那么增加的重量必须达到 6 克。可见，引起差别感觉时，刺激的增量与原刺激增量之间存在着某种关系。

差别感受性和差别阈值能够对专利申请人在撰写权利要求书时避免"温水煮青蛙效应"提供启示。对于递进式权利要求，差别感受性是指，从属权利要求与其引用的权利要求之间的差异只有达到一定的程度，即本领域普通技术人员能够认为构成非显而易见性的程度，才能避免因为引用的权利要求被认定为不具备创造性进而导致从属权利要求也被认定为没有创造性。例如，权利要求 1 为"A＋B＋C"，如果权利要求 2 为"A＋B＋C＋D"，在权利要求 1 被认定为不具备创造性的情况下，D 作为两个权利要求的差异是否能够使本领域普通技术人员感受到权利要求 2 的非显而易见性，这将会决定权利要求 2 的有效性。如果权利要求 1 的非显而易见性指数为 100，在权利要求 1 被认为不具备创造性的情况下，权利要求 2 的非显而易见性指数至少增加 2 才能使本领域普通技术人员认为权利要求 2 具备创造性。如果权利要求 1 的非显而易见性指数为 200，在权利要求 1 被认为不具备创造性的情况下，权利要求 2 的非显而易见性指数只增加 2 并不能使本领域普通技术人员认为权利

[●]　王恩列、张侃："时距知觉的心理学研究"，载《心理科学》1999 年第 2 期。

要求 2 具备创造性，可能需要增加 4 才能使判断者感受到权利要求 2 具备创造性。

根据前文所述，专利创造性判断中出现"温水煮青蛙效应"的原因之一是，判断者在面对递进式权利要求时，其对非显而易见性的感受能力降低，变得更加"麻木"，不能保持本领域普通技术人员对非显而易见性的敏感性。也就是说，在专利创造性判断者对非显而易见性的差别感受性相对于本领域普通技术人员已经变小，或者说其非显而易见性差别阈限相对于本领域普通技术人员已经变大，已经不容易感受到非显而易见性的情况下，判断者在已经认为独立权利要求不具备创造性之后，也容易认定从属权利要求不具备创造性。为了防止在权利要求被认定不具备创造性的情况下出现"温水煮青蛙效应"，递进式权利要求之间的非而易见性差异，不仅要达到本领域普通技术人员对非显而易见性的标准差别阈值，还要适当超出本领域普通技术人员对非显而易见性的标准差别阈值。

总之，虽然递进式权利要求有很多优点，但其优势能够发挥的前提是作为独立权利要求的权利要求 1 具备创造性。在权利要求 1 被认为不具备创造性的前提下，只有加大后面的从属权利要求之间的非显而易见性，才能有效地避免从属权利要求像笋壳一样一层层地被剥掉。因此，使用递进式权利要求时，专利申请人应当注意加大权利要求之间的非显而易见性跨度，防止从属权利要求成为"温水里的青蛙"。

图 5 - 2 所述的情形中，在专利创造性判断者已经站在第一层台阶的时候，由于第二层台阶与第一层台阶之间的跨度较小，专利创造性判断者很容易向上走一步，站在第二层台阶之上，并不容易感受到向上走的困难和两层台阶之间的差异。在图 5 - 3 所述的情形中，专利创造性判断者即使已经站在第一层台阶之上，由于第二

层台阶与第一层台阶之间的跨度较大，专利创造性判断者想向上再走一步，站在第二层台阶之上，则很容易感受到向上走的困难和两层台阶之间的差异。

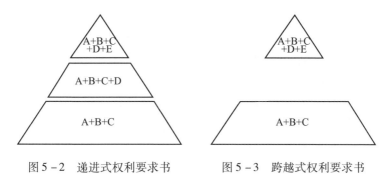

图5-2　递进式权利要求书　　图5-3　跨越式权利要求书

五、专利权人如何避免"温水煮青蛙效应"

在分析如何才能使专利权人在无效程序中避免出现创造性判断的"温水煮青蛙效应"时，我们可以从心理学中的绝对感受性和绝对阈限两个概念中得到启示。

绝对感受性理论认为，刺激物只有达到一定强度才能引起人们的感觉。例如，平时我们看不见空气中的灰尘，当灰尘落在我们的皮肤表面时，我们也不能觉察到它的存在。但当细小的灰尘聚集成较大的尘埃颗粒时，人们不但能看见它，而且能够感觉到它对皮肤的压力。这种刚刚能引起感觉的最小量，叫绝对阈限。绝对感受性与绝对感觉阈值成反比，用公式表示为：$E = 1/R$。绝对感觉阈值并不是绝对不变的，在不同的条件下，同一感觉的绝对阈限可能不同，刺激的强度和持续时间，可能会影响阈值的大小。❶ 感觉对刺

---

❶　王恩列、张侃："时距知觉的心理学研究"，载《心理科学》1999年第2期。

激的反应可能存在边际效应递减，即刺激的持续渐变可能会降低绝对感受性，提高感觉的绝对阈值，这是出现"温水煮青蛙效应"的原因之一。

为了避免创造性判断中的"温水煮青蛙效应"，绝对感受性和绝对阈值启示我们，专利权人可以改进诉讼技巧。可以改进的诉讼技巧主要有以下两种。技巧一，倒序法。倒序法的要点在于改变专利创造性判断者接受权利要求的顺序，先请求专利创造性判断者对递进式权利要求的最后一个限定特征的权利要求是否具备创造性进行判断，然后再判断前面的权利要求是否具备创造性。由于最后一个权利要求保护范围最小，与最接近现有技术之间的非显而易见性差异最大，该权利要求相对于现有技术之间的绝对感受性更强，更容易使专利创造性判断者感受到其相对于对比文件的非显而易见性，因此更容易被认定为具备创造性。在已经使专利创造性判断者感觉到最后一个从属权利要求具备创造性的前提下，再对前面的权利要求是否显而易见进行判断，更有利于判断者认定前面的权利要求具备创造性。

技巧二，以退为进法。专利权人可以主动放弃一部分权利要求，直接进入限定特征较多的权利要求。主动放弃独立权利要求或前面限定特征较少的权利要求，能够使判断者直接接触限定特征最多的权利要求。最好是接触与实施例的技术方案最接近的权利要求，这样的技术方案，相对于现有技术而言，往往具有最强的非显而易见性。这样做在心理学上的效果就是，提高了创造者一开始接触的技术方案所具有的非显而易见性。假设权利要求1的非显而易见性指数达不到本领域普通技术人员对非显而易见性的绝对阈限，限定特征最多、与现有技术距离最远的从属权利要求的非显而易见性指数却很可能达到本领域普通技术人员对非显而易见性的绝对阈限。

无论是技巧一还是技巧二，都能够避免对专利创造性判断者在非显而易见性方面的持续刺激，避免提高判断者对非显而易见性的绝对阈值，从而出现"温水煮青蛙效应"。上述两个技巧，打个比喻，相当于一开始就把青蛙放了水温较高的锅中，让青蛙一开始就作出反应，而不是让青蛙逐渐适应水温的增长，最终丧失行动能力。

需要注意的是，专利权人避免"温水煮青蛙效应"的诉讼技巧，换一个角度来看，就是专利创造性判断者避免"温水煮青蛙效应"的方法。尤其是在诉讼程序中，法官完全可以先接触并判断限定特征最多的从属权利要求是否具备创造性，然后再判断独立权利要求是否具备创造性。事实上，由于心理学上的锚定效应和后见之明偏差，如果认为限定特征最多的权利要求具备创造性，随之也容易认为独立权利要求也具备创造性。

六、小结

前面的分析表明，专利创造性判断中"温水煮青蛙效应"的出现可以从心理学理论中找到原因，要避免"温水煮青蛙效应"，也可以从心理学理论中受到启发。对于专利申请人，为了避免出现该情形，在撰写递进式权利要求时，应当注意加大递进式权利要求的跨度。对于专利权人，有必要在专利无效审查程序和诉讼程序中改进诉讼技巧，要么请求先审理限定特征最多的，即与现有技术差异最大的权利要求，要么壮士断腕，放弃部分渐进式权利要求，直接对与现有技术区别最大的权利要求的创造性进行判断。对于专利创造性判断者，应当改变接触权利要求的顺序，先判断限定特征最多的从属权利要求的创造性，然后再判断独立权利要求的创造性。

第六章　专利创造性判断的主体

专利创造性判断的主体应当是本领域技术人员。本领域技术人员，也被称为本领域的技术人员、所属技术领域的技术人员，是专利法中的一个重要概念。本领域技术人员这一概念的重要性尤其体现在司法实践中，无论是说明书、权利要求书的解释，还是新颖性、创造性的判断，都离不开本领域技术人员这个主体。在司法实践尤其是专利创造性判断中，对本领域技术人员存在一些认识上的分歧。本书拟结合对美国和欧洲等国家和地区相关法律和司法的比较研究以及我国的司法实践情况，对本领域技术人员的内涵和外延进行较为系统的研究。

第一节　本领域技术人员的界定

一、本领域技术人员的拟制性

发明是否具备创造性，应当基于本领域技术人员的知识和能力进行评价。在具体案件中，本领域技术人员知识和能力的认定是创造性判断的关键之一。最早出现"普遍技术人员"这一表述的是Earle 案❶的判决，但比较正式的表述是 Hotchkiss 案中的"熟练技

---

❶　Earle v. Sawyer, 8 F. Cas. 254（C. C. D. Mass. 1825）.

术工"，他具备了"所有现有技术知识"。❶ 1900 年，美国联邦最高法院在 Mast 案中认定了涉案专利无效并适用了 Hotchkiss 案中假设的"熟练技术工"标准，该标准假定本领域技术人员"具有各种设备，知晓各种事实，具备现有技术中的所有知识"。❷ 法院甚至将假设扩展到专利权人，认为："我们必须假定专利权人充分知晓在其面前的所有信息，无论客观上是否是如此。"❸ 美国联邦最高法院和联邦巡回上诉法院在此后的判决中不断丰富本领域技术人员的定义。

我国《专利审查指南》对本领域技术人员专节做了规定。首先，设定这一概念的目的在于统一审查标准，尽量避免审查员主观因素的影响，因此本领域技术人员是指一种假设的"人"。其次，这个假定的"人"知晓申请日或者优先权日之前发明所属技术领域所有的普通技术知识，能够获知该领域中所有的现有技术，并且具有应用该日期之前常规实验手段的能力，但他不具有创造能力。再者，如果所要解决的技术问题能够促使本领域的技术人员在其他技术领域寻找技术手段，他也应具有从该其他技术领域中获知该申请日或优先权日之前的相关现有技术、普通技术知识和常规实验手段的能力。

《欧洲专利局专利审查指南》也专门界定了本领域技术人员。❹根据《欧洲专利局申诉委员会案例法》，本领域技术人员应当被假定为在相关日期前知晓本领域公知常识的普通技术人员，被认为是一个"平均的技术人员"。他被假定为能够获得现有技术的任何知

---

❶ Hotchkiss v. Greenwood，52 U. S. 248（1851）.
❷ Mast，Foos，& Co. v. Stover Manufacturing Co.，177 U. S. 485，493（1900）.
❸ 177 U. S. 485，494（1900）.
❹ 《欧洲专利局专利审查指南》第三部分第四章第 11.3 节。

识和技能，尤其是检索报告中的文献，能够熟练地使用各种工具并且有能力进行常规的工作和实验。本领域技术人员应当是本技术领域的专家。❶

　　在美国，本领域技术人员也被认为是一个假设的"人"，被假定知晓发明作出时的相关技术。法院在审理案件时可能会要求技术专家作证，但只是为了帮助法官确定现有技术的范围和本领域技术人员的知识和能力，并不认为这些专家就是本领域技术人员。❷《美国专利审查指南》还规定了决定本领域技术人员的水平需要考量的一些因素。

　　《日本专利审查指南》规定，发明相关技术领域的普通技术人员（即本领域技术人员）是一个假想的"人"，而且还规定：（1）他具有发明申请相关领域的普遍技术知识，具有使用常规技术手段进行研发的能力；（2）他有普通的创造能力进行材料选择或设计修改；（3）他能够依靠自身的知识理解申请日前发明申请相关的现有技术中的各种技术内容。另外，本领域技术人员被认为能够依靠自身的知识理解申请日前发明申请要解决的技术问题相关的技术内容。❸

二、本领域技术人员的群体性

　　本领域技术人员的拟制性是普遍规定，但本领域技术人员的群体性并非普遍规定。欧洲专利局申诉委员会认为，有时本领域技术人员可能是一组人，例如一个研究或者制造团队。为了实现《欧洲专利公约》第56条规定的目的，本领域技术人员通常不知晓遥远

---

❶　《欧洲专利局专利审查指南》第三部分第四章第9.6节。
❷　李明德：《美国知识产权法》，法律出版社2003年版，第41页。
❸　《日本专利审查指南》第二部分第二章第2.2（2）节。

技术领域的专家或技术文献，然而在有些情况下，可以考虑本领域技术人员的知识由一组不同领域的专家的知识组成。❶ 这种情况下就是技术问题的一个部分适合由一个技术领域的专家解决，而技术问题的另一部分则要求另一个领域的专家来解决。❷

但《欧洲专利局专利审查指南》也规定，有的时候，从一组人的角度去考虑比从一个人的角度考虑更恰当，比如可以组成一个研究和生产的团队。有的情况下，这个团队的知识由不同技术领域的专家的知识构成。❸ 这可能适用于某些尖端技术（比如计算机和通信系统）或者高度专业化的方法中（比如集成电路或复杂的化合物的商业生产等）。❹ 在欧洲专利局申诉委员会的判例中，如果出版物包含了充分的指示，进一步的技术细节在计算机程序中，电子领域的平均技术人员如果不具备足够的计算机语言知识，可以向编程人员咨询。❺ 这个技术问题的解决需要对不同技术领域的知识进行综合运用。在先进的激光技术领域，本领域技术人员被认为是一个分别由物理学、电子学和化学的专家组成的三人小组。❻ 在很多案例中，欧洲专利局申诉委员会也认为，本领域技术人员是一个小组，包括一个邮件处理领域的专家和一个熟悉称量技术的专家。❼

除了《欧洲专利局专利审查指南》，《日本专利审查指南》中也规定，有些情况下认为本领域技术人员是一群人可能比单个人更

---

❶ T 141/87，T 99/89.
❷ T 986/96.
❸ T 141/87，T 99/89.
❹ 《欧洲专利局专利审查指南》第三部分第四章第11.3节。
❺ T 164/92，OJ 1995，305.
❻ T 57/86，T 222/86.
❼ T 141/87，T 986/96.

合适。❶ 我国虽然没有相关规定，目前司法实践对此问题也没有明确的表述，但如果发明本身涉及多个技术领域的交叉，将本领域技术人员视为一组人可能更符合实际情况，并不一定会不适当地提高对专利创造性的高度要求。因此，欧洲专利局的上述规定可以考虑借鉴，但在司法实践中还需要结合我国实际情况进行更为精细的考量。

第二节 本领域技术人员的知识和技能

一、知识和技能的认定因素

《美国专利审查指南》规定，应当客观地认定本领域技术人员的水平。❷ 判例也强调创造性判断中必须客观地进行本领域技术人员的水平认定。❸ 审查员必须确保在发明作出时发明申请相对于本领域技术人员是显而易见的，而不是相对于发明人、法官、外行人或者本领域的天才。❹ 本领域技术人员具有与发明申请的技术方案相关的技术领域的普通技能，具有理解应用到相关领域的科技和工程原理的能力。❺

本领域技术人员是否根据学历来认定？美国的判例给出了否定的回答。在1988年专利上诉委员会审理的 Hiyamizu 案中，专利上

---

❶ 《日本专利审查指南》第二部分第二章第2.2（2）节。

❷ MPEP § 2141.03.

❸ Ryko Mfg. Co. v. Nu–Star, Inc., 950 F.2d 714, 718, 21 USPQ2d 1053, 1057（Fed. Cir. 1991）.

❹ Environmental Designs, Ltd. v. Union Oil Co., 713 F.2d 693, 218 USPQ 865（Fed. Cir. 1983）, cert. denied, 464 U.S. 1043（1984）.

❺ MPEP § 2111.

诉委员会并不同意审查员对本领域技术人员的定义。审查员认为，本领域技术人员为博士和工程师，或每周在半导体研发领域工作至少40个小时的科学家。专利上诉委员会认为，假设的本领域技术人员并不通过学位证书来界定，请求人的证据并不能支持本领域技术人员需要一个博士学位或者相当的科学或工程知识。❶

美国还有其他判例详细规定了如何认定本领域技术人员需要的知识和技能。有判例认为，推迟发明作出时间的文献不能作为认定现有技术的依据，因为它不能正确认定发明作出时本领域技术人员的水平。❷ 此外，没有广泛传播的文件不能作为认定本领域技术人员水平的对比文件。而且，可以用来认定存在着技术启示的文件并不一定能作为认定本领域技术人员的知识和技能的证据。❸

《美国专利审查指南》综合分析了几个判例后总结，在分析本领域技术人员的知识和技能时要考虑以下因素：（1）技术问题的类型；（2）现有技术对这些问题的解决方案；（3）创新的速度；（4）技术的复杂性；（5）本领域技术人员的教育程度。在具体案件中，并不需要把每个因素都考虑到，通常只有其中一个或几个因素是决定性的。❹

欧洲专利局申诉委员会对本领域技术人员知识和技能的界定总结了几个方面的原则：技术问题是否会激励本领域技术人员从其他技术领域寻求解决方案；如果技术问题激励本领域技术人员从其他

❶ Ex parte Hiyamizu, 10 USPQ2d 1393, 1394（Bd. Pat. App. & Inter. 1988）.

❷ Ex parte Erlich, 22 USPQ 1463（Bd. Pat. App. & Inter. 1992）.

❸ National Steel Car Ltd. v. Canadian Pacific Railway Ltd., 357 F. 3d 1319, 1338, 69 US-PQ2d 1641, 1656（Fed. Cir. 2004）.

❹ In re GPAC, 57 F. 3d 1573, 1579, 35 USPQ2d 1116, 1121（Fed. Cir. 1995）; Environmental Designs, Ltd. V. Union Oil Co., 713 F. 2d 693, 696, 218 USPQ 865, 868（Fed. Cir. 1983）.

技术领域寻找解决方案，其他领域的专家才有能力解决这个问题。❶
评价该解决方案是否涉及创造性时，必须基于那个领域的专家的知
识和能力。❷

　　总的来看，在本领域技术人员知识和技能的认定方面，美国专
利商标局和欧洲专利局的规定更为细致，有很多地方值得我国
借鉴。

二、技术领域的影响

　　欧洲专利局申诉委员会认为，本领域技术人员并不机械地被局
限在某个技术领域，如果涉及相邻技术领域的相同或者类似问题，
本领域技术人员可以去相邻技术领域寻找技术启示。在判例中，欧
洲专利局申诉委员会认为，在现实生活中如果半导体专家的技术问
题涉及等离子发生装置的改进，他就会咨询等离子专家。❸ 如果电
子学的本领域平均技术人员不具备足够的程序语言方面的知识，而
出版物充分提示了可以从附件中的程序中寻找进一步的细节，则电
子学领域的本领域技术人员会去咨询一个计算机程序设计师。❹

　　《欧洲专利局申诉委员会案例法》中还专门汇编了某些技术领
域的本领域技术人员相关案例。❺ 在生物技术领域，本领域技术人
员被界定得比较仔细。本领域技术人员的态度相对保守，既不会对
现存的偏见提出挑战，也不会尝试进入未知领域或者进行难以估量
的冒险。如果技术的转用是常规实验工作的组成部分，本领域技术

---

❶　T 26/98.
❷　T 32/81，OJ 6/1982，225.
❸　T 424/90.
❹　T 164/92（OJ 1995，305）.
❺　《欧洲专利局申诉委员会案例法》第一部分第四章第 7.1.3 节。

人员才会将相邻技术领域的技术手段转用至其从事的技术领域。❶
《欧洲专利局申诉委员会案例法》中也汇编了与计算机领域的本领
域技术人员的界定有关的案例。❷

　　《欧洲专利局申诉委员会案例法》这种按照技术领域对本领域
技术人员进行更为精细的界定的做法值得借鉴。事实上，本领域技
术人员在具体案件中的认定是一个非常具体的事情。除了普遍应当
考虑的限定因素之外，不同的技术领域也应当具有不同的考量因
素。只有将不同领域的考量因素都累积和汇编起来让判断者共同遵
守，才会使不同判断者更容易统一在相同的规则之下，最终使专利
创造性判断这个主观性很强的工作变得更加客观。

三、时间界限的影响

　　在申请在先原则的国家，本领域技术人员应当指专利申请提出
时的本领域技术人员。2011 年《美国发明法案》生效前，美国采
用发明在先原则，因此本领域技术人员应当根据发明完成时的技术
状态来确定。认定本领域技术人员的知识和能力需要回到发明完成
时的技术状态，排除后来的技术发展，以当时的情况来判定一般的
技术水平。联邦巡回上诉法院在判例中表示：专利创造性判断者在
认定有关事实的时候遇到了一个"精灵"，即本领域技术人员。这
与法律中的"理性的人"以及其他精灵没有什么不同。❸ 为了依据
《美国专利法》第 103 条作出一个正确的判断，判断者必须"在时
间上退回去，穿上发明尚无人知晓时或没有作出时的本领域技术人

---

❶　T 455/91，OJ 1995，684；T 1102/00.
❷　《欧洲专利局申诉委员会案例法》第一部分第四章第 7.1.4 节。
❸　这个主体在现实世界中既看不见，也摸不着。笔者认为，本领域技术人员可以用日
　　常用语中的"神人"来指称。

员的鞋子"。❶ 在申请在先原则的国家，审查员和法官就应当"穿上申请日或优先权日前的本领域技术人员的鞋子"。

第三节 本领域技术人员的创造能力

一、各国的相关规定

在美国，本领域技术人员被认为具备一定的创造能力。美国联邦最高法院在 KSR 案中明确表示："本领域技术人员也是一个具备普通创造能力的人，而不只是一个机器人。"❷ 在很多案件中，本领域技术人员能够将多个专利文件的教导组合在一起，就像玩智力拼图一样。审查员也应当考虑本领域技术人员可能采用的推导和创造性步骤。❸ 美国联邦最高法院在 KSR 案中实际上通过对本领域技术人员创造能力的肯定提高了对专利授权的创造性标准。

欧洲专利局一方面明确本领域技术人员不具备创造能力，一方面又对本领域技术人员的水平规定了较高标准。专利上诉委员会在判例中表示，本领域技术人员是不具备创造能力的，正是因为发明者具备这种能力才使得他不同于想象中的本领域技术人员。❹ 但同时，欧洲专利局也认为在先进的激光技术领域，本领域技术人员被认为是一个分别由物理学、电子学和化学的专家组成的三人小组。❺

❶ Panduit Corp. v. Dennison Mfg. Co, 810 F2d 1561, 1 C. S. P. Q. 2d 1593 (Fed. Cir. 1986).
❷ KSR International Co. v. Teleflex Inc. , 82 USPQ2d 1385, 1397 (2007).
❸ KSR International Co. v. Teleflex Inc. , 82 USPQ2d at 1396.
❹ T 39/93 (OJ 1997, 134).
❺ T 57/86, T 222/86.

本领域技术人员的高水平，意味着对发明与现有技术之间的创造高度的要求较高。欧洲专利局在判例中确定的规则，一方面体现了欧洲专利局对专利创造性较高的审查标准，另一方面也表明在不同的技术领域有不同的创造性标准。

《韩国专利审查指南》有关专利实质条件的部分规定中，本领域技术人员具有普通的选择材料和改变设计的创造能力，能够优化数值范围，使用等同的部件进行替换，能够根据他自己的知识理解发明申请提出时现有技术中的技术问题。❶ 这实际上也表明《韩国专利审查指南》认定本领域技术人员具备一定程度的创造能力。

我国《专利审查指南》明确规定本领域技术人员"但他不具有创造能力"。但我国认为本领域技术人员具备一定程度的创造能力，实际上是承认对专利的创造性有高度要求，高于本领域技术人员中创造性高度的创造性，才能作为专利授予的条件，这在理论上是没有问题的，也符合发明与实用新型的创造性高度要求不一致的制度设计。在我国的专利审查和专利审判实践中，专利复审委员会和人民法院事实上也隐含地认为本领域技术人员具备一定的创造性能力。例如，在"快速切断阀"实用新型专利权无效行政纠纷案❷中，专利复审委员会认为不论正压大小、存在时间长短，只要有正压存在，本领域的普通技术人员就会从安全角度考虑，与分水滤气器配套使用单向阀，以防止可能出现的油倒流毁损设备的情况。在"土力发电和水土保持"发明专利申请驳回复审行政纠纷案中，也隐含着本领域技术人员是否要具备一定的创造能力的问题，只不过在行政决定和判决书中专利复审委员会和法院没有对此隐含前提进

---

❶ 《韩国专利审查指南》"专利实质条件部分"第三章第3.2节。
❷ 北京市高级人民法院（2003）高行终字第64号行政判决书。

行论证。❶

二、逻辑分析和有限实验能力

如果通过逻辑分析、推理或者有限的实验就可以得知技术方案则应当被认定为显而易见，这样的规则隐含了本领域技术人员具有创造能力的前提。我国有的判例采用了上述规则。在"一种软袋的注口结构"实用新型专利权无效行政纠纷案中，争议焦点在于本专利权利要求 1 是否具备创造性。❷ 本专利权利要求 1 与证据 2 之间的区别在于本专利的上、下斜弧面间的夹角角度为 90°~140°，而证据 2 的夹角角度为 30°~70°。无效宣告请求人认为在证据 2 的说明书第 6 页中已给出"注射剂软袋注口结构采用钝角设计"的技术启示的情况下，通过简单的实验、推算即可得出本专利的角度范围，故本专利不具有创造性。专利复审委员会在第 7332 号无效决定中认为，二者的角度范围不同，证据 2 也未就夹角角度为 90°~140°这一技术特征给出任何技术启示和教导，因此没有支持无效请求人的主张。❸ 一审法院认为，证据中不仅提到了 30°~70°的角度范围，而且多次提及"钝角"，在现有技术基础上，本领域技术人员通过简单试验即可得到 90°~140°的夹角的技术方案，因此认定本专利权利要求 1 不具备创造性，撤销了无效决定。二审维持了一审判决。

欧洲专利局的做法与我国相同，实际上也将本领域技术人员可以推理和预测的情形认定为显而易见的。根据《欧洲专利局申诉委

---

❶　北京市高级人民法院（2006）高行终字第 104 号行政判决书。
❷　北京市高级人民法院（2006）高行终字第 231 号行政判决书。
❸　国家知识产权局专利复审委员会第 7332 号无效宣告请求审查决定。

员会案例法》，如果本领域技术人员的改进属于可以预料到的进步则被认定为《欧洲专利公约》第 56 条所规定的显而易见。❶ 显而易见性并不仅仅包括结果是明显可以预期的情形，还包括成功的预期有合理性的情形。❷ 欧洲专利局申诉委员会认为，类推方法如果能够产生具有新颖性和创造性的产品，则具有可专利性，因为类推方法的特征能从尚不为人所知的技术效果中表现出来。相反，如果类推方法的技术效果是已知的，例如，其产品是旧有的，从现有技术中已知的方法中可以显而易见地推导出来，则不具备创造性。❸

在我国一些判例中，法院认为本领域技术人员通过有限次的实验可以得到本发明的技术方案，因此本发明不具备创造性，实际上也认可了本领域技术人员具有一定的解决技术问题的能力。在"东莨菪碱戒毒剂及其制备和应用"发明专利权无效行政纠纷案中，一审法院认为，本领域技术人员在附件 1 或 2 公开的内容的基础上，通过有限次的实验即可得到仅采用东莨菪碱为主、氯丙嗪为辅的中麻制剂可用于戒除杜冷丁成瘾等毒瘾的技术方案。一审法院认定专利复审委员会的第 9262 号决定对本专利权利要求 1 的创造性认定错误，判决撤销了无效决定。二审维持原判。❹

美国的判例也认为，可以依据逻辑推理或者可靠的科技原理认定显而易见性。❺ 然而，当审查员依据科技原理时，应当提供充分证据证明科技原理的存在和具体内容。❻

---

❶ T 2/83，OJ 1984，265.

❷ T 149/93.

❸ T 119/82，OJ 1984，217；T 65/82，OJ 1983，327.

❹ 北京市高级人民法院（2008）高行终字第 128 号行政判决书。

❺ In re Soli，317 F. 2d 941，137 USPQ 797（CCPA 1963）.

❻ In re Grose，592 F. 2d 1161，201 USPQ 57（CCPA 1979）.

三、小结

前面的分析表明，本领域技术人员是拟制的人，因此不能依据单一指标将其指向现实中具体的人。在司法实践中，本领域技术人员的知识水平的认定是一个事实问题，应当依据证据规则来决定。《欧洲专利局申诉委员会案例法》和《美国专利审查指南》划分技术领域对本领域技术人员进行更为精细的界定的做法值得借鉴。事实上，本领域技术人员在具体案件中的认定是一个非常具体的事情。除了普遍应当考虑的限定因素之外，不同的技术领域也应当具有不同的考量因素。

本领域技术人员的能力认定则不是一个事实问题，而是一个法律问题。这是因为，对本领域技术人员的能力（包括具备何种程度的创造能力）的界定，实际上隐含着审查员和法官对专利授权标准的立场，本质是基于专利法基本原则进行的利益平衡和价值选择。这种立场的真正影响因素往往并不在法律之内，而在法律之外，即所谓的司法政策。如果审查员和法官认为专利创造性的标准应当高一点，自然就会将本领域技术人员的知识和技能水平认定得高一点；如果认为专利的创造性高度应当低一点，就会自然地将本领域技术人员的要求降低一些。

如果审查员和法官认为为了适应我国研发能力较弱的现实国情，我国的专利创造性要求应当低一些，那么规定本领域技术人员不应具备创造能力在理论上是有依据的。但问题在于，本领域技术人员创造能力较低是客观事实，在专利审查实践和专利审判实践中难以回避。而且，从理论上讲，实用新型和发明的专利创造性高度要求不同，因此理论上对二者的创造性判断应当以不同创造能力的本领域技术人员为基准来作出，即使作为实用新型的创造性判断基准的本领域技术人员不具备创造能力，作为发明的创造性判断基准的本领域技术人员也应当具备一定程度的创造能力。本书所列举的判例表明，不管理论上如何探讨，我国在实践中的做法与美国专利商标局和欧洲专利局的做法并无太大差异。

第七章　专利创造性判断的方法

司法实践中关于专利创造性判断的争议，很重要的一个方面就是专利创造性判断的方法。在我国专利审查和专利审判实践中，一般采用三步法来判断专利创造性，但对个案中的专利创造性判断方法是否正确进行分析时，还需要考虑专利创造性判断的一些基本原则。专利创造性判断应当遵守的基本原则包括整体原则、综合原则和协调原则。❶ 在上述基本原则的基础上，下文对司法实践中问题比较集中的几个问题分别进行研究。

第一节　专利创造性判断中的相反技术启示

在专利授权确权审判实践中，专利创造性判断是最重要的问题之一。为了促进专利创造性判断的客观化，有必要在专利审查和专利审判实践中明确一些应当普遍遵守的基本原则。专利创造性判断的整体原则，毫无疑问是专利创造性判断的最基本原则之一。整体原则认为，本专利和现有技术都必须从整体上来考虑，包括现有技术中存在的远离本专利的相反技术启示。下文结合笔者对相关案件的审理实践来讨论相反技术启示的作用及其具体认定。

---

❶　石必胜：《专利创造性判断研究》，中国知识产权出版社 2012 年版。

一、技术启示的作用

技术启示在专利创造性判断中具有重要作用。1993 年版《审查指南》中并没有规定显而易见与技术启示之间的关系。2001 年版《审查指南》开始规定了显而易见与技术启示之间的关系，2006 年版《审查指南》和 2010 年版《专利审查指南》沿用了这种规定。2010 年版《专利审查指南》规定，在确定最接近现有技术、区别特征和实际解决的技术问题之后，最后一步就是要判断要求保护的发明对本领域的技术人员来说是否显而易见。判断过程中，要确定的是现有技术整体上是否存在某种技术启示，即现有技术中是否给出将上述区别特征应用到该最接近的现有技术以解决其存在的技术问题（即发明实际解决的技术问题）的启示，这种启示会使本领域的技术人员在面对所述技术问题时，有动机改进该最接近的现有技术并获得要求保护的发明。如果现有技术存在这种技术启示，则发明是显而易见的，不具有突出的实质性特点。

对技术启示的考察能够防止从事后眼光认定所有发明都显而易见。事后眼光容易使人认为所有的发明都是显而易见的。"好主意在公开后很容易被认为是显而易见的，虽然在之前没有被认识到。"为防止纯粹因为事后眼光而认为构成显而易见的情形，使创造性判断更加客观化，各国一般都会设置在进行创造性判断时遵循一定的步骤和规则，有无技术启示的判断也是预防"事后诸葛亮"的一个手段。欧洲专利局申诉委员会在案例中明确表示，正确适用"问题—解决"方法可以避免任何事后眼光的分析，即受到本专利的事后眼光的影响从而在现有技术中得出超出本领域技术人员客观上推导出来的内容。❶ 这也应当在判断本专利对现有技术的技术贡献时适用。

---

❶　T 970/00.

在决定本专利相对于最接近现有技术的技术贡献时，也需要有利于本领域技术人员的客观地、技术上可行地、统一地进行比较的方法。

二、相反技术启示的作用

专利创造性判断的整体原则认为：专利创造性判断的对象是权利要求所要求保护的技术方案，技术方案中的全部技术特征应当在创造性判断中作为一个整体来看待；同时，作为评价本专利是否具备创造性对比对象的现有技术的技术方案也应当作为一个整体来看待，不能将其中的技术特征与整个技术方案割裂开来。现有技术必须从整体上来考虑，包括应当考虑现有技术中存在的远离本专利的相反技术启示。如果现有技术中的技术启示不是使本领域技术人员朝着本专利的方向前进，而是使本领域技术人员朝着与本专利相反的方向前进，即使本领域技术人员认为相关对比文件不能结合，或者本领域技术人员认为不能采用本专利所采用的某项技术手段，这样的技术启示是相反的技术启示。相反的技术启示不会使本领域的技术人员在面对所述技术问题时，有动机改进该最接近的现有技术并获得要求保护的发明。如果现有技术中不存在相互结合的技术启示，或者存在远离本专利的相反技术启示，则能够从反面佐证本专利相对于现有技术是具备创造性的。

《美国专利审查指南》也有与相反技术启示相关的规定，并认为远离本专利的相反技术启示是判断显而易见性的重要考虑因素。在对比文件存在不能够结合的相反技术启示的情况下，如果本专利将对比文件结合起来了，则能够佐证本专利是具备创造性的。在1983 年的 Grasselli 案❶中，美国联邦巡回上诉法院认为，包含铁和

---

❶　In re Grasselli, 713 F. 2d 731（Fed. Cir. 1983）.

碱金属的催化剂的本专利从对比文件中并未得到技术启示，因为一个对比文件记载互换锑和碱金属具有相同的有益效果，另一个对比文件明确地记载可以向催化剂中加入铁，但排除了向催化剂中加入锑。在这个案子里，法院实际上认为第二个对比文件给出了相反的技术启示。在1966年的Adams案❶中，美国联邦最高法院认为，在创造性判断中，旧设备中公认的缺陷阻碍本领域技术人员作出新发明的事实在该案中应当予以考虑，该事实可能会从反面证明新发明的创造性。

《日本专利审查指南》中也有类似的规定。《日本专利审查指南》第二部分第二章第2.8节规定，如果对比文献中的描述排除了容易作出本专利的推断，则这个对比文件并不能作为证明本发明不具备创造性的对比文件。然而，尽管对比文献的描述初步看起来排除了容易作出本专利的推断，但如果从其他方面来看仍然可以得出这种推断，例如技术领域相近或者功能、运行原理或操作过程相同等，该对比文献也可以作为认定本专利不具备创造性的对比文件使用。

三、典型案例分析

在我国专利授权确权行政审判实践中，法院在有的案件中也以现有技术中存在相反技术启示为由否定现有技术之间能够结合以破坏本专利的创造性。在"一种正长链二元酸的生产方法"的发明专利权无效行政纠纷案❷中，本专利权利要求1为："1. 一种正长链二元酸的生产方法，包括以下步骤：（1）以 C9 ~ C18 的烷烃或脂

---

❶　United States v. Adams, 383 U. S. 39（1966）.

❷　北京市高级人民法院（2012）高行终字第1203号行政判决书。

肪酸为底物，通过生物法转化为相应的正长链二元酸；（2）对反应液进行预处理，以除去其中的菌体及残留烷烃或脂肪酸，得到二元酸清液，然后进行酸化结晶，酸化结晶液再经板框压滤得到二元酸粗品，所述预处理包括将发酵液加碱调节 pH 至 8～12，加热至 60℃～100℃，然后利用膜过滤法去除发酵液中的菌体及残留的烷烃或脂肪酸……"

2011 年 1 月 27 日，专利复审委员会作出的第 16170 号无效宣告请求审查决定认为：本专利权利要求 1 的技术方案与证据 1 相比，存在四项区别特征，其中区别技术特征（3）为：在加碱加热破乳之后的预处理中，本专利权利要求 1 采用了膜过滤法，而证据 1 采用了压滤过滤法或离心法。专利复审委员会认为，对于区别技术特征（3），本领域技术人员根据公知常识可以想到用膜过滤法进行结晶前预处理。证据 18 记载了包括超滤、微滤在内的膜分离技术目前已有大规模的工业应用，普遍用于化工等领域，超滤和微滤相当于过滤技术，用以分离含溶解的溶质或悬浮微粒的液体，超滤截留组分 10～200 埃大分子溶质；反证 8 也记载了超滤和微滤的筛分特性，并提示了微滤广泛用于菌体的分离和浓缩。由此可见，本领域技术人员结合上述公知常识能够显而易见地想到使用膜过滤法去除发酵液中的菌，进行结晶前预处理，故区别技术特征（3）不能为所要求保护的技术方案带来突出的实质性特点和显著的进步。因此专利复审委员会宣告本专利权全部无效。

专利权人不服第 16170 号决定提起行政诉讼。北京市一中院判决维持第 16170 号决定。专利权人不服向北京市高院提起上诉。本案二审程序中的争议焦点之一为，区别技术特征（3）是否使得本专利的技术方案在整体上非显而易见。

本发明中的膜过滤法用以将分子量小的烷烃和分子量大的菌体

截留，使分子量居中的二元酸透过膜过滤，而证据 1 和证据 14 中的压滤过滤法或离心法以及公知常识中的膜过滤法仅能将发酵液中分子量大的菌体与烷烃和二元酸分离，并不能将烷烃和二元酸分离开来。证据 18 和反证 8 公开的膜过滤法有其适用范围，分子量小于 500 或 103 的小分子量物质不能被膜截留。而在本专利中，二元酸分子量最大为 314（DC18），烷烃分子量最大为 254，按证据 18 和反证 8 记载的技术信息，二元酸和烷烃都不能被膜截留，膜过滤并不能将二者分离。

本案所有证据记载的技术信息表明，采用膜过滤法并不能直接将烷烃和二元酸分离，而本专利却实际上采用膜过滤法将烷烃和二元酸分离开来。因此，本领域技术人员从现有技术和公知常识中得到的是不能采用膜过滤的技术启示，是远离本专利的相反技术启示。专利复审委员会认定现有技术存在采用膜过滤分享烷烃和二元酸的技术启示，证据不足。北京市高院依法撤销了一审判决和第 16179 号决定。

专利创造性判断的整体原则认为，现有技术也必须从整体上来看待，其中存在的远离本专利的相反技术启示也应当予以考虑。如果现有技术中的技术启示使本领域技术人员朝着与本专利相反的方向前进，则这样的技术启示是相反的技术启示，不会使本领域的技术人员在面对所述技术问题时有动机改进该最接近的现有技术并获得要求保护的发明。相反的技术启示能够从反面佐证本专利相对于现有技术是非显而易见的。

第二节　功能性技术方案的创造性判断

功能性技术方案，是指权利要求中的全部技术手段或者部分技

术手段的集合以实现某项特定技术功能为目的。实现特定技术功能
的技术手段有可能体现为功能限定特征，也有可能不体现为功能限
定特征。功能性技术方案既可能体现为产品权利要求，也可能体现
为方法权利要求。在很多情况下，某项技术功能的实现就能够解决
技术问题，但在有些情况下，某项技术功能的实现只是解决技术问
题的一个步骤。在专利授权确权审判实践中，有很多案件的争议焦
点涉及功能性技术方案的创造性判断。下文结合具体案例来简要分
析功能性技术方案的创造性判断规则。

一、典型案例中存在的问题

"运行通信系统的方法"发明专利申请驳回复审行政纠纷案❶
的简要案情为：2005 年 10 月 14 日，诺基亚西门子公司向国家知识
产权局提出名称为"运行通信系统的方法"的发明专利申请。2009
年 12 月 18 日，国家知识产权局以本申请不符合 2000 年《专利法》
第 22 条第 3 款的规定为由驳回了本申请。诺基亚西门子公司向专
利复审委员会提出复审请求。2012 年 2 月 23 日，专利复审委员会
作出第 40668 号复审请求审查决定，维持了国家知识产权局的驳回
决定。诺基亚西门子公司不服第 40668 号决定提起行政诉讼。一审
法院认为，对本领域技术人员来说，在对比文件 1 的基础之上结合
对比文件 2 公开的技术内容得到的本申请权利要求 1 请求保护的技
术方案是显而易见的，本申请权利要求 1 限定的技术方案不具备创
造性。在此基础上，本申请权利要求 2 ~ 8 也不具备创造性。一审
法院判决维持第 40668 号决定。诺基亚西门子公司不服提起上诉，
主张本申请权利要求 1 所限定的技术方案相对于对比文件 1 和 2 的

---

❶ 北京市高级人民法院（2013）高行终字第 1264 号行政判决书。

结合具备创造性。

本申请权利要求书为："1. 用于运行包括网络（15）和至少一个终端的通信系统的方法，该方法包括：在终端（10）上接收电路交换呼叫的寻呼（14），而所述终端从事于分组交换呼叫；其中所述网络评估是否有足够资源用于建立电路交换呼叫以与分组交换呼叫同时运行；其中如果没有足够资源用于同时运行呼叫，则从所述终端向所述网络提供一个用户偏爱接收电路交换呼叫或维持分组交换呼叫的指示；以及其中根据所指示的偏爱在所述网络和所述终端之间继续通信。"本申请权利要求 1 请求保护的技术方案与对比文件 1 公开的技术内容相比，区别技术特征是：本申请权利要求 1 中，无线资源若不满足同时建立呼叫，则由所述终端选择一种呼叫方式；对比文件 1 中，在无线资源充足时，直接同时建立两种呼叫。基于所述区别技术特征，本申请权利要求 1 实际所要解决的技术问题是，在无线资源不充足时，如何加强终端选择连接方式的灵活性。需要强调的是，本申请权利要求 1 并没有具体描述在无线资源不满足同时建立呼叫时如何通过所述终端选择一种呼叫方式，只是描述了该方法具有这样一种功能。换言之，本申请权利要求 1 相对于现有技术而言，其实质区别是功能性的，而非实现该功能的具体技术手段。在该案中，除了按照专利创造性判断的一般步骤进行分析外，是否还可能结合功能性技术方案的特点提出更有针对性的判断规则呢？

二、创造性判断的理论基础

在对功能性技术方案进行创造性判断时，首先应当强调专利创造性判断的综合原则。所谓专利创造性判断的综合原则是指，在判断发明和实用新型是否具备创造性时，不仅要考虑技术解决方案本身，而且要考虑解决的技术问题和所产生的技术效果，将其作为一个整体来看待。专利创造性判断的综合原则被规定在 2001 年版、2006 年版《审查指南》及 2010 年版《专利审查指南》第二部分第四章第 3.1 节中，并在司法实践中得到了法院的认可。按照专利创造性判断综合原则，发明创造的技术问题、技术方案或者技术效果中只要有一项是非显而易见的，技术方案整体上也可能是非显而易见的。在有的情况下，解决本领域技术人员不容易认识到的技术问题，或者实现本领域技术人员不容易想到的功能，也可能使技术方案整体上具备创造性，尽管事实上解决该问题或实现该功能的技术手段本身相对于本领域技术人员而言是显而易见的。

在对功能性技术方案进行创造性判断时，还应当强调技术贡献视角。要求专利具备创造性，实质上是要求专利具有技术贡献。专利保护的技术方案不仅仅要是新的，不同于现有技术，还要求在技术上有进步。判断专利是否具备创造性，从某个角度来看，就是要判断发明人是否对技术进步作出了贡献。如果没有作出技术贡献，或者技术贡献的程度太低，则不宜授予发明人排他性的专利权，这样才能确保专利权人与社会公众之间的利益平衡。从技术贡献的角度来解读专利制度，不仅仅存在于理论中，也明确表现在立法中。2002 年，欧盟审议通过了《欧盟计算机实施发明的专利保护指令》，确立了计算机程序专利保护的立场。根据该指令第 4 条的规定，计算机程序要获得专利保护就必须具有创造性，而具有创造性的条件之一是计算机程序必须作出技术贡献。从技术贡献的角度来看，发明人在功能性技术方案中体现的技术贡献既可能是对技术功能的发现，也可能是对实现功能的具体技术手段的发明或改进。对技术方案的理解，不仅仅局限于权利要求书的文字表述本身，还要在深入理解其发明构思的基础上分析发明人是否作出了技术贡献。

对本领域技术人员而言，如果在技术上实现功能性技术方案的功能是显而易见的，表明发明人提出该功能并没有对技术进步作出实质性的贡献，因此不能获得专利权。只有在实现该功能需求面临技术难题，发明人解决了实现该功能的技术难题的情况下，或者发明人提出了不容易想到的功能需求的情况下，对技术进步作出了实质性的贡献，才有可能因此获得专利权。

三、创造性判断的具体情形

在对功能性技术方案，即以描述如何实现某些功能为主要内容的技术方案的创造性进行判断时，要区分相对于现有技术而言，该技术方案的主要区别是功能本身还是实现功能的技术手段。如果功能本身是显而易见的，区别主要在于实现该功能的技术手段，则分为以下两种情况：第一，如果实现该功能的技术手段相对于现有技术是非显而易见的，则该技术方案整体上也是非显而易见的，具备创造性；第二，如果实现该功能的技术手段相对于现有技术是显而易见的，则技术方案整体上也是显而易见的，不具备创造性。如果主要区别并不在于实现功能的技术手段而在于功能本身，技术方案整体上是否显而易见，则分为以下三种情况：第一，功能本身是该技术领域中已经存在的功能，则技术方案整体上是显而易见的；第二，功能本身虽然不是该技术领域中已经存在的，但却是该技术领域相关的产业或商业发展的必然趋势或需求，则技术方案在整体上也应当被认为是显而易见的；第三，功能本身并非该技术领域已经存在的，也不是产业或商业发展的必然趋势或需求，而是本领域技术人员和相关消费者不容易想到的功能，则技术方案整体上是非显而易见的。

四、典型案例的应用分析

在"运行通信系统的方法"发明专利权无效行政纠纷案中，二审法院根据功能性技术方案的特点按照前面的思路对本申请权利要求1的创造性进行了分析。二审法院认为，本申请权利要求1并没有具体描述在无线资源不满足同时建立呼叫时如何通过所述终端选择一种呼叫方式，只是描述了该方法具有这样一种功能。如果该功能本身相对于本领域技术人员是显而易见的，或者是该技术领域的产业或商业发展趋势导致的，则技术方案在整体上是显而易见的。在通信领域，无线资源不满足同时建立呼叫时，通过终端选择一种呼叫方式是用户的自然需求，该功能的提出和实现是产业或商业发展的必然趋势。诺基亚西门子公司在本申请权利要求1中对显而易见的功能需求进行限定，而且并没有对实现该功能的技术手段进行具体限定，没有作出实质性的技术贡献，本申请权利要求1不具备创造性。专利复审委员会第40668号决定和一审判决认定本申请权利要求1不具备创造性，结论正确。在此基础上，专利复审委员会第40668号决定和一审判决对本申请其他权利要求的创造性的认定结论正确。诺基亚西门子公司的相关上诉主张，二审法院不予支持。

五、小结

前面的分析表明，某些特定类型的发明创造应当有更有针对性的创造性判断规则。就功能性技术方案的创造性判断而言，首先要分析主要区别是功能本身还是实现功能的技术手段。如果功能本身是容易想到的，实现功能的技术手段也是容易想到的，则技术方案整体上是显而易见的；如果功能是不容易想到的，虽然实现功能的技术手段是容易想到的，则技术方案在整体上也可能是非显而易见的。在司法实践中，要将专利创造性判断的基本原则与具体案情结合起来具体问题具体分析。

第三节 专利创造性判断中的"蝴蝶效应"

专利创造性判断应当遵守综合原则和整体原则。专利创造性判断的整体原则是指，在判断技术方案是否具备创造性时，应当针对权利要求限定的技术方案整体进行评价，而不是评价某一技术特征是否具备创造性。专利创造性的综合原则是指，在评价诉争技术方案是否具备创造性时，不仅要考虑诉争技术方案的技术手段本身，还要考虑其要解决的技术问题和所产生的技术效果，要将技术问题、技术手段和技术效果结合起来作为一个整体看待。基于专利创造性判断的综合原则和整体原则，可以对专利授权确权审判实践中的很多问题和现象进行思考。基于专利创造性判断的整体原则，笔者发现，专利创造性判断中存在的"蝴蝶效应"非常值得关注。下文从以下几个方面来讨论专利创造性判断的"蝴蝶效应"：第一，专利创造性判断中的"蝴蝶效应"的定义；第二，"蝴蝶效应"对专利创造性判断有什么影响；第三，如何对待专利创造性判断中的"蝴蝶效应"。

一、"蝴蝶效应"的定义

蝴蝶效应最早是由美国麻省理工学院的气象学家洛伦兹提出的，其大致意思为：一只南美洲亚马孙河流域热带雨林中的蝴蝶，偶然间扇动几下翅膀，两周后就可能在美国德克萨斯州引起一场巨大的龙卷风。蝴蝶效应的主要原理为：空气系统属于极不稳定的混

沌系统，蝴蝶扇动翅膀时，产生的微弱气流引起周围空气动力系统
发生变化，由此导致一系列连锁反应，最终使得某个相关系统发生
重大变化。❶

　　蝴蝶效应是一种混沌现象。混沌理论（chaos theory）主要研究
系统的非线性特征。该理论认为，系统可以分为线性系统和非线性
系统。其中，线性系统的内部关系是严格呈比例的；非线性系统内
部关系的呈现，则并非按照比例规则。而混沌，是非线性系统的普
遍行为或通有运动机制。比利时化学家普里高津曾经因为对混沌理
论的杰出贡献而获得诺贝尔化学奖，他将混沌理论的影响扩及整个
社会科学的范围。混沌理论已被广泛用于描述和解释各种自然和人
为现象，如气候模式、股票价格、心律不齐和交通堵塞等。

　　专利创造性判断中的"蝴蝶效应"是指，诉争的技术方案相对
于现有技术可能只是对特定的技术特征进行了细微的改变，但是却
因为该特定技术特征与其他技术特征之间产生了一系列的连锁反
应，最终使得该技术方案取得了预料不到的技术效果。专利创造性
判断中的"蝴蝶效应"是指特定技术特征的区别使得诉争技术方案
取得了预料不到的技术效果，因而使得该技术方案相对于本领域普
通技术人员而言具有非显而易见性，从而具备创造性。

　　2010 年版《专利审查指南》第二部分第四章第4.4节列举了
一个典型的产生了"蝴蝶效应"的例子："在一份制备硫代氯甲酸
的现有技术对比文件中，催化剂羧酸酰胺和/或尿素相对于原料硫
醇，其用量比大于0、小于等于100%（mol）；在给出的例子中，
催化剂用量比为2%（mol）~13%（mol），并且指出催化剂用量比
从2%（mol）起，产率开始提高；此外，一般专业人员为提高产

---

❶　徐泽西："蝴蝶效应与混沌理论"，载《百科知识》2009 年第19期。

率，也总是采用提高催化剂用量比的办法。一项制备硫代氯甲酸方法的选择发明，采用了较小的催化剂用量比（0.02%（mol）~0.2%（mol）），提高产率11.6%~35.7%，大大超出了预料的产率范围，并且还简化了对反应物的处理工艺。这说明，该发明选择的技术方案，产生了预料不到的技术效果，因此该发明具备创造性。"这说明，该发明中特定技术特征即催化剂用量比（0.02%（mol）~0.2%（mol））与该技术方案中的其他技术特征共同发生作用，对产率这一技术效果产生了非线性的较大影响。该技术方案在整体上具有了非显而易见性。

二、"蝴蝶效应"有什么影响

"蝴蝶效应"源于混沌现象，源于非线性系统中的非线性关系。线性，指量与量之间按比例、成直线的关系，在空间和时间上代表规则和光滑的运动；而非线性则指不按比例、不成直线的关系，代表不规则的运动和突变。而非线性关系广泛存在于天文学、量子力学、热力学、化学、概率数学等，几乎涉及人类研究的所有科学领域中。如果发明创造涉及这些存在非线性关系的技术领域，特定技术特征与整体技术效果之间的关系是非线性关系，技术特征的细微区别就可能产生预料不到的技术效果，那么在对这样的技术领域的技术方案进行创造性判断时，需要注意其中可能存在"蝴蝶效应"。尤其是在化学领域，化学成分对整个化合物或组合物的技术效果会产生不可预见的影响，很容易出现本领域普通技术人员根据现有技术无法预测的现象。那么，在专利创造性判断过程中要注意这些技术领域可能存在的"蝴蝶效应"。

特定技术特征对于整体技术方案的技术效果的"蝴蝶效应"，对于创造性判断有什么具体的影响呢？我们需要分析创造性判断的一般步骤，来看看创造性判断的哪一个环节会受到"蝴蝶效应"的影响。在我国，判断要求保护的发明相对于现有技术是否显而易见，通常可按照以下三个步骤进行：（1）确定最接近的现有技术；（2）确定发明的区别特征和发明实际解决的技术问题；（3）判断要求保护的发明对本领域的技术人员来说是否显而易见。在第三步时，要从最接近的现有技术和发明实际解决的技术问题出发，判断要求保护的发明对本领域的技术人员来说是否显而易见。判断过程中，要确定的是现有技术整体上是否存在某种技术启示。如果现有技术存在这种技术启示，则发明是显而易见的，不具有突出的实质性特点。

按照 2010 年版《专利审查指南》的规定，通常认为现有技术中存在上述技术启示的情形包括：（1）所述区别特征为与最接近的现有技术相关的技术手段，例如，同一份对比文件其他部分披露的技术手段，该技术手段在该其他部分所起的作用与该区别特征在要求保护的发明中为解决该重新确定的技术问题所起的作用相同……（2）所述区别特征为另一份对比文件中披露的相关技术手段，该技术手段在该对比文件中所起的作用与该区别特征在要求保护的发明中为解决该重新确定的技术问题所起的作用相同。❶

在认定某个技术特征在现有技术中所起的作用，与其在诉争专利中所起到的作用是否相同，是否存在技术启示时，可能需要考虑该技术特征与其所在的整体技术方案之间的关系。这样的关系主要需要注意：如果该技术特征与整体技术方案中的技术效果是线性关系，本领域普通技术人员可以预测在其他技术特征不变化的情况下，该技术特征的变化对技术效果的影响。在诉争的技术方案中，

---

❶ 2010 年版《专利审查指南》第二部分第四章第 3.2.1.1 节。

该技术特征对整体技术效果产生的影响确实如本领域技术人员的预测，则可以认定现有技术给出了在诉争技术方案中采用该技术特征来取得相应技术效果的技术启示。如果在诉争技术方案中，该技术特征发生了变化，从而与其他技术特征之间的互动关系发生了预料不到的变化，进而使得整体技术方案的技术效果产生了预料不到的技术效果，则实际上该技术特征的变化相对于技术效果产生了"蝴蝶效应"，则不应当认定现有技术给出了采用该技术特征的技术启示。

三、如何对待"蝴蝶效应"

"蝴蝶效应"往往意味着特定技术特征与其他某些技术特征之间的相互影响并不是线性关系。因此，在判断技术特征的变化对技术效果的影响时，需要将具有非线性关系的多个技术特征结合起来看待，不能将这些具有非线性关系的技术特征割裂开来看。这就是"蝴蝶效应"对专利创造性判断最重要的启示。换言之，对于存在"蝴蝶效应"的技术领域，尤其要强调坚持专利创造性判断的整体原则。

专利创造性判断的整体原则强调，专利创造性判断的对象是权利要求所要求保护的整体技术方案，技术方案中的全部技术特征是一个有机结合的整体，应当在创造性判断中作为一个整体来看待，不能将其中的技术特征与整个技术方案割裂开来。整体原则反对将技术方案中的各个技术特征割裂开来看，尤其对于具有非线性关系的技术特征有重要意义。因此，坚持整体原则有利于避免对存在"蝴蝶效应"的技术方案进行专利创造性判断时错误认定现有技术是否存在技术启示。

"蝴蝶效应"启示我们，对于技术特征之间具有非线性关系，技术特征与技术效果之间具有非线性关系的技术方案进行创造性判断时，这种非线性特征要求我们警惕那种简单和直观的"如果—则是"式的线性思维模式，从大尺度的标准来看待复杂性、变迁性、偶然性和非周期性等客观事物的因果关系。

在某些技术领域，尤其是化学领域，认定技术效果是否预料得到时应当特别注意。在多个技术参数共同作用产生某些技术效果的情况下，是本领域技术人员"预料得到的"各个技术参数各自技术效果的叠加，还是本领域技术人员"预料不到的"各个技术参数协同发挥作用，在没有充分证据详细证明各技术参数是如何具体地发挥作用并影响技术效果参数的情况下，往往难以推断。而且，发明人只要在说明书中记载了多数技术参数能够共同产生什么样的技术效果即可，并不需要在说明书中详细阐明这些技术效果是多个技术参数各自技术效果叠加产生的还是协同产生的。在技术特征与技术效果之间很有可能是非线性关系的情况下，如果无效请求人主张多个技术参数共同产生的技术效果是由多个技术参数各自技术效果的简单叠加形成，本领域技术人员如果不能得出这样的认识，无效请求人应当举证证明该主张，否则应当推定多个技术参数协同产生了预料不到的技术效果。

在"铜合金阻隔防爆材料"发明专利权无效行政纠纷案❶中，本专利权利要求 1 和附件 2 的区别技术特征为：本专利权利要求 1 进一步限定了铜合金的化学成分质量百分比为锌 28%、铝 0.9%、铍 0.06%、铅 0.15%、镍 0.2%，余量为铜，而附件 2 中未具体限定各成分的质量百分比。本专利相对于最接近现有技术在多个元素参数上有具体数值的区别，而且本专利说明书具体记载了多个元素

---

❶　北京市高级人民法院（2013）高行终字第 820 号行政判决书。

参数共同产生了不同于现有技术的技术效果，即"本发明的阻隔防爆材料的屈服强度大于130MPa，抗拉强度可以达到300MPa以上，同时还可以提高延伸率，延伸率可以达到3%～12%"，上述具体的元素参数及相应的技术效果参数均没有被在案现有技术公开。无效请求人主张本专利权利要求1中的"锌28%、铝0.9%、铍0.06%、铅0.15%、镍0.2%，余量为铜"产生的技术效果"屈服强度大于130MPa，抗拉强度可以达到300MPa以上，延伸率3%～12%"是各元素参数技术效果简单叠加的结果，但却没有证据证明这些技术参数与技术效果之间是简单叠加关系。因此，二审法院认为，无效请求人主张多个技术参数共同产生的技术效果由多个技术参数各自技术效果简单叠加形成，在本领域技术人员不能得出这样的认识的情况下，无效请求人应当举证证明该主张，否则应当推定多个技术参数协同产生了预料不到的技术效果。在该案中，法院实际上隐含地认为本专利权利要求1中的技术效果与技术特征之间并不是线性关系，因此，在没有初步证据证明技术效果是由多个技术参数简单叠加的情况下，不能要求发明人举证证明技术效果不是简单叠加的后果。在此基础上，二审法院认为原审法院和专利复审委员会认定技术效果与技术特征之间的关系是本领域技术人员意料得到的观点是错误的，因此判决撤销原审判决和被诉无效决定，判令专利复审委员会重新作出无效审查决定。

四、小结

前面的分析表明，不同的技术领域，技术特征之间的关系以及技术特征与技术效果之间的关系是不完全相同的。对于技术特征之间或者技术特征与技术效果之间"是非线性系统的普遍行为或通有运动机制"的技术方案，在进行创造性判断时，应当正确认定现有技术是否存在采用区别技术特征的技术启示，还应当正确认定本领域技术人员在现有技术基础上对技术效果是否预料得到。对"蝴蝶效应"保持敏感，有利于正确坚持专利创造性判断的整体原则，有利于提高专利创造性判断结论的科学性。

第四节　预料不到的技术效果对创造性判断的影响

为了正确认识预料不到的技术效果在专利创造性判断中的作用，避免"相关公众的混淆误认"，有两个问题需要进行讨论：第一，预料不到的技术效果在专利创造性判断中是"辅助"因素吗？第二，能够取得预料不到的技术效果是具备创造性的充分条件吗？下面先对第一个问题进行简要分析。

一、对预料不到的技术效果的不同态度

1876 年美国联邦最高法院审理的 Goodyear 案[1]，被认为第一次采用了专利创造性判断的"辅助因素"。我国 1993 年版《审查指南》关于创造性判断"审查基准"中规定了四种"参考性判断基准"：发明解决了人们一直渴望解决、但始终未能获得成功的技术难题；发明克服了技术偏见；发明取得了预料不到的技术效果；发明在商业上获得成功。1993 年版《审查指南》规定："这些判断基准仅是参考性的，不要生搬硬套。"2001 年版《审查指南》第一次明确了上述四个方面只是"辅助性审查基准"。2006 年版《审查指南》规定，发明是否具备创造性，通常应当根据第二部分第四章第3.2 节所述的审查基准进行审查。应当强调的是，当申请属于以下

---

[1]　Smith v. Goodyear Dental Vulcanite Company, 93 U. S. 486（1876）.

情形时，审查员应当予以考虑，不应轻易作出发明不具备创造性的结论。2010 年版《专利审查指南》沿用了上述规定。从上述规定来看，我国对于预料不到的技术效果是否只是专利创造性判断的辅助因素，以及预料不到的技术效果在专利创造性判断中的使用时机等没有明确的态度。❶ 日本的情况与我国的相同。

与我国的情况不同，欧洲专利局的态度非常明确，认为预料不到的技术效果只是辅助性的。欧洲专利局申诉委员会认为，根据现有技术从技术上判断是否具备创造性是无可替代的专利创造性判断方法。在 T 645/94、T 877/99 等案件中，欧洲专利局申诉委员会认为，只有在有疑问的案件中，例如，对现有技术启示的客观分析仍然不能提供清晰的结论时，包括预料不到的技术效果等辅助因素才具有重要性。这就意味着，预料不到的技术效果只是补救性的创造性判断考量因素。

美国对预料不到的技术效果的态度有过变化。美国联邦最高法院早年不予理睬辅助因素相关证据，认为"只有在对本发明是否显而易见有疑问"时这些证据才能够"放在天平上衡量"。这种思路被美国联邦最高法院在 1966 年的 Graham 案中推翻。克拉克法官在 Graham 案判决中认为：为了进行专利创造性判断，现有技术的范围和内容应当被确定；现有技术与有争议的权利要求之间的区别应当被明确；相关技术领域中的一般技术水平应当被确认。在这一背景下，就可以确定有关技术方案是否是显而易见的。包括预料不到的技术效果等辅助判断因素，可以用来说明与专利申请的独创性有关的一些情况，作为是否显而易见的标志。❷ 在联邦巡回上诉法院

---

❶ 石必胜：《专利创造性判断研究》，知识产权出版社 2012 年版，第 326 页。
❷ Graham v. John Deere Co. , 383 U. S. 1 (1966).

的努力下，所有的联邦地区法院在创造性判断中都全面考虑 Graham 案四要素，将预料不到的技术效果的证据也考虑进去。根据《美国专利审查指南》的规定，虽然预料不到的技术效果等辅助性判断因素对创造性的判断并不必然起到决定作用，但相关证据无论何时提交，都应当予以考虑。

二、预料不到的技术效果的主要作用

为什么对预料不到的技术效果是否只是辅助性判断因素以及相关证据的使用时机有不同意见呢？美国和欧洲的观点哪一个更合理呢？笔者认为，上述问题的核心在于正确认识专利创造性判断辅助因素在专利创造性判断中的作用。笔者认为，辅助因素在专利创造性判断中的作用主要有两项。辅助因素的第一个作用是帮助专利创造性判断者获得与发明创造相关的完整的技术信息，从而有利于判断者认定发明创造相对于现有技术是否显而易见。[1]

发明创造相对于现有技术，对本领域技术人员而言是否显而易见，是判断其是否具备创造性的决定因素。既然是否显而易见的判断以现有技术为出发点和参照物，本发明相关的技术需求存在了多久、有多少人尝试寻找解决方案、背景的和附属的技术领域中是否提示了解决方案、是否取得预料不到的技术效果等辅助因素，能够帮助判断者更加全面地掌握发明创造作出的背景信息，帮助判断者更加准确地判断相对于现有技术而言，作出发明创造的难度有多大、发明创造的技术方案相对于现有技术是否显而易见。在辅助因素能够帮助判断者获得更加完整的信息，从而有利于他更加准确地

---

[1]　石必胜："专利创造性判断中辅助因素的使用时机"，载《中国知识产权》2013 年第 10 期。

判断是否显而易见这个角度上来讲，预料不到的技术效果并不只是补充性的考量因素，而是必需的考量因素。

辅助因素的第二个作用是成为影响自由裁量的筹码。专利创造性判断不是一个单纯的事实问题，而是一个事实问题与法律问题结合的综合性问题，其中最重要的部分是法律问题的判断。在法律问题的判断过程中，如果专利是否具备创造性的结论比较模糊，判断者不可避免地要运用其自由裁量权作出决定。自由裁量权的行使，本质上是进行利益平衡和价值选择。判断者应当思考的根本问题是给不给发明人具有垄断性的专利权，授予专利权产生的社会收益更大还是社会成本更大。专利制度的一个重要功能是通过给予专利权而激励有价值的发明创造，从而达到促进技术进步的目标。什么是有价值的发明创造，可以通过它是否取得商业成功的角度来进行评价。将专利权奖励给有价值的发明创造，虽然能够限制社会公众在一定时期内对该发明创造的使用，但从整体上来看，仍然是社会收益大于社会成本。在技术层面上难以判断发明创造是否具备创造性时，商业成功这一辅助因素可以也应当成为判断者决定是否授予专利权的考虑因素。

另外，在评价发明是否具有创造性时，审查员不仅要考虑发明技术解决方案本身，而且要考虑发明要解决的技术问题和所产生的技术效果，将其作为一个整体来看是否显而易见。如果发明创造取得了预料不到的技术效果，即使其技术问题与技术手段都是显而易见的，技术方案整体上也可能是非显而易见的。是否取得了预料不到的技术效果，是专利创造性判断必须要掌握的技术信息。

三、预料不到的技术效果的使用时机

在正确分析预料不到的技术效果的作用基础上，我们才能进一步分析预料不到的技术效果的使用时机。前面的分析表明，发明是否解决了人们一直渴望解决、但始终未能获得成功的技术难题，发明是否克服了技术偏见，是否取得了预料不到的技术效果，这些辅助因素的主要作用是帮助专利创造性判断者更加完整地掌握是否显而易见的相关信息，因此在是否显而易见的判断过程中就应当予以考虑。按照我国实践中的专利创造性判断步骤，上述信息虽然对于最接近现有技术的确定、区别技术特征的认定、客观技术问题的认定没有直接帮助，但对于是否存在技术启示的判断却有直接的帮助。是否取得商业成功，并不直接地对是否显而易见的判断产生影响，因此在常规的专利创造性判断步骤中可以不予考虑。

在美国，专利创造性判断的主要步骤包括理解本专利和现有技术、认定区别特征、认定是否显而易见，而最后一步主要运用 TSM 检验法。是否取得预料不到的技术效果能够给判断者提供更加完整的信息，因此能够直接帮助判断者认定是否存在"教导—启示—动机"。欧洲专利局在专利创造性判断中通常应用"问题—解决"方法，其中最后一步常用所谓的"客观能—主观能"方法。预料不到的技术效果同样能够通过提供更加完整的信息，直接帮助判断者准确地判断到底是"客观能"还是"主观能"。我国的专利创造性判断一般采用"三步法"，其中第三步也需要认定是否存在技术启示。区别技术特征在不同技术方案中的作用，对于是否存在技术启示有重要影响，因此，是否取得预料不到的技术效果，同样对技术启示的认定有重要影响。是否取得预料不到的技术效果，应当也必须在判断是否存在技术启示时予以考虑。

前面的分析表明，预料不到的技术效果在创造性判断的最初阶段就应当予以考虑，而不是等到创造性判断有困难时才使用。在常规的专利创造性判断步骤中就应当对预料不到的技术效果予以考虑。在我国常用的专利创造性判断的"三步法"中，预料不到的技术效果主要在判断是否存在技术启示的过程中发挥作用。如果已经认定诉争技术方案取得了预料不到的技术效果，则该因素对于认定现有技术是否给出了采用区别特征的技术启示具有非常重要的作用。

四、预料不到的技术效果与综合原则

前文论述了预料不到的技术效果在专利创造性判断中并不是辅助因素，而是按照"三步法"判断是否存在技术启示时必须要考虑的因素。下文将继续分析，能够取得预料不到的技术效果是否必然证明技术方案具备创造性。为了讨论这个问题，本书拟从以下几个方面来论述：为什么在认定技术启示时要考虑预料不到的技术效果；如何认定是否取得预料不到的技术效果。之所以要讨论上述两个问题，是因为这两个问题的答案有助于我们正确回答本章的核心问题，即能够取得预料不到的技术效果是否为该技术方案非显而易见的充分条件。

之所以在认定是否存在技术启示的过程中要考虑是否取得预料不到的技术效果，是因为专利创造性判断应当遵守综合原则。[1] 专利创造性判断的综合原则，是指在判断发明和实用新型是否具备创造性时，不仅要考虑技术解决方案本身，而且要考虑解决的技术问题和所产生的技术效果，将其作为一个整体来看待。按照专利创造性判断综合原则，发明创造的技术问题、技术手段或者技术效果中只要有一项非显而易见，技术方案整体上都有可能是非显而易见的。按照综合原则，当某个技术手段取得的技术效果是预料不到

---

[1] 石必胜：《专利创造性判断研究》，知识产权出版社 2012 年版，第 179 页。

的，技术效果对于本领域技术人员是非显而易见的，就可以证明诉争的发明或实用新型在整体上具备创造性。在专利创造性判断过程中考虑预料不到的技术效果，是专利创造性判断综合原则的必然要求。

　　用途发明的创造性判断很明显地体现了前面所述的综合原则。已知产品的新用途发明，是指将已知产品用于新目的的发明。在进行已知产品新用途发明的创造性判断时通常需要考虑：新用途与现有用途技术领域的远近、新用途所带来的技术效果等。如果新的用途仅仅是使用了已知材料的已知性质，则该用途发明不具备创造性，但如果新的用途是利用了已知产品新发现的性质，并且产生了预料不到的技术效果，则按照综合原则来看，这种用途发明在整体上相对于本领域技术人员是非显而易见的，具备创造性。例如，将作为木材杀菌剂的五氯酚制剂用作除草剂而取得了预料不到的技术效果，该常见制剂用于预料不到的具体用途，能够使得该发明在整体上是非显而易见的，因此该发明具备创造性。在专利创造性判断过程中考虑预料不到的技术效果是很多国家和地区的普遍做法，例如日本和欧洲都在专利审查指南或者案例法中规定预料不到的技术效果可以作为判断创造性的考量因素。

五、预料不到的技术效果具体认定

　　如何在千变万化的具体案例中认定是否取得预料不到的技术效果呢？我国2010年版《专利审查指南》的相关规定值得借鉴。我国《专利审查指南》规定，发明取得了预料不到的技术效果，是指发明同现有技术相比，其技术效果产生质的变化，具有新的性能；或者产生量的变化，超出人们预期的想象。这种质的或者量的变化，对所属技术领域的技术人员来说，事先无法预测或者推理出来。在上述原则规定的基础上，笔者在审理"铜合金阻隔防爆材料"发明专利权无效行政纠纷案❶时，还强调：如果某个技术手段在本专利中的技术效果不同于其在现有技术中的技术效果，应当在说明书中特别地记载，必要时需要实验数据予以佐证。否则，应当推定该技术手段在本专利中产生的技术效果与现有技术中的相同或者是本领域技术人员"预料得到的"。如果本专利说明书中记载的该技术手段的技术效果在质和量上不同于其在现有技术中的技术效果，则在本专利中采用该技术手段有可能需要本领域技术人员付出创造性劳动。

在该案中，对比文件并没有对各个元素参数在铜合金中的技术效果进行定量描述，只是进行了定性描述，但本专利说明书对这些元素参数组合的技术效果进行了定量描述。因此，二审法院认为，不能认定这些元素参数组合在现有技术中的技术效果与本专利中的相同或是本领域技术人员"预料得到的"。笔者认为：某个技术手段的技术效果与现有技术中的是否相同或类似，是否为本领域技术人员"预料得到的"，应分为定性描述和定量描述两种情况进行分析。如果现有技术对该技术手段的技术效果是定性描述，没有定量描述，从现有技术的定性描述中不能推导或预测本专利说明书中记载的定量描述，则这种量的变化属于无法预测或推理的，不能认定本专利中的技术效果是"预料得到的"。

六、预料不到的技术效果是否为充分条件

前面的分析表明，既然认定是否存在技术启示时要考虑预料不到的技术效果，如果取得了预料不到的技术效果就意味着以特定技

---

❶ 北京市高级人民法院（2013）高行终字第 820 号行政判决书。

术手段来取得该技术效果本身就不是本领域技术人员容易想到的，则应当认定该技术方案是非显而易见的，具备创造性。前面的分析还表明，如果本专利说明书中记载的该技术手段的技术效果在质和量上不同于其在现有技术中的技术效果，而且这个不同是本领域技术人员预料不到的，则在本专利中采用该技术手段有可能需要本领域技术人员付出创造性劳动。

前面的分析似乎都表明，只要取得了预料不到的技术效果，就可以认定取得该预料不到的技术效果的技术方案相对于本领域技术人员非显而易见，具备创造性。但是不是只要取得了预料不到的技术效果，就当然能够认定该发明或实用新型具备了创造性呢？我国《专利审查指南》的答案是肯定的。根据我国 2010 年版《专利审查指南》的规定，当发明产生了预料不到的技术效果时，一方面说明发明具有显著的进步，同时也反映出发明的技术方案是非显而易见的，具有突出的实质性特点，该发明具备创造性。但是，笔者认为，上述规定并不严谨，值得商榷。

欧洲专利局申诉委员会在案例[1]中认为，如果相对于现有技术，发明取得的技术进步是本领域技术人员能够依照技术启示进行改进而自然得出的，则无论是否获得意外的技术效果，该发明都不具备创造性。欧洲专利局申诉委员会在 T 506/92 案中还指出，本领域技术人员在现有技术的基础上没有付出任何努力而不可避免地取得的预料不到的技术效果并不能支持具备创造性的认定。在 T 154/87 案中欧洲专利局申诉委员会认为，预料不到的技术效果并不是创造性的前提条件，而必要的条件是确认相关的技术方案不能被本领域技术人员从现有技术中以显而易见的手段获得。《日木专利审查指

---

[1] T 21/81.

南》也规定，如果发明申请相对于引证发明具有有益的技术效果，创造性判断应当予以考虑。但是无论是否具有有益的技术效果，只要本领域技术人员容易作出发明申请，就都应当认定其不具备创造性。

欧洲和日本的相关规则是合理的，值得我国借鉴。笔者认为，取得预料不到的技术效果并不是具备创造性的充分条件，具备创造性的充分条件是技术方案在整体上非显而易见。在下列情形中，即使发明取得了预料不到的技术效果，也不能认定其具备创造性：第一，如果技术进步能够依照技术启示进行改进而自然得出，无论是否取得预料不到的技术效果，都不具备创造性。第二，如果缺乏选择而构成一个"单行道"的情形，本领域技术人员在现有技术的基础上没有付出任何努力却不可避免地取得了预料不到的技术效果，也不具备创造性。❶

前面的分析表明，一般情况下，如果诉争技术方案取得了预料不到的技术效果，则能够证明该技术方案相对于现有技术对本领域技术人员而言是非显而易见的，具备创造性。因此，除了几种特殊情形，可以依据诉争技术方案取得了预料不到的技术效果来直接认定诉争技术方案具备创造性，预料不到的技术效果是认定该技术方案具备创造性的充分条件。

---

❶ 石必胜："专利创造性判断中意料不到的技术效果的认定"，载《中国知识产权》2014年第3期。

第八章　专利申请文件的修改规则

　　1992 年《专利法》第 33 条规定："申请人可以对其专利申请文件进行修改，但是，对发明和实用新型专利申请文件的修改不得超出原说明书和权利要求书记载的范围，对外观设计专利申请文件的修改不得超出原图片或者照片表示的范围。"2000 年和 2008 年修改《专利法》时没有对此规定进行修改。《专利法》第 33 条规定的"原说明书和权利要求书记载的范围"应当如何理解？2010 年版《专利审查指南》规定该范围"包括原说明书和权利要求书文字记载的内容和根据原说明书和权利要求书文字记载的内容以及说明书附图能直接地、毫无疑义地确定的内容"。[1] 在司法实践中，直接确定标准引发了一些争议。最高人民法院在（2010）知行字第 53－1 号墨盒案、（2011）知行字第 54 号曾关生案，以及（2013）行提字第 21 号岛野案中，对直接确定标准进行了评述，引发了理论界和实务界对专利申请文件修改规则的讨论。下文对专利申请文件的修改规则进行研究。

第一节　专利申请文件修改的基本前提

　　近几年，因为专利申请文件的修改而引发的专利授权确权行政

---

[1]　2010 年版《专利审查指南》第二部分第八章第 5.2.1.1 节。

纠纷不断出现，其争议焦点在于，《专利法》第33条所规定的"不得超出原说明书和权利要求书记载的范围"应当如何理解和适用。围绕该问题，知识产权法学理论界和司法实务界进行了深入研究。笔者认为，现有的研究成果都在一定程度上忽视了确定专利申请文件修改规则时应当遵守的一些基本前提。因此，下文对确定专利申请文件修改规则时应当注意的三个基本前提进行简要论述。

一、专利申请文件与专利文件的区分

1992年《专利法》第33条规定："申请人可以对其专利申请文件进行修改，但是，对发明和实用新型专利申请文件的修改不得超出原说明书和权利要求书记载的范围，对外观设计专利申请文件的修改不得超出原图片或者照片表示的范围。"2000年和2008年修改《专利法》时没有对此规定进行修改。《专利法》第33条规范的修改对象是专利申请文件。什么是专利申请文件呢？与之相关的法律规定是2008年《专利法》第26条和第28条。第26条第1款规定："申请发明或者实用新型专利的，应当提交请求书、说明书及其摘要和权利要求书等文件。"第28条规定："国务院专利行政部门收到专利申请文件之日为申请日。如果申请文件是邮寄的，以寄出的邮戳日为申请日。"结合上述规定来看，《专利法》第28条所说的专利申请文件应当指《专利法》第26条所说的"请求书、说明书及摘要和权利要求书等文件"。在司法实践中，很少有案件涉及请求书、说明书摘要等文件的修改是否超出原说明书和权利要求书记载的范围的纠纷，而主要涉及说明书和权利要求书的修改是否超出原说明书和权利要求书记载的范围的纠纷。

《专利法》第33条规范的修改主体是谁呢？是专利申请人。需要注意的是，专利申请人与专利权人是两个不同的概念。在授权公告之前，说明书和权利要求书属于专利申请文件，在授权公告之后，则属于专利文件。在授权公告之后，专利申请人则变成专利权人。因此，专利申请人与专利申请文件相对应，专利权人与专利文件相对应。《专利法》第 33 条只适用于规范专利申请人对专利申请文件的修改，而不能用于规范专利权人对专利文件的修改。专利权人对专利文件的修改应当遵守的规则由《专利法实施细则》进行规定。2010 年修订的《专利法实施细则》第 69 条规定了专利权人修改专利文件的规则。《专利法实施细则》第 69 条第 1 款规定："在无效宣告请求的审查过程中，发明或者实用新型专利的专利权人可以修改其权利要求书，但是不得扩大原专利的保护范围。"由于专利权人修改专利文件时不得扩大原专利的保护范围，而原专利的保护范围的修改和确定过程中，又"不得超出原说明书和权利要求书记载的范围"，因此，专利文件的修改隐含地同样要遵守《专利法》第 33 条的规定。

在确定专利申请文件的修改规则时，应当注意与专利文件的修改规则进行区分。欧洲专利局认为，专利申请文件和专利文件的修改规则，应当根据专利申请或专利所在的不同程序分别予以确定。欧洲专利局还在 2013《欧洲专利局专利审查指南》第 H 部分第 IV 章中分别规定了专利申请文件和专利文件的修改规则。《欧洲专利局专利审查指南》中表现出来的针对不同阶段分别制定有针对性的修改规则的思路，反映了专利授权前后专利申请文件与专利文件的性质差异对修改规则的影响。

二、说明书与权利要求书的区分

有观点认为，《专利法》第 33 条没有区分权利要求书的修改和说明书的修改，说明书的修改应当遵守直接确定标准，因此权利要求书的修改也应当遵守直接确定标准。❶ 这种观点值得商榷，因为说明书和权利要求书的法律地位不同，修改后产生的后果也不相同，所以不应当适用完全相同的修改规则。

权利要求书与说明书的法律地位是不相同的，因此二者的修改规则也应当有所不同，直接确定标准能够适用于对说明书的修改，不必然适用于对权利要求书的修改。权利要求书与说明书的区别有多个方面，其中以下两个方面对二者在专利申请程序中的修改规则有重要影响：第一，权利要求书与说明书的任务不相同。说明书的主要任务是对发明创造作出清楚、完整的说明，权利要求书的主要任务是界定专利权保护范围。正如美国的瑞奇法官所说，在专利诉讼中，对权利要求的分析是要弄清楚专利权人有权排除被告所做的事情，不管发明人发明了什么，对权利要求的分析决定了专利权人排他性权利的范围。因此，"不要再说权利要求定义了发明创造"。❷ 第二，权利要求书与说明书的内容不相同。在美国，学者在解释权利要求的概念时常用的一个比喻就是，对于一项发明创造来说，权利要求就好像是不动产（土地）的契约；契约中对该不动产的描述定义了一块地有边界，但是并没有描述这块地的内部特征，例如，这块地是否平坦、是否栽种了植物、是否建造了任何结构或者是否有水流过这片土地。❸ 说明书给本领域技术人员提供的技术信息往往是多于权利要求书的技术信息的。虽然说明书记载了

---

❶ 温丽萍："中美欧关于专利申请文件修改之规定的比较与借鉴"，载《中国知识产权》2014 年第 4 期，第 86 页。

❷ Janice M. Mueller, *A Rich Legacy*, 81 J. Pat. & Trademark Off. Soc'y 755, 758–759 (1999). 转引自 ［美］J. M. 穆勒：《专利法（第 3 版）》，沈超、李华、吴晓辉、齐杨、路勇译，知识产权出版社 2013 年版，第 61 页。

❸ ［美］J. M. 穆勒：《专利法（第 3 版）》，沈超、李华、吴晓辉、齐杨、路勇译，知识产权出版社 2013 年版，第 60 页。

很多技术信息，但是权利要求书中要求保护的技术信息只是其中的一部分。有时，发明人在说明书中所描述的发明创造，与权利要求书要求保护的技术方案可能相去甚远。有时，发明人所作出的创造性技术贡献并不一定都写进了权利要求书中，权利要求书并不一定能够准确体现发明人的技术贡献。

由于权利要求书与说明书的上述区别，对二者进行修改而产生的法律后果也不完全相同。如果专利申请人在授权前的审查程序中对说明书的修改确实超出了原说明书和权利要求书记载的范围，但并没有修改原权利要求书，或者对权利要求书的修改没有超出原说明书和权利要求书记载的范围，那么在专利授权之后，这样的修改是否必然导致专利被宣告无效？虽然说明书的修改超出了原说明书和权利要求书记载的范围，但在该修改并没有使得权利要求书超出原说明书和权利要求书记载的范围的情况下，法律可以规定不能仅仅因为说明书的修改超范围就使得专利被宣告无效。这是因为，这样超范围的修改并不一定使得专利申请人获得了不正当的利益。当然，在对专利权有效性进行判断时，应当将说明书中超出范围的那些修改内容排除在外，否则可能会使专利申请人获得不正当的利益。也就是说，在判断说明书公开是否充分、权利要求书是否得到支持、技术方案是否具备创造性等过程中，说明书中修改超范围的内容应当排除在外，不能作为认定专利有效性的依据。如果专利申请人在授权前的审查程序中对权利要求书的修改超出了原说明书和权利要求书的范围，或者说，权利要求书的修改如果加入了得不到原说明书和权利要求书支持的技术内容，则将使得本来不应当得到专利权保护的范围划入保护范围中，这样的修改超范围并违反《专利法》第 33 条，应当是导致该权利要求无效的理由。

前面的分析表明，根据修改对象的不同，专利申请文件的修改分为对说明书的修改和对权利要求书的修改。在确定专利申请文件的修改规则时，应当具体问题具体分析，根据修改对象的不同来确定不同的具体规则。美国联邦关税和专利上诉法院在 1981 年的 Rasmussen 案❶中就明确强调，权利要求书的修改应当适用《美国专利法》第 112 条第（a）项，而不能适用《美国专利法》第 132 条，第 132 条只能用于说明书、摘要和附图的修改问题。这表明美国也在有意识地区分权利要求书和说明书的修改规则。我国《专利审查指南》对于修改对象的区分并不够重视。2010 年版《专利审查指南》主要在三个部分规定了专利申请文件的修改规则，分别是第一部分第一章关于"修改的明显实质性缺陷"，第一部分第二章关于"实用新型初步审查中的修改"，第二部分第八章关于"发明实质审查中的修改"。前述第一、二个部分有意识地区分了对权利要求书的修改和说明书的修改的不同要求，但在有关"发明实质审查中的修改"的规定中，有些地方没有明确地区分权利要求书的修改与说明书的修改。由于权利要求书和说明书的性质并不相同，应当有不同的修改规则。《专利审查指南》在之后的修改过程中应当注意将二者区分开来。

三、主动修改与被动修改的区分

在确定专利申请文件的修改规则时，还应当区分主动修改和被动修改。为什么要区分专利申请文件主动修改与被动修改，这是因为二者有不同的修改范围。如果是主动修改，只要是符合《专利法》第 33 条的修改，都应当允许，但如果是为了答复审查意见通知书而进行的被动修改，则受到了一些限制。《专利审查指南》对

---

❶ In re Max Otto Henri RASMUSSEN, 650 F. 2d 1212 (1981).

被动修改要设定一些限制条件是因为：第一，主动修改机会可以进行更为充分的修改，专利申请人已经具有充分的修改机会；第二，被动修改如果不进行限制，每次答复审查意见通知书时对审查员没有提到的部分进行修改，这些修改如果不符合要求，还需要审查员指出缺陷，这样可能导致专利审查程序的不合理拖延；第三，专利审查部门对审查程序的规定，除非违法或明显不合理外，原则上应当予以尊重。因此，只要《专利审查指南》在程序上对修改的要求不是明显不合理，专利申请人应当遵守。

主动修改与被动修改对修改规则的主要影响有：首先，如果是主动修改，无论是实用新型还是发明，只要符合《专利法》第33条及其他法律规定的要求，都是应当予以准许的。但需要注意的是，实用新型和发明专利的主动修改时机是不相同的。根据2010年版《专利审查指南》的规定，实用新型的主动修改，一般应当在申请日起两个月内。❶ 根据《专利法实施细则》第51条第2款的规定，实用新型专利申请人自申请日起2个月内，可以对实用新型专利申请主动提出修改。根据2010年版《专利审查指南》的规定，发明的主动修改，一般应当在提出实质审查请求或进入实审阶段的3个月内。❷

其次，如果是被动修改，应当注意其不仅仅受到《专利法》第33条及其他法律规定的限制，还受到其他要求的限制。被动修改的具体限制，在实用新型专利初审程序中和在发明专利实审程序中的要求是不相同的。2010年版《专利审查指南》规定，在实用新型的初审程序中，被动修改除了消除原申请文件存在的缺陷外，还

---

❶ 2010年版《专利审查指南》第一部分第二章第8.1节。
❷ 2010年版《专利审查指南》第二部分第八章第5.2.1.2节。

可以对专利申请文件进行其他修改，只要修改消除了答复审查意见通知书指出来的缺陷，而且其他内容的修改满足《专利法》第33条的规定，这样的修改是可以接受的。❶ 但在发明专利的实质审查程序中，被动修改在消除原申请文件存在的缺陷之外，其他内容的修改即使满足《专利法》第33条的规定，也不一定能够被允许。2010年版《专利审查指南》规定了即使没有超出原说明书和权利要求书记载的范围，为了答复审查意见通知书而进行的被动修改也不应当允许的5种情形，其中包括主动扩大权利要求保护范围、主动增加独立或从属权利要求等情形。❷

前面的分析表明，在确定专利申请文件的修改规则时，应当注意三个基本前提：一是区分专利文件与专利申请文件，要准确把握专利申请文件的性质和特点；二是区分权利要求书与说明书，根据二者的不同作用和不同法律地位来分别确定不同的修改规则；三是区分主动修改与被动修改，根据修改时机的不同来确定不同的修改规则。

第二节　专利申请文件修改的基本原则

虽然《专利法》第33条规定了专利申请文件修改的基本规则，但是，在专利审查实践和专利审判实践中，如何准确适用第33条的规定，还存在很多具体问题。深入理解专利申请文件修改的基本原则，将有利于正确解决这些具体问题。下文拟简要对修改专利申请文件时应当遵守的先申请原则和技术贡献匹配原则进行分析，以

---

❶ 2010年版《专利审查指南》第一部分第二章第8.2节。
❷ 2010年版《专利审查指南》第二部分第八章第5.2.1.3节。

期能够为正确适用《专利法》第 33 条提供帮助。

一、先申请原则

　　《专利法》第 33 条之所以规定专利申请文件的修改不得超出原说明书和权利要求书记载的范围，第一个目的是维护我国专利制度采用的先申请原则，防止申请人将申请日未公开的技术信息加入申请文件从而架空先申请原则。先申请原则要求，专利申请人不能将申请日之后获知的技术信息增加到原始申请文件中，从而损害申请日之后提出相关专利申请的其他人的利益。只有申请文件公开的技术信息才有可能得到保护，其实质是要求专利申请人在申请日就应当在专利申请文件中对相关技术信息进行充分公开，在申请文件中没有公开的技术信息，不允许专利申请人在申请日之后通过修改纳入专利申请文件，进而纳入保护范围，造成对其他申请人来说不公平的后果。修改不能超范围体现了先申请原则对专利申请人的合理限制。《欧洲专利公约》第 123 条第（2）项规定，欧洲专利申请和欧洲专利的修改不得增加超出原始申请内容的主题。欧洲专利局在 G 1/93 案中认为，该项规定的本意在于："不允许通过在专利文件或专利申请文件中增加并未公开在专利申请文件中的技术信息而使专利申请人或专利权人获得优势。"❶ 这一规定在维护先申请制的目的上与我国是相同的。

　　维护先申请原则，关键是不允许修改说明书和权利要求书以增加专利申请人的技术贡献。从技术贡献的视角来判断说明书和权利要求书的修改是否违反先申请原则，是非常重要的。如果权利要求书或说明书修改时不会增加专利申请人在原专利申请文件中的技术

---

❶　《欧洲专利局专利审查指南》第 H 部分第Ⅳ章第 2.2 节。

贡献，则这样的增加既不会使专利申请人获得不正当的利益，又不会损害其他人基于对原申请文件的信赖而应当得到保护的法律安全。在专利审查和专利审判实践中，权利要求书和说明书的修改多种多样，难以适用统一的具体规则去判断其是否符合先申请原则，但在原则上，可以根据修改是否会增加专利申请人或专利权人的技术贡献来衡量该修改是否会违反先申请原则。例如，在修改权利要求书时增加技术特征，逻辑上有两种可能，一种可能是对技术方案没有技术贡献，只产生缩小专利权保护范围的效果，另一种可能是在缩小专利权保护范围的同时，提高了技术方案的技术贡献。如果是前者，权利要求书的修改不会违反先申请原则。如果是后者，权利要求书的修改则会违反先申请原则。

根据《专利法》第 26 条第 3 款的规定，说明书应当对发明或者实用新型作出清楚、完整的说明，以所属技术领域的技术人员能够实现为准。《专利法》对权利要求书与说明书的功能进行了分工，权利要求书用于限定要求专利保护的范围，而说明书用于清楚、完整、充分地公开发明或实用新型。在申请日，用以公开发明或实用新型从而使本领域技术人员能够实现的任务应当由专利文件中的说明书而不是权利要求书来承担。因此，维护先申请原则，防止向申请文件补充申请日之后的技术信息的任务主要通过严格限制对说明书的修改来实现。在专利审查和专利审判实践中，认识并强调这一点非常重要。在此基本原则的基础上，才能对实践中出现的各种说明书的修改是否超范围作出正确判断。

在实践中，专利申请人要向权利要求书中加入技术信息，往往会同时在说明书中相应部分加入技术信息。对于向说明书中增加的技术信息，必须严格按照先申请原则来判断其修改是否超范围。如果专利申请人在不向说明书增加技术信息的情况下直接在权利要求书中加入技术信息，则既可能得不到说明书的支持，又可能修改超范围。

二、技术贡献匹配原则

之所以规定修改不得超出原说明书和权利要求书记载的范围，第二个目的是允许专利申请人有合适的机会通过修改权利要求书将其公开在原申请文件中的技术贡献纳入保护范围，使其获得的保护范围与其技术贡献相匹配。修改不得超范围的规定一方面是在限制专利申请人，另一方面也是在保护专利申请人，二者要辩证统一地看，不可偏颇。为了确保专利申请人获得与其技术贡献相匹配的专利权保护范围，在修改权利要求书的时候，允许其在原说明书和权利要求书公开的全部技术信息基础上确定专利权保护范围。《美国专利法》第 132 条规定："原始申请该当清楚地向本领域技术人员传送出，在申请日申请人就已经拥有了其所要求保护的发明。"从某个角度讲，就是强调要保护申请日已经拥有的发明。专利权的保护范围主要由权利要求书来确定，因此，允许专利申请人获得与其技术贡献相匹配的保护范围的任务，主要通过允许专利申请人修改权利要求书来实现。

为了有效保证专利申请人获得的专利权保护范围与其技术贡献相匹配，必须确保专利申请人对权利要求书有修改的机会。2010年版《专利审查指南》规定，在专利授权之前，即在实用新型的形式审查和发明的实质审查过程中，专利申请人都有主动修改权利要求书的机会。❶ 在我国，实用新型专利申请人可以在申请日起两个月内主动修改专利申请文件。2010 年版《专利审查指南》规定，

---

❶　2010 年版《专利审查指南》第一部分第二章第 8.1 节。

发明专利申请人可以在提出实质审查请求时，以及在收到专利局发出的发明专利申请进入实质审查阶段通知书之日起 3 个月内主动修改专利申请文件。❶《欧洲专利公约》第 123 条第（1）项规定："在欧洲专利局的程序中，欧洲专利申请或欧洲专利可以根据实施细则进行修改。在任何程序中，申请人都应当有至少一次按照自己意愿修改的机会。"《欧洲专利公约》保护专利申请人和专利权人修改权利要求的意图在上述规定中表现得非常明显。

为了确保专利申请人获得的专利权保护范围与其技术贡献相匹配，必须确保专利申请人能够将其在原说明书和权利要求书中公开的所有技术信息作为修改基础。专利申请文件修改的基础不仅仅限于原说明书，还包括原权利要求书。我国 1984 年《专利法》规定，对发明和实用新型专利申请文件的修改不得超出原说明书记载的范围。这一规定意味着，修改权利要求书确定专利权保护范围时，只能依据说明书的技术信息来确定专利权保护范围，这是明显不合理的，因为原权利要求书公开的技术信息有可能不被纳入专利权保护范围。为了克服 1984 年《专利法》这一规定的缺陷，1992 年《专利法》规定，对发明和实用新型专利申请文件的修改不得超出原说明书和权利要求书记载的范围。相较于 1984 年《专利法》，1992 年《专利法》修改的基础不仅仅限于原说明书，还包括了权利要求书。这样一来，就使得专利申请人可以在其原申请文件公开的所有技术信息基础之上确定其专利权保护范围。1992 年《专利法》的该处修改，体现了技术贡献匹配原则。国家知识产权局在 2010 年版《专利审查指南》中更加细化了该原则，规定原权利要求书中记

---

❶ 2010 年版《专利审查指南》第二部分第八章第 5.2.1.2 节。

载而原说明书中没有描述的技术特征可以补入说明书。❶ 在美国，联邦巡回上诉法院在 Benno 案❷中特别强调，原权利要求书中公开的技术信息应当作为申请文件公开的技术信息的一部分。如果原权利要求书中公开的技术信息没有记载在说明书中，专利申请人也可以修改说明书以补入该技术信息。上述判例规则还被美国专利商标局收入了《美国专利审查指南》之中。❸

技术贡献匹配原则要求：第一，专利申请人有权在授权公告之前对权利要求书进行修改以使权利要求书确定的保护范围与其原说明书和权利要求书中公开的技术贡献的范围相匹配。第二，只要修改后的权利要求书确定的保护范围没有超出公开在原始申请文件中的技术贡献的范围，对权利要求书的修改就没有超出原说明书和权利要求书记载的范围。第三，在技术贡献匹配原则之下来评价修改是否超范围，合理的基本规则是，只要相对于原始说明书和权利要求书而言，修改后的权利要求书能够得到支持，就应当认定修改没有超范围。

前面的分析表明，我国《专利法》第 33 条的第一个目的是维护我国专利制度采用的先申请原则。维护先申请原则，防止向申请文件补充申请日之后的技术信息的任务主要通过严格限制对说明书的修改来实现。《专利法》第 33 条的第二个目的是允许专利申请人获得的保护范围与其技术贡献相匹配。这一目的主要通过允许专利申请人修改权利要求书来实现。修改不得超范围的规定一方面是在限制专利申请人，另一方面也是在保护专利申请人，二者要辩证统一地看，不可偏颇。

---

❶ 2010 年版《专利审查指南》第一部分第二章第 8 节。
❷ In re Benno, 768 F . 2d 1340, 226 USPQ 683（Fed. Cir. 1985）.
❸ MPE §2163.06Ⅲ.

第三节 专利申请文件修改的直接确定标准之批判

我国《专利法》第 33 条规定的"原说明书和权利要求书记载的范围"应当如何理解？2010 年版《专利审查指南》规定该范围"包括原说明书和权利要求书文字记载的内容和根据原说明书和权利要求书文字记载的内容以及说明书附图能直接地、毫无疑义地确定的内容"。[1] 本书将《专利审查指南》规定的这一专利申请文件修改是否超范围的判断标准简称为直接确定标准。在司法实践中，直接确定标准引发了一些争议。关于专利申请文件的修改规则，理论上和实践中的主要标准包括直接确定标准、显而易见标准、技术贡献标准、支持标准等。在司法实践中，主要的争议在于，直接确定标准是否可以用于评价专利申请文件的修改是否超范围。从现有的判例来看，法院认为直接确定标准可以用于评价专利申请人对说明书的修改，但用于评价专利申请人对权利要求书的修改，则存在一些问题。对于专利申请文件的修改规则，其中最重要的问题之一就是如何评价直接确定标准。本书拟对理论界和实务界支持直接确定标准的主要理由进行评述，分析直接确定标准用于评价专利申请人对权利要求书的修改是否超范围的合理性，以期能够对确定合理的专利申请文件修改具体规则提供帮助。

一、记载与公开的范围是否相同

认为直接确定标准可以用于评价专利申请人对权利要求书的修改是否超范围的主要理由之一是，修改的范围应当按照直接确定标

---

[1] 2010 年版《专利审查指南》第二部分第八章第 5.2.1.1 节。

准而不是支持标准来确定。有观点认为，《专利法》第 33 条规定修改不得超出原说明书和权利要求书"记载"的范围，修改的范围受到原说明书和权利要求书的文字形式限制，而我国《专利法》第 26 条第 4 款规定的应当是权利要求书不得超出说明书"公开"的范围，因此，权利要求书可以修改的范围要小于权利要求书能够得到支持的范围。❶ 这种观点是否合理，笔者从以下方面来分析。

从逻辑上讲，原申请文件记载的技术信息与其公开的技术信息应当是没有区别的。无论是原申请文件记载的技术信息还是公开的技术信息，确定的主体都是本领域技术人员，本领域技术人员必然会运用和结合其所掌握的专业基础知识进行理解。例如，一种手机，虽未明确记载其有天线，但本领域技术人员结合公知常识可以直接、明确地认识到该手机隐含地包括了天线这一技术特征。如果说，原申请文件确定的技术信息是一个客观对象，那么这个客观对象需要、也只能够通过原申请文件的记载（包括文字和附图）来公开给公众。记载是公开的手段，公开是记载的目的。如果把原申请文件中的技术信息比作一个硬币，则记载的技术信息与公开的技术信息只不过是描述这个硬币的两个角度。认为原申请文件公开的技术信息与记载的技术信息并不相同，在文义上和逻辑上是说不通的。在法律和行政法规没有明确规定的情况下，认为记载的范围与公开的范围不相同，进而认为《专利法》第 33 条中修改的范围小于《专利法》第 26 条规定的权利要求书得到支持的范围是不合理的。

有观点认为，我国《专利审查指南》规定的直接确定标准是借

---

❶ 毛立群："试论'是否得到说明书支持'与'修改是否超范围'的关系"，载《〈专利法〉第 26 条第 4 款理论与实践》，知识产权出版社 2013 年版，第 15 页。

鉴欧洲专利局的直接地、毫无疑义地导出规则，但通过研究可以发现，欧洲专利局并不认为"记载"与"公开"有什么不同。《欧洲专利公约》第123条第（2）项规定："欧洲专利申请或欧洲专利的修改，不能增加超出了原始申请文件范围的内容。"该规定的文字没有界定原始申请文件的范围是指"记载"还是"公开"的范围。《欧洲专利局申诉委员会案例法》记载，欧洲专利局曾经在T 667/08案中认为，《欧洲专利公约》第123条第（2）项并不要求字面支持（literal support）。❶ 在英文版的《欧洲专利局专利审查指南》中，欧洲专利局使用了"公开"（disclosed）来描述原申请文件的范围。❷ 而且，《欧洲专利局专利审查指南》中也明确表示，在判断修改的内容是否直接地、毫无疑义地导出时，还需要考虑对本领域技术人员隐含公开的内容。而且在此后还不断出现"明确公开"（explicit disclosure）和"隐含公开"（implicit disclosure）的表述。❸ 因此，欧洲专利局所认为的专利文件或专利申请文件可以修改的范围应当是原始申请文件中公开的范围。在《欧洲专利局申诉委员会案例法》中记载的T 860/00案和T 1041/07案表明，原始专利申请文件的内容包括直接地、毫无疑义地公开的内容，无论是明确地还是隐含地公开。❹ 这些都表明欧洲专利局认为记载的内容并不局限于文字表述的内容，还应当包括本领域技术人员理解文字表述之后认为公开的内容。《欧洲专利局申诉委员会案例法》记载的案例表明，专利申请文件公开的内容，不仅仅包括说明书和权利要

---

❶ 《欧洲专利局申诉委员会案例法》第Ⅱ部分第E章第1.1节。
❷ 《欧洲专利局专利审查指南》第H部分第Ⅳ章第2.2节。
❸ 《欧洲专利局专利审查指南》第H部分第Ⅳ章第2.3节。
❹ 《欧洲专利局申诉委员会案例法》第Ⅱ部分第E章第1.1节。

求书公开的内容，还包括附图中公开的内容。❶ 附图所公开的内容，不能机械地理解为文字记载的内容，应当包括本领域技术人员在附图基础上理解得知的内容。

关于原说明书和权利要求书记载的范围应当如何理解，最高人民法院在岛野案中明确表示，"原说明书和权利要求书记载的范围"应当理解为原说明书和权利要求书所呈现的发明创造的全部信息，是对发明创造的全部信息的固定。"记载的范围"包括，原说明书及其附图和权利要求书以文字和图形直接记载的内容，以及本领域技术人员根据原说明书及其附图和权利要求书能够确定的内容。这表明，最高人民法院也认为不能机械地将记载的范围局限于文字表述的内容，应当将记载的范围扩大至本领域技术人员根据文字记载所能够确定的全部内容。因此，在司法实践中，不能将我国《专利法》第 33 条所述的记载的范围与公开的范围看作两个不同的范围。

即使按照《专利审查指南》的规定，在专利审查实践中，也不应当将记载的范围与公开的范围对立起来。2010 年版《专利审查指南》规定，原权利要求书中记载而原说明书中没有描述的技术特征可以补入说明书；对于附图中明显可见并有唯一解释的结构，允许补入说明书。❷ 附图中明显可见并有唯一解释的结构，与其说是原说明书记载的技术信息，不如说是原说明书公开的技术信息。《专利审查指南》的上述规定，恰恰表明原说明书公开的技术信息可以作为判断修改是否超出记载的范围的依据，也恰恰证明说明书记载的范围不能机械地理解为根据文字表述直接地、毫无疑义地确定的范围。从这个角度来讲，《专利法》和《专利审查指南》使用

---

❶　《欧洲专利局申诉委员会案例法》第 II 部分第 E 章第 1.1 节。
❷　2010 年版《专利审查指南》第一部分第二章第 8 节。

"记载的范围"不如使用"公开的范围"更加有利于正确确定修改的范围。

二、直接确定标准在欧洲专利局的适用

有观点认为，在判断专利申请文件的修改是否超出了原说明书和权利要求书公开的范围时，我国的直接确定标准借鉴了欧洲专利局使用的被称为"黄金标准"的直接地、毫无疑义地导出规则。[1]由于欧洲专利局要求专利申请人修改权利要求书时应当遵守直接确定标准，因此我国的专利申请人在修改权利要求书时也应当遵守该规则。欧洲专利局是否真的要求专利申请人在修改权利要求书时也遵守直接确定标准，还需要深入研究。

为了分析欧洲专利局是否会将直接确定标准适用于专利申请人，需要全面理解欧洲专利局的直接地、毫无疑义地导出规则。在理解欧洲专利局的直接确定标准时，需要注意以下两点：（1）《欧洲专利局专利审查指南》规定的直接地、毫无疑义地确定标准，应当放在其出现的语境中去理解，不能随意扩大其适用范围。该标准是在论述如何确保专利申请文件和专利文件符合《欧洲专利公约》第 123 条第（2）项时出现的。欧洲专利局认为，直接确定标准用于限制专利申请人或专利权人通过修改专利申请文件或专利文件来改变专利申请人或专利权人的法律地位，使其获得不正当利益，或者损害他人对原始专利申请文件的信赖利益，并不是用于防止专利申请人在修改权利要求书时获得不正当利益。（2）欧洲专利局允许在申请日之后提交权利要求，只要后来提交的权利要求符合《欧洲

---

[1] 温丽萍："中美欧关于专利申请文件修改之规定的比较与借鉴"，载《中国知识产权》2014 年第 4 期，第 86 页。

专利公约》第 123 条第（2）项规定的先申请原则等规定，这样的
权利要求就是可以被接受的。虽然欧洲专利局特别强调，申请日之
后提交的权利要求书不能算作原始专利申请文件，但如果之后提交
的权利要求书相对于原申请文件符合先申请原则，能够得到原申请
文件的支持，则这样的权利要求书是可以被接受的。在这种情况
下，欧洲专利局不可能要求后提交的权利要求书是能够从原申请文
件直接地、毫无疑义地导出的。这表明，与说明书的修改不同，权
利要求书的提交和修改，只要遵守了先申请原则，并不机械地受到
直接确定标准的约束。

　　通过对《欧洲专利局专利审查指南》的进一步研究我们也可
以发现，专利申请人修改权利要求书时并不必然受到直接确定标
准的约束。其中一个例证是，即使原始说明书援引的文献中的技
术特征并没有出现在原始说明书中，在修改权利要求书时也可以
采用。《欧洲专利局专利审查指南》规定，虽然原始说明书援引
的文献中准确地、明确地界定的技术特征应当初步被认为没有被
原始专利申请文件直接地、毫无疑义地公开。但是，在修改权利
要求书时，却可以有条件地采用该技术特征。❶ 对权利要求书的
这种修改并不必然与《欧洲专利公约》第 123 条第（2）项的规定
相矛盾。

　　当然，《欧洲专利局专利审查指南》规定在修改权利要求书时
采用这样的技术特征应当遵循一些条件，主要包括该技术特征是否
明确地被引证文件公开、本领域技术人员是否能够毫无疑问地确定
该技术特征、该技术特征对解决发明的技术问题有贡献，等等。值
得注意的是，欧洲专利局在相关规定中强调，上述引证文件必须是

---

❶ 《欧洲专利局专利审查指南》第 H 部分第Ⅳ章第 2.3.1 节。

申请日之前能够被欧洲专利局获得，而且，最迟在专利申请公开日之前能够被公众获得的。这表明，在判断是否应当准许权利要求书的修改时，欧洲专利局认为可以考虑专利申请日之前的引证文献的技术信息，即使这些技术信息没有被原专利申请文件直接地公开。这实际上就是在某种程度上允许修改权利要求书时考虑现有技术。这表明，对于说明书和权利要求书的修改规则，欧洲专利局实际上并不认为完全相同。上述情况表明，虽然欧洲专利局表面上声称权利要求书和说明书的修改都应当遵守直接确定标准，但只要不违反《欧洲专利公约》第123条第（2）项规定的先申请原则，这个标准在面对不同修改对象时，内涵可以不完全相同。之所以欧洲专利局在实践中会对权利要求书和说明书的修改有所区分，根本原因还是考虑到机械地适用直接确定标准虽然能够有效保证权利要求书的修改不会违反先申请原则，但却可能妨害专利申请人获得与其技术贡献相匹配的保护范围。

三、信赖利益保护原则和禁止反悔原则的影响

有观点认为，专利申请人修改权利要求书时应当遵守禁止反悔原则。❶ 对于发明专利而言，如果在公布之后再修改权利要求书，还可能会损害社会公众的信赖利益。因此，专利申请人修改权利要求书时应当遵守直接确定标准。专利申请人修改权利要求书时是否应当遵守禁止反悔原则和信赖利益保护原则，值得深入研究。

在专利法中，禁止反悔原则的基本含义是，禁止专利权人将其在审批过程中通过修改或者意见陈述所表明的不属于其专利权保护

---

❶ 崔峥："《专利法》第33条的立法本意与法律适用探讨——以先申请原则和禁止反悔原则为支点"，载《知识产权》第2011年第4期，第27页。

范围之内的内容重新囊括到其专利权保护范围之中。❶ 禁止反悔原则的适用应以行为人出尔反尔的行为损害第三人对其行为的信赖和预期为必要条件。根据专利授权程序来看，认为禁止反悔原则可以用于判断专利申请文件是否超范围的论点面临以下问题：第一，允许专利申请文件的修改是《专利法》第 33 条规定赋予专利申请人的法定权利，只要修改没有超出原说明书和权利要求书有记载的范围即可。专利申请人在授权公告之前都有修改的可能。除了限定时间的主动修改，还有被动修改。不能认为只要是修改后的权利要求书与申请日提交的权利要求书不相同，就机械地认为专利申请人违反了禁止反悔原则。第二，在专利授权公告之前的修改，不会超出社会公众的预期，不存在出尔反尔。正如最高人民法院的法官在判决书中所言，对社会公众而言，基于《专利法》第 33 条的规定，其应当预见到申请人可能对专利申请文件进行修改，其信赖的内容应当是原说明书和权利要求书记载的范围，而不仅仅是依赖原权利要求书记载的保护范围。❷ 第三，我国《专利法》规定，专利权自授权公告之日起生效。由于权利要求书在授权公告之日起才产生排他性专利权，因此授权之前对权利要求书的修改不会损害社会公众的合法权益，不应当受到禁止反悔原则的约束。

有观点认为，在发明专利申请公布之后，社会公众对公布的发明专利申请中的权利要求书有信赖利益，因此应当严格限制发明专利申请人对权利要求书的修改，适用直接确定标准来评价权利要求书的修改是否符合《专利法》第 33 条的规定。上述观点是否能够成立，关系到专利申请人对权利要求书的修改是否应当适用直接确

---

❶ 尹新天：《专利权的保护（第二版）》，知识产权出版社 2005 年版，第 449 页。
❷ 最高人民法院（2013）行提字第 21 号行政判决书。

定标准。

专利申请人对权利要求书的修改是否应当遵守信赖利益保护原则，关键在于社会公众对专利申请文件中的权利要求书是否具有信赖利益。最高人民法院在墨盒案裁定书中表示，《专利法》第33条对专利申请文件的修改进行限制，其理由之一是保障社会公众对专利信息的信赖，避免给信赖原申请文件并以此开展行动的第三人造成不必要的损害。❶《欧洲专利局专利审查指南》表明，欧洲专利局在 G 1/93 案的判例规则中也曾明确表示，第三方信赖原申请文件的法律安全应当得到保护。❷ 最高人民法院在墨盒案裁定书中的意见和欧洲专利局的主张是正确的。但需要注意的是，只要对专利申请文件的修改严格遵守了先申请原则，就不会给信赖原申请文件并以此开展行动的第三人造成不必要的损害，第三方信赖原申请文件的法律安全就能够得到保护。需要强调的是，社会公众信赖原始申请文件不会进行修改的利益，不属于应当受到保护的利益，因为，无论是《欧洲专利公约》还是我国《专利法》都明确规定专利申请人有权修改专利申请文件。因此，对社会公众信赖利益的保护，主要通过对先申请原则的遵守来实现。换言之，无论是对说明书的修改还是对权利要求书的修改，只要符合了先申请原则的要求，当然就不会损害值得保护的社会公众的信赖利益。从逻辑上来讲，在已经强调了专利申请文件的修改必须遵守先申请原则的情况下，保护社会公众对原说明书和权利要求书的信赖利益的任务已经能够被先申请原则包含，信赖利益保护原则不必再单独强调。

但是，由于专利权的公示性，在专利授权公告之后，社会公众

---

❶ 最高人民法院（2010）知行字第 53 - 1 号行政裁定书。
❷ 《欧洲专利局专利审查指南》第 H 部分第 Ⅳ 章第 2.2 节。

对授权公告的权利要求书的信赖利益应当受到保护，因此对已经授权公告的专利文件的修改，则有必要在先申请原则之外单独强调信赖利益保护原则。最基本的要求是，专利权人不能在授权公告的权利要求书的基础上扩大保护范围。对授权公告的权利要求书修改是否超范围的参照文件不再是原说明书和权利要求书，而是授权公告的权利要求书，因此对授权后的权利要求书的修改，不再直接地受到先申请原则的约束，此时需要独立地强调信赖利益保护原则。这一点，也体现了专利文件与专利申请文件修改规则的区别。

四、小结

笔者的研究表明，《专利法》第 33 条规定修改不得超出原说明书和权利要求书"记载"的范围，与原说明书和权利要求书公开的范围实质上相同，因此，权利要求书的修改应当遵守技术贡献匹配原则和支持标准，而非直接确定标准。说明书与权利要求书的法律性质不同，修改所产生的法律后果不同，因此，说明书的修改应遵守的直接确定标准不能当然适用于权利要求书的修改。即使在欧洲专利局，说明书和权利要求书的修改规则实质上也并不完全相同，不能认为欧洲专利局对于专利申请人修改权利要求书也机械地适用直接确定标准。正如最高人民法院所述，基于《专利法》第 33 条的规定，社会公众应当预见到申请人可能对专利申请文件进行修改，其信赖的内容应当是原说明书和权利要求书记载的范围，而不仅仅是依赖原权利要求书记载的保护范围。因此，专利申请人修改权利要求书不受到禁止反悔原则和信赖利益保护原则的约束。总之，《专利法》第 33 条有两个目的：第一是限制专利申请人的修改，不允许其将申请之后的技术信息加入专利申请文件，从而架空先申请原则。这一点主要体现在说明书的修改上，因此说明书的修改应当适用直接确定标准。第二是允许专利申请人修改，使其能够获得与其技术贡献相匹配的专利权保护范围。这一点主要体现在权利要求书的修改上，因此权利要求书的修改应当遵守技术贡献匹配原则和支持标准，即只要权利要求书的修改能够得到原说明书和权利要求书公开的内容的支持，这样的修改就应当认定为没有超出《专利法》第33条规定的范围。直接确定原则用于评价专利申请人对说明书的修改是否符合《专利法》第33条的规定是合适的，但不能用于评价专利申请人对权利要求书的修改是否超范围。专利复审委员会在专利审查实践中应当保证专利申请人有机会通过主动修改，把与其公开在原说明书和权利要求书的技术贡献相匹配的保护范围写进权利要求书中。

第九章　无效程序中权利要求书的修改

我国《专利审查指南》规定，无效程序中权利要求书的修改方式一般限于权利要求的删除、合并和技术方案的删除三种方式。❶在专利审查实践中，专利复审委员会基本上不允许三种方式之外的修改方式。在司法实践中，专利复审委员会的做法受到了质疑。2011年最高人民法院在江苏先声案即"氨氯地平、厄贝沙坦复方制剂"发明专利权无效行政纠纷案中认为，授权公告权利要求书中的数值范围1∶10－1∶30虽然并不对应并列技术方案，但仍然可以修改为1∶30。❷此案表明最高人民法院认为权利要求书的修改不应限于《专利审查指南》规定的三种方式。2014年北京市高院在杜邦案即"氟化烃的恒沸组合物"发明专利权无效行政纠纷案中明确表示，无效程序中权利要求的修改并不仅限于上述三种方式。❸在专利无效程序和专利授权行政诉讼程序中，应当对无效程序中权利要求书的修改确定什么样的规则？是否允许权利要求书在上述三种方式之外进行修改？围绕司法实践中的上述问题，下文对无效程序中权利要求书的修改规则进行研究，以期能为上述问题的解决提供帮助。

---

❶ 2006年版《审查指南》第四部分第三章第4.6节及2010年版《专利审查指南》第四部分第三章第4.6节。

❷ 最高人民法院（2011）知行字第17号行政裁定书。

❸ 北京市高级人民法院（2012）高行终字第1909号行政判决书。

第一节　专利文件修改的基本前提和主要问题

一、专利文件修改的基本前提

在无效程序中，权利要求书的性质属于专利文件，因此在研究无效程序中权利要求书的修改规则时需要首先讨论专利文件的修改规则。在讨论专利文件的具体修改规则时，首先应当明确专利文件修改的基本前提。在我国，专利文件的修改应当注意以下基本前提。

（1）应当遵守《专利法》和《专利法实施细则》中有关专利文件修改的规定。在我国，专利文件的修改只能在专利无效程序中进行。1984 年和 1992 年《专利法》及相应的《专利法实施细则》均未规定专利权人在专利权无效宣告请求审查过程中有权修改专利文件，但在 2000 年《专利法》基础上修订的 2002 年《专利法实施细则》第 68 条规定："在无效宣告请求的审查过程中，发明或者实用新型专利的专利权人可以修改其权利要求书，但是不得扩大原专利的保护范围。发明或者实用新型专利的专利权人不得修改专利说明书和附图，外观设计专利的专利权人不得修改图片、照片和简要说明。"在 2008 年《专利法》基础上修订的 2010 年《专利法实施细则》将原来的《专利法实施细则》第 68 条调整为第 69 条，但内容没有变化。由此可见，2001 年以来历次修订的《专利法实施细则》均明确赋予发明或者实用新型专利权人在专利权无效宣告请求审查过程中修改专利文件的权利，但是同时对修改专利文件作出了明确限制，即不得修改专利说明书和附图，且对权利要求书的修改不得扩大原专利的保护范围。

（2）应当区分专利文件与专利申请文件。专利申请文件与专利文件的法律性质不同，相应的修改规则也不完全相同。在专利授权公告之前，说明书和权利要求书都属于专利申请文件，而专利授权公告之后，说明书和权利要求书则都变成专利文件。与之相对应的是，在专利授权公告之后，专利申请人也变成专利权人。专利授权公告之前，说明书和权利要求书还处于审查阶段，没有产生排他性的专利权，权利要求书的修改不会直接损害他人的信赖利益。在授权公告之后，权利要求书具有公示性和排他性，权利要求书的修改可能损害他人的信赖利益。专利文件的修改除了要遵守《专利法》第 33 条所隐含的先申请原则之外，还要遵守不得扩大原专利保护范围的限制条件。在专利审查和专利审判实践中，应当注意区分专利申请文件的修改和专利文件的修改。❶

（3）应当区分专利文件中的权利要求书和说明书。说明书与权利要求书的法律地位和作用不同，修改规则也不相同。权利要求书与说明书的区别有多个方面，其中以下两个方面对二者在无效程序中的修改规则有重要影响：第一，权利要求书与说明书的任务不相同。说明书的主要任务是对发明创造作出清楚、完整的说明，权利要求书的主要任务是界定专利权的保护范围。第二，权利要求书与说明书的内容不相同。发明人公开在原始申请文件中的技术贡献并不一定都体现在权利要求书中，权利要求书要求保护的技术方案并不一定都能够体现发明人的技术贡献。正如瑞奇法官所说："不要再说权利要求定义了发明创造。"❷ 由于权利要求书与说明书的上

---

❶ 石必胜："技术贡献视角下的专利申请文件修改"，载《中国知识产权》2014 年第 8 期，第 25 页。

❷ Janice M. Mueller, *A Rich Legacy*, 81 J. Pat. & Trademark Off. Soc'y 755, 758 – 759 (1999).

述区别，二者修改产生的法律后果也不完全相同，因此二者在无效程序中的修改规则也不相同。2002 年修订的《专利法实施细则》第 68 条和 2010 年修订的《专利法实施细则》第 69 条第 1 款规定在无效宣告请求的审查过程中不得修改专利说明书，因此，专利文件的修改在我国只涉及无效程序中权利要求书的修改，不涉及说明书的修改。

二、司法实践中的主要问题

在司法实践中，无效程序中权利要求书的修改涉及的主要问题是，《专利审查指南》规定权利要求书修改限于权利要求的删除、合并和技术方案的删除，除了这三种修改方式外，是否还有其他修改方式？目前专利复审委员会和法院对此问题的意见并不相同。为了讨论这个问题，可以对权利要求书的结构进行分析。根据范围大小，权利要求书的组成单元可以分为三个层次：权利要求；技术方案；技术特征。权利要求书可能由一个或多个权利要求组成，权利要求可能由一个或多个技术方案组成，技术方案由多个技术特征组成，因此，技术特征是权利要求书中的最小单元。根据《专利审查指南》的规定权利要求书修改只能有三种方式，权利要求的删除和技术方案的删除只涉及技术方案的减少，不涉及技术特征的修改。权利要求的合并是指两项或者两项以上相互无从属关系但在授权公告文本中从属于同一独立权利要求的权利要求的合并。❶ 在此情况下，所合并的从属权利要求的技术特征组合在一起形成新的权利要求。该新的权利要求应当包含被合并的从属权利要求中的全部技术特征。权利要求的合并也不涉及单个技术特征的修改，只涉及技术

---

❶ 2010 年版《专利审查指南》第四部分第三章第 4.6.2 节。

方案的修改。因此，《专利审查指南》实质上是将权利要求修改的最小单元限定为技术方案，即虽然可以修改技术方案，但不能修改其中的单个技术特征。

根据修改的最小单元不同，无效程序中权利要求书的修改在逻辑上可能有两种方案：方案一，最小修改单元为技术方案，但不能修改其中的单个技术特征。如果技术方案有缺陷，可以通过技术方案的删除、合并来克服相应缺陷，但不能通过修改技术方案中的单个技术特征来克服缺陷。如果技术方案中的单个技术特征有瑕疵，不能修改该技术特征，技术方案在整体上应当被宣告无效。我国《专利审查指南》基本上采用了此方案。方案二，最小修改单元为技术特征。如果技术方案中的单个技术特征有缺陷，可以通过修改该技术特征来克服相应缺陷。哪一种方案才是符合专利法立法目的和价值取向的最合理方案，正是我国专利确权司法实践中面临的主要问题。

第二节　信赖利益保护视角下的修改规则

一、信赖利益保护原则

为了深入分析无效程序中权利要求书修改的最小单元这个司法实践中的重要问题，应当考虑专利文件修改的基本原则。专利文件的修改应当遵守先申请原则、技术贡献匹配原则、信赖利益保护原则和利益平衡原则，其中，信赖利益保护原则对权利要求最小修改单元有重要影响。自授权公告之日起，发明和实用新型的权利要求书所确定的保护范围就正式地产生了排除他人进入的法律效果。与已经授权的专利利益相关的公众，不得不信赖已经授权公告的权利要求是有效的，因此对于授权公告之后的权利要求书进行修改时，不能损害相关公众的信赖利益。对相关公众信赖利益的保护，主要在对无效程序中权利要求书修改的限制上，即对权利要求书的修改不得扩大原专利的保护范围。从逻辑上来讲，相关公众对授权公告权利要求书的以下两个方面的信赖利益应当受到保护。

第一，预期不侵害专利权的相关公众的信赖利益，即不进入专利权保护范围、不构成侵权的安全性。权利要求书没有要求保护的范围是可以随意进入的，因此不允许专利权人修改权利要求时扩大保护范围并将其纳入保护范围，避免信赖授权公告权利要求的相关公众由不侵权变成侵权。欧洲专利局明确阐述了为什么不允许在专利授权之后扩大权利要求的保护范围。《欧洲专利公约》第 123 条第（3）项规定："欧洲专利不能通过修改来扩大保护范围。"欧洲专利局在《欧洲专利局专利审查指南》中认为，此项规定的目的在于，防止扩大已经授权的专利权保护范围，从而将原本不属于侵权的行为变成侵权行为，即使这样扩大范围的修改能够得到原专利申请文件的支持。❶ 欧洲专利局认为，《欧洲专利公约》第 123 条第（3）项所述的不得扩大保护范围，是指修改后的保护范围在整体上与修改前的保护范围相比较，只要没有扩大即可。只要修改之后的所有权利要求的保护范围没有超出修改前的所有权利要求的保护范围就是允许的。❷

第二，不走弯路的信赖利益，即不因为专利权人的"不当得利"而绕弯路的信赖利益。相关公众相信，授权公告的权利要求书是有效的，是与专利权人的技术贡献相匹配的。但专利权人之所以

---

❶ 《欧洲专利局申诉委员会案例法》第 II 部分第 E 章第 2 节。
❷ 同上。

要修改权利要求书，缩小专利权保护范围，就是因为无效程序中发现授权公告权利要求保护的全部或部分范围不应当得到保护。在上述情形下，专利权人实际上"不当得利"。允许专利权人缩小保护范围，实质上就是允许专利权人将"不当得利"排除在专利权外，回到合理的保护范围之中。那么，信赖专利权的保护范围进而绕路行走的相关公众，因为"不当得利"走了冤枉路，由此承担走弯路的机会成本，实质上信赖利益也受到损害。换一个角度来看，允许专利权人缩小专利权保护范围，实质上就是在某种程度上允许其"不当得利"，并损害相关公众不走弯路的信赖利益。

二、信赖利益保护原则的影响

无论最小修改单元为技术方案还是技术特征，在不得扩大保护范围的前提下，都不会损害预期不侵害专利权的相关公众的信赖利益，但最小修改单元的选择可能会对不走弯路的信赖利益产生不同的影响。如果最小修改单元是技术方案，意味着一旦技术方案中的单个技术特征有缺陷，专利权人无法通过修改该技术特征来克服该缺陷，只能放弃包含该技术特征的整个技术方案。这样的修改规则将会激励专利申请人更加谨慎地选择合适的技术特征，尽量使技术特征与其公开在原始申请文件中的技术贡献相匹配。这样一来，能够有效避免因为单个技术特征与技术贡献不匹配而产生的"不当得利"，也能够有效地保护相关公众不走弯路的信赖利益。如果最小修改单元是技术特征，意味着虽然技术方案中包含了有缺陷的单个技术特征，专利权人也有机会在无效程序中通过修改该技术特征来克服相应缺陷。这样的修改规则相对于前述的修改规则不利于激励专利申请人谨慎、合理地确定技术特征的保护范围。相对于最小修改单元为技术特征的规则，最小修改单元为技术方案的规则更有利于保护相关公众不走弯路的信赖利益。从这个角度来看，我国《专利审查指南》规定最小修改单元为技术方案具有一定的合理性。

第三节　撰写激励视角下的修改规则

一、激励分析方法的必要性

司法裁判的激励分析方法是建立在经济学理论基础之上的案件裁判方法，可以普遍适用于知识产权案件的审判实践。[1] 经济学的基本原理之一是，由于人们通过比较成本与利益作出决策，所以，当成本或利益变动时，人们的行为也会改变。这就是说，人们会对激励作出反应。经济学提供了一个科学的理论来预测法律规则对行为的效应。对经济学家来说，法律规则就像是价格，人们对法律规则的反应就像是对价格的反应一样。在前述理论基础上，经济学家们可能用数学化的精确理论（如价格理论和博弈论）和经验式的可靠方法（如统计学和数量经济学）来分析法律规则对行为的效应。[2] 由于法律规则包括裁判规则，它们可能会改变人们面临的成本或利益，从而改变人们的行为，因此经济学提供了预测人们如何对裁判规则作出反应的理论基础。法律经济学家据此提出了事前分析研究方法，或者说激励分析研究方法。相对于传统法学研究侧重于对案例的事后研究，激励分析方法侧重于对行为的预测研究。

无效程序中权利要求书的修改规则，必然会对专利申请人撰写

---

[1] 石必胜："网络不正当竞争纠纷裁判规则的激励分析"，载《电子知识产权》2014年第11期，第51页。

[2] ［美］罗伯特·D.考特、托罗斯·S.尤伦：《法和经济学（第三版）》，施少华、姜建强等译，上海财经大学出版社2002年版，第3页。

权利要求书产生引导和激励。因此确定授权后权利要求书的修改规则时，不仅仅要考察个案中当事人之间的利益是否平衡，个案正义是否得到伸张，更要注意在个案中确定的裁判规则将会对其他潜在当事人产生怎样的激励作用。[1] 如果在个案中只是关注裁判结果对个案的影响，而忽略相应裁判规则对其他人的激励作用，则可能会产生不好的法律效果和社会效果。例如，在个案中如果仅仅依据行为人扶起了摔倒在地的老人，就初步推定行为人将老人撞倒，将会引导其他人不去扶起摔倒的老人。在讨论授权后权利要求书的修改规则是否合理时，有必要从激励权利要求书撰写的视角来分析无效程序中权利要求书修改的最小单元。

二、撰写激励视角下的修改规则

最小修改单元为技术特征，将会对权利要求书的撰写产生消除激励后果。专利申请人可能在撰写时选用外延大于其技术贡献的技术特征，因为这样做收益可能大于成本。首先，实用新型专利不需要经过实质审查，这样做不容易被发现。其次，即使是发明专利，这样做也不容易使包含该技术特征的技术方案被宣告无效。因为如果有人针对该技术特征存在的缺陷提出无效宣告请求，专利权人有机会修改该技术特征，使其与技术贡献相匹配，从而克服相应缺陷。例如，专利申请人虽然明知与其技术贡献匹配的技术特征是1～10，但可能会故意撰写成1～20。一旦有人提出无效宣告请求，专利权人还可以通过修改该技术特征将其修改成1～10。最小修改单元为技术特征，可能会激励专利申请人选择外延大于其技术贡献的技术特征，使其获得与技术贡献不匹配的"不当得利"，因此最

---

[1] 石必胜："隐含特征在权利要求解释中的作用"，载《中国知识产权》2013年第12期。

小修改单元为技术特征会对权利要求书的撰写产生消极激励后果。

相对而言，最小修改单元为技术方案，将会对权利要求书的撰写产生积极激励后果。最小修改单元为技术方案意味着，如果技术特征中包含了坏点，技术方案整体上就应当被宣告无效，这样有利于激励专利申请人更加谨慎地选择与其技术贡献相匹配的技术特征，避免因为某个技术特征与技术贡献不匹配而导致整体技术方案被宣告无效。前面的分析表明，最小修改单元为技术方案更有利于激励专利申请人更加谨慎地选择与其技术贡献相匹配的技术特征，更加合理地确定保护范围，更有利于避免损害相关公众的合法权益，提高专利撰写质量。因此，从激励专利申请人撰写的角度来看，应当不允许专利权人在无效程序中修改有缺陷的单个技术特征。从这个角度来看，我国《专利审查指南》的现有规定具有一定的合理性。

第四节　权利要求书不准确性视角下的修改规则

一、权利要求书的不准确性

在确定无效程序中权利要求书修改规则的时候，必须考虑权利要求书天然具有的不准确性。权利要求书的不准确性是指由于各种因素的影响，权利要求所要求保护的专利权范围具有不确定性和模糊性。权利要求书具有不准确性的主要原因有：第一，专利申请人难以准确认识到其作出的技术贡献。很多发明创造与现有技术的差异是定性的而不是定量的，定性的差异使得专利申请人在主观上很难准确界定要求保护的范围。第二，词与物的不完全对应性。文字是记录语言的符号，语言与客观事物的准确对应是一个永恒的难题。而且，技术方案可能涉及很多二维、三维的技术信息，而文字更多地适合描述一维的信息，因此文字对技术信息的描述具有天然的局限性。第三，汉字的模糊性。自然语言具有精确性和模糊性双重属性。从词的生成和构造来看，汉语的语义不准确性更容易产生，因此，使用合适的汉字来准确表述技术信息难度更大。第四，撰写能力的局限性和差异性。专利代理人撰写能力的局限性和差异性容易导致权利要求的文字表达不能够准确表述专利申请人意图要求保护的范围。

二、权利要求书不准确性的考量

权利要求书的不准确性是权利要求书自身性质决定的，是客观难题，难以避免。权利要求书的不准确性对专利授权确权审判实践和专利侵权审判实践均有重要的影响。例如，专利侵权判定规则中的等同侵权就是基于权利要求书不准确性产生的。虽然理论上来说应当严格按照权利要求的内容来确定专利权保护范围，但是各国的司法实践都表明，如果过分拘泥于权利要求的文字，则不能为专利权人提供有效的专利保护。❶ 在世界知识产权组织 2001 年以来讨论《专利法实体条约》的过程中，各国基本上同意在条约中采纳等同侵权规则，表明多数国家都承认权利要求书不准确性这一客观事实。

如果说只要专利申请人在主观上愿意准确表述保护范围，在客观上就能够实现该目的，那么对权利要求书的撰写应当确立比较严格的评价标准，一旦发现权利要求中存在有缺陷的技术特征就可以否定其有效性。这样的评价规则不会损害善意专利申请人的合法权益，也有利于保护相关公众的利益。但在前面所述的权利要求书撰写的多种难题及多种不确定因素下，考虑到专利申请人很难一次性

---

❶　尹新天：《专利权的保护（第 2 版）》，知识产权出版社 2005 年版，第 374 页。

的准确确定合适的技术特征，不仅仅应当允许专利申请人在专利申请程序中对有缺陷的技术特征进行纠错，也应当允许专利权人在专利无效程序中对有缺陷的技术特征进行纠错。各国专利制度一般都允许专利申请人和专利权人在专利授权前后对专利权保护范围进行调整，给予专利申请人和专利权人对技术特征和技术方案进行纠错的机会。技术方案和技术特征的准确性在专利审查程序和专利无效程序中不断被检视和纠正，技术方案和技术特征的修改和完善是一个过程。综上，权利要求书的不准确性是允许专利权人修改有缺陷的单个技术特征的重要理由。从权利要求书不准确性的视角来看，无效程序中权利要求修改的最小单元更适合确定为技术特征而非技术方案。

第五节　司法政策视角下的修改规则

一、对专利代理实际情况的考量

"法律是实践的，是要解决问题的，是要解决我们的问题的，是要解决我们眼下的问题的。"[1] 在讨论我国无效程序中权利要求书的修改规则时，不能不考虑当前我国专利代理行业的现实情况。我国专利制度建立时间不长，专利代理行业的发展时间较短，虽然在近年来发展迅速，但我国专利代理从业人员数量与服务质量双重匮乏。[2] 当前，专利申请人普遍舍不得在专利申请阶段花钱，撰写费用较低，大量专利申请文件由没有专利代理人资格的人撰写。如

---

[1] 苏力：《送法下乡——中国基层司法制度研究》，中国政法大学出版社2000年版，第12页。

[2] 林小爱、朱宇："专利代理机制存在的问题及对策研究"，载《知识产权》2011年第5期，第48页。

果对专利撰写水平要求过高，客观上会影响确实有技术贡献但撰写有瑕疵的发明创造的有效性。❶ 因此，在现实情况下似乎应当考虑适用对专利权人相对宽松的权利要求书修改规则，允许对单个技术特征进行修改。

有些司法判例也表明法院在评价专利权有效性时考虑了专利代理人的实际撰写能力。北京市高院在第一三共株式会社案即"用于治疗或预防高血压症的药物组合物的制备方法"发明专利权无效行政纠纷案中认为："众所周知，在专利文件撰写及专利审查过程中，无论专利申请人还是审查员，只能在特定范围内检索现有技术的内容。由于现有技术范围广泛，任何人均不可能检索到所有的现有技术。如果将授权后的马库什权利要求视为一个整体技术方案而不允许删除任一变量的任一选择项，那么专利权人获得的专利权势必难以抵挡他人提出的无效请求。"❷在该案中，法院认为在无效程序中应当对专利权人修改权利要求给予适度的宽容。不说该案涉及的具体规则是否合理，该案中法院基于撰写的客观局限性给予专利权人修改权利要求更宽松的条件是符合我国当前的实际情况的。

二、对司法政策的考量

仅仅立足于固定的概念或者法律标准，那是一种技术性思维，在法律适用中是不够的。只有植入价值和政策，用价值和政策指导法律的适用，法律适用才不会是僵硬的和冷冰冰的，才能充满活力。❸ 无效程序中权利要求修改应当确定怎样的具体规则，最终取

---

❶ 孔祥俊：《知识产权保护的新思维——知识产权司法前沿问题》，中国法制出版社2013年版，第10页。
❷ 北京市高级人民法院（2012）高行终字第833号行政判决书。
❸ 孔祥俊：《商标法适用的基本问题》，中国法制出版社2012年版，第94页。

决于价值选择和政策考量。无效程序中权利要求的具体修改规则是如何涉及利益平衡，从而涉及价值选择和政策考量呢？虽然对有缺陷的技术特征的修改以缩小专利权保护范围为前提，但是，在专利授权之日至专利权人通过修改限缩保护范围之日，相关公众不能进入通过修改而排除在外的那一部分保护范围。通过修改而排除在外的保护范围实际上是专利权人本来就不应当获得的保护范围，但在专利授权公告之日至修改被接受之日，事实上起到了排除相关公众进入的效果。被排除在外的保护范围相对于专利权人而言，是"不当得利"。专利权人通过修改限缩保护范围，将"不当得利"返还给相关公众。在最小修改单元为技术方案的规则之下，专利权人要对"不当得利"付出代价，即放弃部分技术方案，但在最小修改单元为技术特征的规则之下，专利权人不会对"不当得利"付出代价，因为有缺陷的技术方案可以通过单个技术特征的修改继续有效。因此，相对于最小修改单元为技术方案的规则，最小修改单元为技术特征的规则，虽然会最大限度地保护专利权人的利益，但却会损害相关公众的利益。而最小修改单元为技术方案的规则，虽然会更有效防止损害相关公众的利益，但却对专利申请人撰写权利要求的水平提出了更高的要求。如何在专利权人与相关公众的利益冲突之间选择，是无效程序中权利要求具体修改规则的核心问题。

我国当前的知识产权基本司法政策对于这个核心问题的处理具有重要的导向作用。在法发〔2012〕15号《最高人民法院关于充分发挥审判职能作用为深化科技体制改革和加快国家创新体系建设提供司法保障的意见》中，最高人民法院表示："充分考虑专利文件撰写的客观局限，在专利申请文件公开的范围内，尽可能保证确有创造性的发明创造取得专利权，实现专利申请人所获得的权利与其技术贡献相匹配，最大限度地提升科技支撑引领经济社会发展的能力。"该意见可以解读为，对于确实有技术贡献的发明创造，应适度容忍其撰写上的瑕疵。基于这样的司法政策，似乎应当允许专利权人在无效程序中修改有缺陷的技术特征。

最高人民法院在相关判例中也体现出类似的政策倾向。在"氨氯地平、厄贝沙坦复方制剂"发明专利权无效行政纠纷案中，专利权人在无效程序中将权利要求 1 中的某药物成分的比例"1：10－1：30"修改为"1：30"。专利权人在无效程序中的上述修改实际上就是对有缺陷的单个技术特征的修改。专利复审委员会认为无效程序中修改权利要求书时不能修改有缺陷的单个技术特征，依据 2006年版《审查指南》第四部分第三章第 4.6.2 节的规定认为该修改不应接受。最高人民法院在该案中认为，专利权人对权利要求 1 的修改应当予以允许，2006 年版《审查指南》的相关规定过于机械。最高人民法院在该案中的意见似乎更倾向于保护专利权人通过修改有缺陷的单个技术特征而挽救专利权的机会。因此，按照当前的司法政策，无效程序中权利要求修改的最小单元应当确定为技术特征而非技术方案，即在不扩大原专利保护范围的前提下，应当允许专利权人在无效程序中修改有缺陷的技术特征。

第六节　发明与实用新型的区分

一、发明与实用新型修改规则的区分

值得讨论的是，发明和实用新型的授权程序并不相同，为了更有效保护相关公众不走弯路的信赖利益，发明和实用新型的权利要求书在无效程序中的修改规则是否应当有所区别？发明专利经过了实质审查，即使发明人意图使用大于其技术贡献的技术特征，理论

上讲专利审查员也会予以限制。因此，经过专利审查员在实质审查后的专利权保护范围，即使有"不当得利"，也必然是不明显的，而且也不能认为是专利申请人恶意获得的。从这个角度来讲，发明专利权人即使在授权公告的权利要求中获得了"不当得利"，也属于"善意不当得利"。但是，实用新型专利不同于发明专利，实用新型专利申请不需要经过实质审查，专利权保护范围没有经过专利审查员的确认，专利申请人在提出申请时故意要求保护与其技术贡献不匹配的"不当得利"，不会受到专利审查程序的限制，因此，实用新型专利权人有机会获得"恶意不当得利"。实用新型专利权自授权公告之日起生效，一旦生效，就产生了排除他人进入保护范围的效力。除非通过程序较为复杂和漫长的专利无效程序，实用新型专利申请人的"恶意不当得利"才能消除。因此，对于实用新型专利，如果在无效程序中的最小修改单元是技术特征，专利权人可以通过修改单个技术特征放弃"不当得利"，后退到与其实际技术贡献相匹配的技术特征，专利权人损害相关公众不走弯路的信赖利益只需要承担较小的代价。相反，如果实用新型专利的权利要求书在无效程序中最小修改单元是技术方案，意味着一旦某个技术特征与技术贡献不匹配，整个技术方案就会被宣告无效，实用新型专利申请人在撰写时就会尽量避免"恶意不当得利"。

理想的无效程序权利要求书修改规则应当允许"善意不当得利"，防止"恶意不当得利"。鉴于发明专利与实用新型专利在审查程序上的区别，无效程序中权利要求修改的理想方案是，发明专利权人在无效程序中可以修改有缺陷的单个技术特征，而实用新型专利权在无效程序中不能修改有缺陷的单个技术特征。但从宏观上来看，是避免实用新型专利申请人可能的"恶意不当得利"，保护相关公众的利益更为迫切和重要，还是保护实用新型专利权人通过修改克服单个技术特征的缺陷从而挽救专利权的利益更为迫切和重要，还需要更进一步的讨论。

二、比较法的考察

在无效程序中允许专利权人修改权利要求时修改有缺陷的单个技术特征也能够得到比较法的支持。《欧洲专利局专利审查指南》中表述，《欧洲专利公约》第 123 条第（3）项的规定表明，修改授权后的权利要求书时，可以重写、修正或删除部分或全部权利要求中的技术特征，并不受到授权公告的权利要求书中的具体技术特征的限制，只要修改后的权利要求书符合《欧洲专利公约》第 123 条第（2）项的规定即没有超出原申请文件的范围，并且没有超出授权的权利要求书所确定的保护范围。[●] 上述规定中所说的对技术特征的重写、修改或删除实质上就是允许修改有缺陷的单个技术特征。美国有再颁（reissue）程序，在再颁程序中允许专利权人修改单个技术特征。美国专利商标局和欧洲专利局对于专利授权之后权利要求书的修改都允许对单个技术特征的修改，因此从比较法的角度来看，我国也应当允许专利授权之后修改单个技术特征。但需要注意的是，美国专利商标局和欧洲专利局并不授予实用新型专利。在发明专利授权之前都要进行实质审查，因此不用担心专利申请人在不承担风险的情况下故意使用大于技术贡献的技术特征以获取"不当得利"。比较法只是支持在发明专利无效程序中允许修改有缺陷的单个技术特征，并不支持在实用新型专利无效程序中允许修改有缺陷的单个技术特征。

前面的分析表明，即使要采用最小修改单元为技术特征的无效

[●]《欧洲专利局申诉委员会案例法》第 Ⅱ 部分第 E 章第 2 节。

程序权利要求修改规则，也不意味着所有有缺陷的单个技术特征都可以进行任意修改。单个技术特征的修改将会涉及很多问题，也需要设定一些限制条件。例如，技术特征的修改是否必须以限缩该技术特征的方式进行，技术特征的修改是否必须以实施例为依据，是否可以在权利要求中增加技术特征。对最小修改单元为技术特征的修改规则应设定哪些具体限定条件，还需要结合法律规定和专利法基本原理进一步研究。

三、小结

前面的分析表明，在确定专利文件修改规则时，首先要区分专利申请文件与专利文件，区分说明书和权利要求书。为了深入分析无效程序中权利要求书修改的最小单元这个司法实践中的重要问题，应当考虑专利文件修改的基本原则，包括先申请原则、技术贡献匹配原则、信赖利益保护原则和利益平衡原则，其中，信赖利益保护原则对无效程序中权利要求的修改规则有重要影响。为了有效保护相关公众不走弯路的信赖利益，为了激励专利申请人合理确定保护范围，不宜允许专利权人修改有缺陷的单个技术特征。但是，考虑到权利要求书的不准确性，应当给予专利权人更为宽松的修改规则。考虑到我国专利代理行业的实际情况，并考虑到我国当前的知识产权基本司法政策，对专利权人在无效程序中修改有缺陷的技术特征应当较为宽容。但是，实用新型专利不需要经过实质审查，允许专利权人在无效程序中修改有缺陷的单个技术特征可能弊大于利，因此可以考虑对发明和实用新型分别适用不同的修改规则，不允许实用新型专利权人在无效程序中修改有缺陷的单个技术特征。

第十章　专利说明书充分公开的司法判断

近几年来，在专利授权确权行政纠纷案件的审判实践中，涉案专利或专利申请是否符合《专利法》第 26 条第 3 款，即说明书公开是否充分，成为比较常见的争议焦点，因此我们有必要对《专利法》第 26 条第 3 款的理解和适用或者说专利说明书充分公开的司法判断规则进行深入研究。在司法实践中，专利说明书充分公开的判断主要涉及以下问题：判断说明书公开充分应当遵守哪些基本原则；判断说明书公开充分应当注意哪些基本前提；判断说明书公开充分的证据规则是什么。下文结合审判实践对上述问题进行分析。

第一节　结合原则和立体原则

一、结合原则

说明书公开是否充分并不能只看说明书而不看权利要求书。根据《专利法》第 26 条第 3 款的规定，说明书必须对权利要求书记载的技术方案作出清楚、完整的说明，本领域技术人员能够实现的是权利要求书记载的技术方案。说明书公开是否充分，应当结合单个的权利要求进行评述。不同的权利要求保护的技术方案不同，本领域技术人员在说明书基础上能够实现的技术方案也可能不完全相同。相同的说明书，可能使本领域技术人员在能够实现权利要求书中的一部分权利要求保护的技术方案，而不能使本领域技术人员实现权利要求书中的所有权利要求保护的技术方案。在说明书公开是否充分的判断过程中，说明书只是起点，权利要求书才是落脚点。在有的专利授权确权行政纠纷案件中，审查员或专利代理人一味强调说明书本身存在的问题，并不结合权利要求书来论述公开是否充分，好像隐含地认为，说明书公开是否充分，只需要看说明书就可以得出结论。这种观点是错误的。在判断说明书充分公开的司法实践中应当遵守结合原则，即应当说清楚说明书公开不充分导致了哪些权利要求所保护的技术方案不能实现，不能脱离具体的权利要求来讨论说明书公开是否充分。

在司法实践中，还应当正确认识、判断说明书充分公开与判断权利要求是否得到说明书支持之间的关系。在专利审查和专利审判实践中，如果本领域技术人员在说明书基础上只能实现权利要求保护的一部分技术方案，则一般会被认定为权利要求书得不到说明书支持，不符合《专利法》第26条第4款的规定。如果本领域技术人员在说明书基础上不能实现权利要求保护的任何一部分技术方案，则一般会被认为说明书公开不充分，不符合《专利法》第26条第3款的规定。因此，权利要求书得不到说明书支持和说明书公开不充分，本质上都是本领域技术人员是否能够实现要求保护的技术方案，但二者有各自的分工，一个要求实现权利要求所保护的至少一部分技术方案，一个要求实现权利要求所保护的全部技术方案。❶

---

❶ 石必胜："说明书公开是否充分和权利要求书是否得到支持应如何证明（一）"，载《中国知识产权》2013年第7期。

二、立体原则

判断说明书是否充分公开，关键在于判断权利要求所保护的技术方案是否能够实现。而判断技术方案是否能够实现，应当遵守立体原则。所谓立体原则是指，技术方案是否能够实现的判断是立体的判断，不仅要判断本领域技术人员是否能够实现权利要求所保护的技术方案中的技术手段，还要判断是否能够解决该技术方案所要解决的技术问题，取得该技术方案所预期取得的技术效果。如果根据现有技术，本领域技术人员无法合理预期技术方案是否能够实现相应技术效果，说明书应当清楚、完整地记载相应的技术信息，以使本领域技术人员能够合理确定该技术方案能够取得相应技术效果，否则说明书公开不充分。

在司法实践中，有观点认为技术方案是否能够取得相应的技术效果，不属于判断说明书是否满足《专利法》第 26 条第 3 款所规定的说明书是否充分公开时需要考虑的问题，应当留待判断技术方案是否具备创造性时再考虑。这种观点与我国现有的专利审查实践和专利司法实践中的规则不相符。我国《专利审查指南》规定："所属技术领域的技术人员能够实现，是指所属技术领域的技术人员按照说明书记载的内容，就能够实现该发明或者实用新型的技术方案，解决其技术问题，并且产生预期的技术效果。"《专利审查指南》同时还规定，如果说明书中给出了技术手段，但所属技术领域的技术人员采用该手段并不能解决发明或者实用新型所要解决的技术问题，则应当认定为由于缺乏解决技术问题的技术手段而被认为无法实现。❶ 目前在司法实践中，《专利审查指南》的上述规定得

---

❶ 2010 年版《专利审查指南》第二部分第二章第 2.1.3 节。

到了人民法院的确认。即使如此，也需要强调，认为判断说明书公开是否充分时不必考虑技术效果的观点并不是一种错误的观点，技术方案能够实现是否需要考虑技术效果，只不过是一种人为的规定，人为地对创造性判断与说明书充分公开判断之间进行了分工。在二者如何分工的问题上，并不存在先验正确的答案。

第二节　判断基础

一、判断主体

判断说明书公开是否充分的主体标准是本领域技术人员。这一点看起来很显而易见，但在专利审查和专利审判实践中却很容易被忽视。在有些案件中，法官和审查员很容易站在本领域技术人员的角度来判断说明书公开是否充分。例如，在"通过微生物发酵提取胶原蛋白的方法"发明专利申请驳回复审行政纠纷案❶中，权利要求1为："1. 一种生产胶原蛋白单体的方法，包括：（a）提供含胶原蛋白组织来与微生物混合接触，其中微生物为细菌或酵母菌；（b）使用细菌或酵母菌发酵含胶原蛋白的组织；（c）使微生物发酵含胶原蛋白的组织以得到主要含胶原蛋白单体的胶原蛋白组分，其 SDS – PAGE 分析主要包括 α 形式的胶原蛋白单体。"对于涉案发明的说明书是否公开充分，专利复审委员会的观点是，说明书中没有公开是哪一种微生物可以发本季含胶原蛋白的组织。专利申请人的观点是，本领域技术人员可以根据需要来选择能够分解含胶原蛋白的组织，说明书和权利要求书没有必要具体限定选用微生物的

---

❶　北京市高级人民法院（2011）高行终字第 1729 号行政判决书。

种类。❶ 虽然法官不是本领域技术人员，但从逻辑上就可以发现专利申请人的观点有问题，理由如下：虽然哪些微生物能够分解含胶原蛋白的组织是本领域技术人员可能知晓的，但哪些微生物能够在分解以后得到主要含胶原蛋白单体的胶原蛋白组分，而且是主要包括 α 形式的胶原蛋白单体，恐怕不是现有技术。如果它是现有技术，本发明就没有什么创造性可言了。在该案中，即使法官并不具体知道微生物发酵胶原蛋白的专业知识，却也能够发现专利申请人的陈述存在问题。在该案中，由于专利申请人无法回答这个问题，因此法院认定说明书没有公开哪些微生物能够实现发明目的。

　　但在有些案件中，法官并不掌握本领域技术人员理解涉案专利技术方案所需的专业知识，因此很难站在本领域技术人员的角度来判断说明书公开是否充分。在我国，专利案件中并没有技术专家辅助法官理解专业技术知识，因此法官容易出现技术盲点。❷ 在各方当事人对某个专业知识的解释并不一致的时候，只能通过提交相关的证据，并辅之以详细的解说来帮助法官理解。例如，在"肽选择方法"发明专利申请驳回复审行政纠纷案中，根据说明书的记载，涉案发明的权利要求书要求保护的技术方案能够实现建立在以下理论基础上：如果一种肽表位具有不经抗原加工即可被未成熟的 APC 呈递的适当大小，则这种肽表位能够诱导免疫耐受性。对于说明书公开是否充分，专利复审委员会认为，前述的理论并非本领域的专业基础理论，说明书应当记载足以证明上述理论成立的实验数据，或者记载足以证实本申请技术方案能够实现的实验结果。由于该理论前提是否成立，很难通过对物理、化学、生物等基础科学知识的

❶　北京市高级人民法院（2011）高行终字第 1729 号行政判决书。
❷　石必胜：《专利创造性判断研究》，中国知识产权出版社 2012 年版，第 98 页。

解说来证明，因此如果专利申请人认为该理论是本领域的专业基础理论，仅仅表达这样的观点并进行口头说明是不够的，还应当提交相应的证据。在该案中，由于专利申请人并没有提交证据证明上述理论是本领域技术人员知晓的专业知识，故法院判决支持了专利复审委员会的主张，认定说明书公开不充分。❶

二、判断依据

虽然说明书公开是否充分的判断基础是说明书，但可以结合现有技术来进行判断。本领域技术人员是一个假设的人，其具有检索能力，能够获知本领域的所有现有技术，因此其在判断公开是否充分时，除了依据涉案专利说明书和权利要求书外，还会参考涉案专利申请日之前的现有技术。如果现有技术中并没有公开实现技术方案的某些技术信息，说明书就应当记载，否则应当认定为说明书公开不充分。这一点可以结合前面的案件进行分析。在"通过微生物发酵提取胶原蛋白的方法"发明专利申请驳回复审行政纠纷案中，说明书的实施例 1 中实际上公开了用于发酵的微生物，这种微生物被称为"TW-S-7-1"，但该微生物并不属于公知的微生物材料，而且也没有在国家知识产权局认可的保藏单位进行保藏；实施例 2~6 虽然公开了芽孢杆菌属的革兰氏阳性细菌菌株，但并没有具体指明是何种酵母。因此，在该案中，本领域技术人员无法获知由何种具体的菌株来发酵含胶原蛋白的组织以得到主要含胶原蛋白单体的胶原蛋白组分。❷ 在"肽选择方法"发明专利申请驳回复审行政纠纷案中，专利申请人没有证明有争议的理论基础已经在现有技

---

❶ 北京市高级人民法院（2012）高行终字第 1573 号行政判决书。
❷ 北京市高级人民法院（2011）高行终字第 1729 号行政判决书。

术中被他人所验证，或者是本领域技术人员能够根据现有技术预测上述理论成立，因此专利复审委员会要求专利申请人在说明书中记载足以证明该理论成立的实验数据，或者记载足以证实本申请技术方案能够实现的实验结果，是合理的要求。说明书中没有记载实验数据或实验结果证明该理论成立，将会致使本领域技术人员根据现有技术无法实现权利要求中的技术方案。❶

第三节　证据规则

一、证明责任

在专利授权确权审判实践中，专利申请或专利是否符合《专利法》第 26 条第 3 款的规定，不仅仅是个法律问题，还是个事实问题。当事人主张本领域技术人员是否能够实现某些技术方案，可以通过证明本领域技术人员的知识和能力来证明其主张。司法实践中常见的难题之一在于，如果在现有证据的基础上确实无法判断哪一方的主张能够成立，应当由谁承担不利后果。❷ 通常所说的举证责任可以被区分为行为意义上的举证责任和结果意义上的举证责任。前者是指当事人对其主张的事实负有提供证据的责任，简称为行为责任；后者是指事实真伪不明时，主张该事实的当事人承担不利诉讼后果的责任，简称为结果责任，有时又被称为证明责任。如果判断者在现有证据基础上仍然难以判断某些技术方案是否能够实现，

---

❶　北京市高级人民法院（2012）高行终字第 1573 号行政判决书。

❷　石必胜："说明书公开是否充分和权利要求书是否得到支持应如何证明（一）"，载《中国知识产权》2013 年第 7 期。

确定不利后果应当由结果意义上的举证责任或证明责任的分配来决定。因此，证明责任的分配非常重要，往往决定案件的胜负。

在专利授权行政纠纷案件中，如果专利申请人与专利复审委员会对本领域技术人员在说明书基础上是否能够实现权利要求中的全部或者部分技术方案有争议，而且依据在案证据仍然难以判断谁的主张能够成立，那么应当由谁来承担不利后果呢？笔者认为，应当由专利申请人承担不利后果。这是因为，如果法官站在本领域技术人员的立场上依据说明书仍然难以判断权利要求中的全部或部分技术方案是否能够实现，恰恰表明说明书公开不充分或者权利要求书的概括过宽以至于得不到说明书支持。

在专利确权行政纠纷案件中，如果无效请求人与专利权人对于某些技术方案是否能够实现有争议，而且判断者依据在案证据确实难以判断谁的主张能够成立，又应当由谁来承担不利后果呢？笔者认为，可能会有三种不同的观点。第一种观点，应当由无效请求人来承担不利后果。主要理由是，专利一经授权，应当推定其有效，无效请求人应当对专利无效的主张承担证明责任。第二种观点，应当由专利权人来承担不利后果。主要理由是，只有符合《专利法》第 26 条第 3 款的专利申请才能授予专利权。专利申请人和专利权人自始至终都应当承担专利申请或专利符合《专利法》第 26 条第 3 款的证明责任。第三种观点，区分发明专利还是实用新型专利。如果是发明专利，在难以判断权利要求中的某些技术方案是否能够实现的情况下，应当由无效请求人承担不利后果；如果是实用新型专利，在难以判断权利要求中的某些技术方案是否能够实现的情况下，应当由专利权人承担不利后果。主要理由是，在实质审查过程中，审查员对于本专利是否符合《专利法》第 26 条第 3 款已经进行了审查，因此可以推定其有效。但实用新型专利没有经过实质审查，没有人对其是否符合《专利法》第 26 条第 3 款进行过审查，因此不能推定其有效。笔者以为，综合来看，第三种观点似乎更为合理。当然，根据我国现有的专利审查水平，能不能初步推定经过实质审查的发明专利符合《专利法》第 26 条第 3 款的规定，还值得进一步讨论。

二、举证期限

在涉及说明书公开是否充分和权利要求书是否得到支持的专利授权确权行政案件中，当事人是否可以补充证据是司法实践中的常见问题。对于这个问题进行分析时，首先必须强调，在我国的行政诉讼中原则上不允许当事人补充提交证据。人民法院在行政诉讼中主要审查具体行政行为是否合法。专利复审委员会在授权确权案件中的具体行为是否合法，应当依据其作出复审决定和无效决定时的证据状况来判断。因此，在专利授权确权案件中，原则上不允许当事人补充提交证据。

但是，为了确保当事人合法权益，在行政案件中也不是绝对不可以补充提交证据。《最高人民法院关于行政诉讼证据若干问题的规定》第 59 条的规定对于原告提交证据确定了有条件的"案卷排他"规则，❶ 这提供了在诉讼中有条件采纳补充证据的理论依据。按照这种理论，在商标授权确权案件的司法实践中，如果商标申请被驳回或商标被商标评审委员会撤销，商标申请人或商标权人没有其他救济途径，法院可以采信商标申请人或商标权人在诉讼中补充提交的证据。同样，在专利授权确权案件的司法实践中，如果专利

---

❶　孔祥俊："审查专利商标复审行政案件适用证据规则的若干问题"，载《法律适用》2005 年第 4 期。

申请被驳回或者专利权被宣告无效，专利申请人和专利权人除了诉讼不再有其他救济途径，因此在诉讼中也应当有条件地允许其补充证据。**❶**

专利是否符合《专利法》第26条第3款的判断主体是本领域技术人员。本领域技术人员是虚拟的"人"，审查员和法官都不是天然的本领域技术人员。本领域技术人员面对在案证据到底会得到什么样的结论，取决于本领域技术人员的知识和能力。本领域技术人员的知识和能力怎么样，在当事人有争议的情况下，需要通过证据来认定。在专利授权确权案件中，如何通过提交的证据来证明本领域技术人员的知识和能力，使法官能够真正站在本领域技术人员的立场上来作出判断，是非常重要的问题。因此，应当有条件地准许当事人提交证据用以证明本领域技术人员的知识和能力。

当事人在授权确权行政案件中不能补充提交用于证明本领域技术人员的知识和能力之外的其他证据。我国《专利法》第26条第3款的根本目的是要求专利申请人在专利申请文件中充分公开相关技术信息，使本领域技术人员在说明书的基础上能够实现权利要求中的全部技术方案。专利申请人是否充分公开相关技术信息，应当以专利申请日为准，不允许专利申请人在驳回复审过程中在说明书里随意补充技术信息，也不允许专利权人在无效宣告程序中随意补充技术信息，以代替申请日之前在说明书充分公开相关技术信息的要求。因此，在实质审查、专利复审、专利无效和专利授权确权诉讼过程中，都不能允许专利申请人和专利权人通过补充证据的方式向说明书中补充其在申请日就应当记载在说明书中的技术信息。换言之，在专利授权确权过程中，专利申请人或专利权人提交证据不

---

❶　石必胜："专利创造性判断中的证据规则"，载《中国专利与商标》2012年第3期。

能代替专利说明书的作用，或者弥补说明书中存在的缺陷。

综上，在对说明书公开是否充分和权利要求书是否得到支持有争议的专利授权确权行政诉讼中，对当事人补充提交证据应当确立以下规则。

第一，在专利授权行政纠纷案件即专利申请驳回复审行政纠纷案件中，专利复审委员会原则上不能补充提交证据，因为其在作出行政决定之前就应当确保行政行为的合法性。如果专利申请被驳回，专利申请人可以补充提交用以证明本领域技术人员知识和能力的证据。专利复审委员会可以针对专利申请人提交的证据提交反证。

第二，在专利确权行政纠纷案件即专利无效行政纠纷案件中，无效请求人原则上不能补充提交无效请求审查过程中没有审查的证据，因为无效请求人还可以依据新的证据重新提出无效宣告请求。在专利确权案件中，如果专利权被宣告无效，专利权人可以补充提交用以证明本领域技术人员知识和能力的证据。专利复审委员会和无效请求人可以针对专利权人补充提交的证据提交反证。

第三，专利申请人和专利权人原则上不能补充提交说明书没有记载的实验数据。除非实验数据本身系用于证明本领域技术人员的专业知识和能力，而不是用于弥补本专利说明书公开不充分的缺陷。

三、证明标准

在专利授权确权审判实践中，法官站在本领域技术人员的立场上，在说明书和在案证据的基础上，是否认为权利要求书中的全部或部分技术方案能够实现，决定了诉争专利申请或专利是否符合我国《专利法》第26条第3款的规定。那么，说明书和在案证据应当对事实问题证明到什么程度，才能够认定公开是否充分或是否得到支持呢？这个问题的本质是证明标准如何确定。

专利授权和确权纠纷案件是行政案件，应当遵循《行政诉讼法》及其相关司法解释的规定，由法院对专利复审委员会作出的具体行政行为的合法性进行司法审查。我国《行政诉讼法》明确规定被告对具体行政行为的合法性负有举证责任，《行政诉讼法》第54条对行政诉讼的证明标准给出了指示，即"具体行政行为证据确凿"是判决维持行政行为的事实基础，而"主要证据不足"是撤销的基本前提。由此可见，"事实清楚、证据确实充分"应当是专利授权确权纠纷案件的证明标准。但在实践中，如何具体理解和执行这个标准，就不如刑事诉讼中"排除一切合理怀疑"标准和民事诉讼中的优势证据原则或高度盖然性原则那么清楚了。行政行为具有多样化特点，既包括限制甚至剥夺行政相对人权益的行政处罚案件，又包括依申请而启动、行政机关具有居中裁决地位的行政裁决或行政赔偿案件，因此行政诉讼相对于民事诉讼和刑事诉讼应当有多样化的证明标准。❶

专利复审委员会在专利确权行政案件中与司法机关在民事诉讼中的地位十分相似，具有准司法属性，而专利授权行政案件中专利复审委员会则没有准司法属性。专利确权行政案件原则上似乎应当适用民事诉讼的高度盖然性证明标准。但是，说明书公开是否充分和权利要求书是否得到支持的证明标准，应当满足适用《专利法》第26条第3款的具体要求，不能简单地适用高度盖然性证明标准。权利要求书中的部分或全部技术方案是否能够实现的判断，往往取

---

❶ 肖穆辉："构建行政诉讼多元化证明标准的必要性与可行性分析"，载《法制与经济》2009 年第 5 期。

决于对技术事实的认识。审查员和法官对技术知识的实际掌握都是有限的，完全准确、完整地掌握相关技术信息的本领域技术人员在现实中是不存在的。在案证据越充分，技术信息越充分，判断者越接近理想中的本领域技术人员，对技术事实的认定越准确，越容易对公开是否充分和是否得到支持得出正确结论；在案证据越不充分，技术信息越不完整，越不容易得出正确结论。从这个角度来看，审查员对本领域技术人员能不能实现权利要求中的全部或部分技术方案的认定受到信息完整性的现实限制。在信息不完整达到一定程度时，判断者可能无法对权利要求中的技术方案是否能够实现提出合理怀疑在这种真伪不明的情况下，应当由负有证明责任的一方承担不利后果。说明书公开是否充分和权利要求书是否得到支持的证明标准是排除合理怀疑标准。只要判断者站在本领域技术人员的立场上依据现有技术有合理理由怀疑权利要求中的部分或全部技术方案不能实现，就应当认定说明书公开不充分或权利要求书得不到支持。只有判断者站在本领域技术人员的立场上不能对权利要求书中的技术方案的实现提出合理怀疑，才能认为说明书公开充分或者权利要求书得到支持。[1]

四、举证责任转移

在发明专利的实质审查或复审过程中，如果实质审查部门或者专利复审委员会的审查员依据现有证据对专利申请中的技术方案的实现可能性提出了合理怀疑，就应当将该合理怀疑的判断结论告知专利申请人。此后应当由专利申请人进一步举证证明本领域技术人

---

[1] 石必胜："说明书公开是否充分和权利要求书是否得到支持应如何证明（二）"，载《中国知识产权》2013 年第 8 期。

员在说明书的基础上能够排除审查员所提出的合理怀疑。如果专利申请人提交的证据不能排除审查员的合理怀疑，则审查员可以决定驳回专利申请。如果专利申请人提交的证据能够推翻审查员之前的初步判断结论，消除其合理怀疑，审查员应当支持专利申请人的主张，或者进一步检索证据以推翻专利申请人的主张。在排除合理怀疑的证明标准下，举证责任应当在审查员和专利申请人之间不断转移。

在专利授权行政纠纷案件中，司法实践中的主要难题在于，审查员对本领域技术人员不能实现权利要求的全部或部分技术方案的怀疑是否合理，或者专利申请人提交的证据或作出的说明是否足以消除本领域技术人员对技术方案能否实现的怀疑，举证责任是否应当转移。这就需要在诉讼过程中由法官认真检视审查员和专利申请人的主张及其证据，按照证明标准来分析哪一方的主张能够得到证据支持。

专利确权行政纠纷案件中，在无效宣告请求审查阶段，举证责任主要在无效请求人和专利权人之间转移。是否应当转移，取决于审查员站在本领域技术人员的角度来看，哪一方的主张能够初步成立。如果审查员站在本领域技术人员的角度来看，认为在无效请求人的证据基础上足以对权利要求中的技术方案的实现可能性产生合理怀疑，则应当转而由专利权人承担举证责任。在举证责任转移到专利权人的情况下，如果专利权人没有提交证据，或者提交的证据不足以消除对技术方案实现可能性的合理怀疑，则应当由专利权人承担不利后果。如果认为在无效请求人的证据基础上不足以对权利要求中的技术方案的实现可能性产生合理怀疑，则仍然应当由无效请求人承担举证责任。无效请求人没有进一步提交证据，或者提交的证据仍然不足以支持对技术方案能够实现的合理怀疑，则应当由无效请求人承担不利后果。

　　下文以"选择数据传送方法"发明专利权无效行政纠纷案❶为例来说明举证责任是如何在专利无效行政纠纷案件中影响判决结果的。就本专利是否符合《专利法》第 26 条第 4 款的规定，无效请求人华勤公司上诉主张本专利权利要求 6 ~ 10 得不到说明书的支持，主要理由是权利要求 6 及其从属权利要求中的相应功能包含了软件、硬件和软硬件结合三种具体实现方式，而本专利说明书只描述了软件实现方式，对于硬件相关的实现方式并没有公开，权利要求书中相应的实现方式得不到说明书的支持。二审法院北京市高院认为，本专利说明书中只描述了以软件方式如何实现上述功能，没有记载如何以硬件方式或软硬结合方式具体实现上述功能，因此以硬件方式或软硬结合方式的技术方案确实有可能因为得不到说明书支持而无法实现。权利要求书是否得到说明书支持的关键在于，本领域技术人员会如何看待此问题。如果硬件方式或软硬件结合方式的具体实现是本领域技术人员需要创造性劳动才能完成的，则说明书必须记载如何具体实现的技术信息，否则权利要求 6 中包含的硬件或软硬结合方式是不能实现的，得不到说明书支持。这是一个由技术事实决定的争议，取决于在案证据。相关领域的专业基础知识表明，电子器件的一些简单功能可能通过电子器件的硬件方式来实现，而且本发明专利已经通过实质审查，在此基础上，应当由华勤公司举证证明有合理的理由怀疑本领域技术人员不能以硬件或软硬件结合方式实现权利要求 6 所限定的上述功能。华勤公司在本案中提交的证据不能建立合理的怀疑，因此应当承担不利后果。❷

---

❶　北京市高级人民法院（2013）高行终字第 890 号行政判决书。
❷　同上。

五、小结

前面的研究表明，判断专利说明书公开是否充分，应当结合具体的权利要求进行判断，不能离开具体的权利要求笼统地论述说明书公开是否充分。我国专利审查实践中，说明书公开是否充分的判断，应当考虑技术方案是否能够取得相应技术效果。专利说明书公开是否充分的判断应当以本领域普通技术人员为主体标准，判断的过程中不仅要考虑说明书，还要考虑现有技术。在我国的司法实践中，说明书公开是否充分的证明标准是排除合理怀疑标准。只要判断者站在本领域技术人员的立场上依据现有技术有合理理由怀疑权利要求中的部分或全部技术方案不能实现，就应当认定说明书公开不充分或权利要求书得不到支持。在专利授权确权案件的司法实践中，如果专利申请被驳回或者专利权被宣告无效，专利申请人和专利权人除了诉讼不再有其他救济途径，因此在诉讼中也应当有条件地允许其补充证据。

第十一章 专利授权确权案件的证据规则

专利创造性判断是专利授权确权审判的重点，而证据规则是专利创造性判断的难点之一，往往是当事人争议的焦点。我国还没有系统的专利创造性判断相关证据规则，因此有进行研究的必要。下文在比较研究的基础上，通过对我国专利授权确权判例中的证据规则的整理，探讨专利创造性判断的证据规则，以期为制定统一的证据规则提供参考。

第一节 举证责任

一、专利复审委员会的举证责任

在我国，专利复审委员会作为行政机关负责专利驳回复审和专利无效宣告请求审查，当事人不服专利复审委员会的行政决定，才可以提起行政诉讼。专利复审委员会在作出行政决定时，应当证据充分。一旦进入行政诉讼程序，专利复审委员会就应当证明其作出行政决定的依据是充分的。由于专利授权与专利确权程序的性质不同，举证责任应当有所区别。

在专利授权程序中，审查员应当对本专利不具备创造性的认定收集证据，并就创造性的有关事实和意见向申请人发出通知，申请人可以根据审查员的意见进行解释并补充相应的证据。在经过专利复审委员会的复审程序后，如果专利申请人仍然不服提起行政诉讼，按照《行政诉讼法》的规定，专利复审委员会应当对其作出驳回决定的合法性提供充分的证据，因此结果意义上的举证责任由行政机关承担。

在专利授权程序中，举证责任在专利复审委员会与申请人之间如何转移，还可以参考美国的相关规则。在美国的专利行政程序中，提交证据的责任根据案件事实不断变动。审查员首先要判断是否构成初步显而易见，如果初步显而易见成立了，就转由申请人提交证据反驳初步显而易见的认定。❶ 审查员应当考虑申请人提交的所有的反驳主张和证据。反驳证据可以与所有的 Graham 案要素有关，包括辅助性判断因素相关证据。❷

在专利确权案件中，首先应当由无效宣告请求人提交证据证明本专利不具备创造性，专利权人在专利复审委员会转送相关证据后，可以根据对方的证据提交反证，双方的证据都提交至专利复审委员会，由专利复审委员会根据双方证据作出居中裁判。但是，专利授权后要被认定无效，应当有充分的证据支持，因此，在类似诉讼的无效宣告审查程序中，无效宣告请求人承担了结果意义上的举证责任。但在无效决定作出后，如果行政相对人（专利权人或者无效宣告请求人）提起行政诉讼，则专利复审委员会应当证明其作出的行政行为是证据充分的，专利复审委员会应当承担结果意义上的举证责任。

---

❶ See, e. g., *In re Dillon*, 919 F. 2d 688, 692, 16 USPQ2d 1897, 1901 (Fed. Cir. 1990).
❷ *Piasecki*, 745 F. 2d at 1472, 223 USPQ at 788.

二、调查取证

在专利创造性判断的争议中，有的案例涉及在司法程序中法院调取的证据是否可以用于判断创造性的问题。《最高人民法院关于行政诉讼证据若干问题的规定》第 33 条第 1 款规定了人民法院可以依当事人申请或者依职权勘验现场，但是有判例认为，勘验不能超出专利复审委员会作出无效决定所依据的证据范围。在"彩色砼路牙沿高压成型机"实用新型专利权无效行政纠纷案❶中，一审法院在诉讼过程中调取了勘验笔录和调查笔录这两个新的证据，并将上述证据作为认定事实的依据，但上述证据在无效宣告请求审查程序中并没有出现。二审法院因此认为，一审法院调取的勘验笔录和调查笔录记载的内容超出了专利复审委员会作出第 4802 号无效决定时所依据的证据的范围。一审法院在审理本案时进行现场勘验，不符合《最高人民法院关于行政诉讼证据若干问题的规定》第 33条第 1 款的规定。"因此，一审法院不应直接将上述勘验笔录和调查笔录作为本案的证据而予以采信。"这表明，法院可以调查取证，但受到一定的限制。

专利复审委员会在有些情况下也可以依职权调查取证。2006年版《审查指南》规定："专利复审委可以自行或委托地方知识产权局或者其他有关部门调查有关事实或者核实有关证据。必要时，特别是在因专利权存在请求人未提及的缺陷而使合议组不能针对请求人提出的无效宣告理由得到有意义的审查结论的情况下，合议组可以依职权对请求人未提及的理由进行审查。"❷ 这一规定在司法

---

❶　北京市高级人民法院（2004）高行终字第 59 号行政判决书。
❷　2006 年版《审查指南》第四部分第三章第 3.2 节。

实践中得到了确认。在"九孔三维立体卷曲纤维用喷丝板"实用新型专利权无效行政纠纷案❶中,二审法院就认为,专利复审委员会为确定本专利的有效性,有权就申请人提出的无效理由及本专利文件给予调查核实,并对无效申请人未提及的无效理由调取相关材料和审查。2006年版《审查指南》虽然修改了上述规则,限制专利复审委员会一般不得主动调取证据,但在当事人因客观原因不能自行收集证据,而且在举证期限内申请专利复审委员会调取证据的情况下,2006年版《审查指南》仍然规定专利复审委员会可以依职权调取收集证据。❷

三、合并审理与证据共享

专利复审委员会合并审理案件之间的证据是否可以共享?有司法判例给出了否定的答案。在"计算机硬盘读写控制装置"发明专利权无效行政纠纷案❸中,无效宣告请求人李某和伟思公司均针对本专利是否具有创造性的无效理由提交了对比文件1,但是李某提交的是部分译文,伟思公司提交的是全部译文。专利复审委员会在李某没有承认伟思公司提交的对比文件1的译文内容的情况下在本案中使用了超出李某提交的对比文件1译文范围之外的部分译文。一审法院认为专利复审委员会这一做法不违反程序。二审法院则认为在李某没有承认伟思公司提交的对比文件1的译文内容的情况下,专利复审委员会在针对李某提出的无效宣告请求时使用超出李某提交的对比文件1译文范围之外的部分译文是不当的。二审法院

---

❶ 北京市高级人民法院(2003)高行终字第181号行政判决书。
❷ 2006年版《审查指南》第四部分第八章第3节。
❸ 北京市高级人民法院(2005)高行终字第121号行政判决书。

认为："合并审理不等于可以违背请求原则而共享证据，故原审法院关于专利复审委员会依职权使用对比文件 1 的全部译文并无不当的认定本院应予纠正。"

有判例还强调，合并审理中不同案件的证据不能混用。在"模块化智能控制脉冲吹灰装置"实用新型专利权无效行政纠纷案❶中，专利复审委员会就无效宣告请求人嘉德公司提出的第一次无效请求和第二次无效请求分别进行了口头审理，并没有将第一次无效请求和第二次无效请求进行合并审理。一审法院认为，被告在前一专利无效请求审查案件中，不能依据嘉德公司在后一专利无效请求审查案件中提交的证据进行审查。一审法院因此撤销专利复审委员会的决定。这表明，无效宣告程序中的合并审理指的是合并口头审理，仅将多个无效宣告案件合并撰写不是合并审理，即使将多个无效宣告案件合并审理，各无效宣告案件的证据也不得相互组合使用，更不得直接将一个无效宣告案件中的证据在另一个无效宣告案件中使用。

第二节 公知常识的举证责任

一、当事人的举证责任

在专利授权确权审判实践中，公知常识的举证责任经常成为当事人的争议焦点。现有的多数判例都认为，无效宣告请求的申请人应当证明其主张的公知常识，这符合专利确权案件的基本性质。在"钢卷尺的覆盖层"实用新型专利权无效行政纠纷案❷中，无效宣

---

❶ 北京市第一中级人民法院（2010）一中知行初字第 1851 号行政判决书。
❷ 北京市高级人民法院（2006）高行终字第 00330 号行政判决书。

告请求人主张"为使外壳具有美感或边角不易损坏，在边缘处利用覆盖层折转形成一包边"的技术方案已经属于本领域公知常识。一审法院认为无效宣告请求人应当对此主张承担举证责任，因证据不足，故一审法院认为其"诉讼意见缺乏充足的事实依据"。二审法院维持了一审判决。在"一体化节能荧光灯"实用新型专利无效行政纠纷案❶中，一审法院认为："虽然原告认为本专利权利要求3、4中公开的技术特征是公知技术，但其并未举证证明该主张，故对原告的该项主张本院不予支持。"二审法院也表示："上诉人所持的本专利权利要求3、4中公开的技术特征是公知技术，且无需举证证明的主张，不符合法律规定，本院不予支持。"

二、专利复审委员会的举证责任

有判例的观点认为，专利复审委员会所主张的某个专业技术领域内的公知常识，如果没有证据支持，法院应当不予支持。在"注射用三磷酸腺苷二钠氯化镁冻干粉针剂及其生产方法"发明专利权无效行政纠纷案❷中，二审法院认为："专利复审委员会第13268号决定并未给出常规性注射液当然可以转换制备成常规性冻干粉针剂的依据。此外，专利复审委员会关于证据1公开了水性注射剂可以含有多种活性成分，因此教导了冻干粉针剂也可以含有多种活性成分的辩称亦未提供依据。"因此二审法院撤销了无效决定和一审判决。

上述判例与2006年版《审查指南》的规定是相符的。2006年版《审查指南》规定："主张某技术手段是本领域公知常识的当事人，对其主张承担举证责任。该当事人未能举证证明或者未能充分

---

❶ 北京市高级人民法院（2006）高行终字第352号行政判决书。
❷ 北京市高级人民法院（2010）高行终字第285号行政判决书。

说明该技术手段是本领域公知常识，并且对方当事人不予认可的，合议组对该技术手段是本领域公知常识的主张不予支持。当事人可以通过教科书或者技术词典、技术手册等工具书记载的技术内容来证明某项技术手段是本领域的公知常识。"❶

有判例的观点认为，专利复审委员会依据公知常识作出行政决定，也应当对此提交证据。在"挡土墙的成形方法"发明专利权无效行政纠纷案❷中，二审法院认为："在一审庭审期间，一审法院曾要求专利复审委员会提交关于通常的搅拌桩中含有刚性筋是公知常识的证据，但专利复审委员会未予提交。因此专利复审委员会认为普通的搅拌桩中含有结构性刚性筋而据此将本专利与证据 3 - 2 进行新颖性评价，没有事实依据。"该判决与 2006 年版《审查指南》的规定是一致的。2006 年版《审查指南》规定，审查员在审查意见通知书中引用的本领域的公知常识应当是确凿的，如果申请人对审查员引用的公知常识提出异议，审查员应当能够说明理由或提供相应的证据予以证明。❸

美国和日本的情况基本相同。《美国专利审查指南》中规定，如果发明申请人对审查员所依据的公知常识有异议，则审查员必须提出充分的证据来支持其主张。❹ 当认定的事实是公知常识但却不能立即毫无疑问地证实为公知常识的情况下，审查员也不能在没有援引对比文件的情况下依职权认定。例如，在专业性很强的技术领域中的技术标准应当有相关技术领域中的文献予以佐证。❺ 联邦关税和专

---

❶　2006 年版《审查指南》第四部分第八章第 4.4 节。
❷　北京市高级人民法院（2006）高行终字第 499 号行政判决书。
❸　2006 年版《审查指南》第二部分第八章的 4.10.2.2 节。
❹　MPEP §2100 - 146.
❺　MPEP §2144.03.

利上诉法院在判例中认为，当专利局依据化学理论认定证据初步显而易见时，必须提供这个理论的存在依据和具体内容的证据支持。❶

美国的判例认为，仅仅依据本领域的普通常识认定显而易见而没有证据支持是绝对不允许的。在 Zurko 案中，专利上诉委员会不能仅仅基于自己的理解、经验或者依据其认为的基本知识或者常识得出结论。❷ 法院解释到："作为一个行政机关，专利上诉委员会对其审理案件的技术领域是有专长的。"❸ 但不是所有人都能够具备这种能力。法院认为并没有基于记录在案的任何证据认定基本知识和普通常识缺乏实质性证据支持。❹

《日本专利审查指南》强调，既然公知的或普遍使用的技术是现有技术的组成部分，能够作为驳回理由通知的依据，如果审查员参考了公知的或普遍使用的技术，不管它是否被用作认定本领域技术人员的知识（包括公知常识）或能力（为了研发而使用普通技术手段的能力或普通创造能力），都应当尽可能地附有公知的或普遍使用的技术的书面例证。❺

第三节　证明标准

一、专利授权案件的多元化证明标准

行政行为具有多样化特点，既包括与刑事诉讼较为接近的限制

❶ In re Ahlert, 424 F. 2d at 1091, 165 USPQ at 420 – 21. See also In re Grose, 592 F. 2d 1161, 1167 – 68, 201 USPQ 57, 63（CCPA 1979）.
❷ Zurko, 258 F. 3d at 1385, 59 USPQ2d at 1697.
❸ Ibid. at 1385 – 86, 59 USPQ2d at 1697.
❹ Ibid. at 1385, 59 USPQ2d at 1697.
❺ 《日本专利审查指南》第二部分第二章第2.8节。

甚至剥夺行政相对人权益的行政处罚案件，又包括依申请而启动、行政机关具有居中裁决地位的行政裁决或行政赔偿案件，因此行政诉讼相较于民事诉讼和刑事诉讼应当有多样化的证明标准。《美国行政程序法》（APA）中规定在行政审查中的事实认定标准是实质性证据标准。❶事实上，无论是英美法系还是大陆法系，在司法审查或行政诉讼的证明标准这一问题上，没有秉持"一元论"观点的国家。❷

在专利授权行政案件中，专利复审委员会对专利申请作出驳回决定的证据是实质审查部门或其自行检索到的对比文件。因此，这与普通行政诉讼当中"申请人认为符合法定条件，但行政机关拒绝颁发许可证和执照或不予答复"的情形相似，但又不同于对行政相对人的人身权、财产权进行行政处罚的情形。由于在专利授权行政案件中行政权力的介入程度较专利确权行政案件更深，专利授权行政案件中的证明标准应当略高于"优势证据原则"，但又不必达到"排除合理怀疑"的证明标准。❸

二、专利确权行政案件的证明标准

专利行政案件与传统意义上的行政诉讼有所区别，专利授权、确权行政案件均依当事人申请而启动。但是，与专利授权行政案件相比，专利复审委员会在专利确权行政案件中的居中裁决性质比较

❶ See *In re Gartside*, 203 F. 3d 1305, 1315, 53 USPQ2d 1769, 1775（Fed. Cir. 2000）. See also MPEP § 1216.01.
❷ 肖穆辉："构建行政诉讼多元化证明标准的必要性与可行性分析"，载《法制与经济》2009 年第 5 期。
❸ 佟姝法官，北京市第一中级人民法院知识产权审判庭，为最高人民法院的《专利授权确权案件审查标准》课题研究提供的调研报告《专利授权、确权案件中与证据有关问题的探讨》（内部调研报告）。

明显。在确权程序中，专利复审委员会在绝大多数情况下完全是根据无效请求人所提出的理由和证据去判断涉案专利权的有效性的，依职权审查只发生在《专利审查指南》具有明确规定且十分必要的少数情形中。因此，专利确权行政程序的性质与司法机关对民事纠纷的解决十分类似，专利确权行政诉讼基本上应当适用民事诉讼的证明标准。只要行政机关能够证明其作出无效决定所依据的证据相对于原告的证据有比较优势，法院就应当认为专利复审委员会认定事实清楚。

由于专利复审委员会在专利确权案件中处于居中裁判的地位，无效宣告请求人的证明标准，在我国实务中一般采取优势证据规则。在美国的专利诉讼中，法院要求主张专利无效的一方承担举证责任，而且应当提交"充分和令人信服"的证据，理由是一个授予专利权的专利应当被假定为是有效的。但美国联邦贸易委员会在2003年发布的题为《促进创新：专利法与政策的适度平衡》的研究报告❶中却认为，一旦专利被授予，天平就倾向于保护其有效性，这样的举证责任分配规则是不公平的。联邦贸易委员会认为，由于美国专利商标局得到的资金支持不足，因此审查员的工作量很大，由于要审理的案件太多，审查员往往并不是非常仔细地对专利申请进行审查。在这种事实前提下，过分推定专利的有效性是没有道理的。因此，联邦贸易委员会认为法院应当在认定专利的效力时采取优势证据规则。❷

---

❶ Fed. Trade Comm'n, *To Promote Innovation：The Proper Balance of Competition and Patent Law and Policy*（2003）.

❷ Ibid，at 8.

第四节　证据形式

一、比较实验

我国现有案例中，比较实验是一种重要的证据形式，主要出现在药物发明的案件中。在"一种参麦大输液制备方法"发明专利权无效行政纠纷案❶中，无效宣告请求人正大青春宝公司提交了参麦注射液不同提取工艺的比较实验用以证明本专利中人参或麦冬的提取方法与对比文件2中人参和麦冬的提取方法相同。在该案中，法院并未直接评价该比较实验数据。在"藏药独一味软胶囊制剂及其制备方法"发明专利权无效行政纠纷案中，无效宣告请求人北京世纪博康公司在二审中补充提交了天津医科大学基础医学院药理学教研室出具的《藏药独一味软胶囊和硬胶囊的镇痛作用比较实验》一文用以证明专利复审委员会和一审法院认定本专利具有"有益效果"是错误的。❷在该案中，法院也没有直接分析并采信比较实验。这表明，在我国，比较实验这种证据形式的认证还缺乏经验和相关规则。

比较实验在某些国家的创造性判断中被认为是重要的证据形式。在美国，如果审查员确定证明了初步显而易见性，则举证责任转移至申请人，申请人可以提交非显而易见的证据，例如提交发明具有现有技术预料不到的效果的比较实验数据。❸但美国没有专门规定对比较实验的采信。《欧洲专利局申诉委员会案例法》专节归

---

❶　北京市高级人民法院（2004）高行终字第42号行政判决书。
❷　北京市高级人民法院（2008）高行终字第698号行政判决书。
❸　MPEP § 12142.

纳了比较实验相关判例。❶根据已有的判例，欧洲专利局申诉委员会认为，比较实验中表明的预料不到的技术效果能够作为创造性的标志。如果比较实验用于展示基于技术效果的改进而具备的创造性，则技术效果必须是源自于发明相对于现有技术具有的突出技术特征。❷ 在判断发明申请的技术问题时，发明人声称的但得不到支持的技术进步不能予以考虑。❸

　　欧洲专利局申诉委员会在 T 197/86 案❹中应用了确立在 T 181/82 案❺中的原则，根据这个原则，当通过比较实验获得预料不到的技术效果的证据时，比较实验应当选择与发明申请中的物质在结构上最为相近的物质。在本案中，专利权人通过自愿提供比较实验强化了其发明具备创造性的结论，比较实验选择了与发明相比区别特征正好是发明的主要技术特征的对比物做比较实验。欧洲专利局申诉委员会将其立场归纳为，在用比较实验来表明发明在其技术领域中取得了进步因而具备创造性的案件中，应当证明更好的技术效果是归功于发明本身的突出技术特征。为了达到这个目的，有必要修正比较实验的构成要素，以使得它们之间的唯一区别就是发明的突出特征。❻ 美国专利商标局和欧洲专利局的这些具体规则都可以结合我国的实际情况进行借鉴。

二、证据的内容要求

　　公开技术方案的证据应当记载技术方案的具体内容。2006 年

---

❶ 《欧洲专利局申诉委员会案例法》第 I 部分第 D 章第 9.8 节。

❷ T 197/86，OJ 1989，371.

❸ T 20/81，OJ 1982，217；T 561/94.

❹ OJ 1989，371.

❺ OJ 1984，401.

❻ T 292/92，T 412/94，T 819/96，T 133/01，T 369/02，T 668/02.

版《审查指南》规定，《专利法》意义上的出版物是记载有技术或设计内容的独立存在的有形传播载体，并应当表明其发表者或出版者以及公开发表或出版的时间。❶ 在"全自动瓶盖印码机"实用新型专利权无效行政纠纷案❷中，无效宣告请求人在无效程序中提交的附件1~4、7、8均属于生产厂家的产品宣传资料，公开的内容是设备的名称及外形图片，没有公开设备的技术内容。一审法院认为其不属于《专利法》意义上的出版物，被告对上述附件不予采纳符合《专利审查指南》的规定。二审法院也认为其既没有公开发表或出版的时间，也没有公开设备的技术内容，因此不属于《专利法》意义上的出版物。

三、证据的时间要求

申请日或优先权日之后公开的文献不能被采信。如果在采用发明在先原则的美国，则发明作出之日或优先权日之后公开的文献不能被采信。创造性是以本领域技术人员的知识水平为前提，以申请日或优先权日为时间点，评判一项发明相对于现有技术的显而易见性。公开日在优先权日之后的文献，不管其记载的内容是科学事实还是本领域技术人员的主观认知，均不能反映本领域技术人员在申请日或优先权日之前是否意识到其记载内容的存在，也就不能在评判创造性时予以考虑。在"单体胰岛素类似物制剂"发明专利权无效行政纠纷案❸中，二审法院认为反证4~7的公开日在本专利优先权日之后，在评判创造性时不予考虑，原审判决对此认定正确。

---

❶　2006年版《审查指南》第二部分第三章第2.1.3.1节。
❷　北京市高级人民法院（2007）高行终字第334号行政判决书。
❸　北京市高级人民法院（2009）高行终字第724号行政判决书。

四、外文证据和互联网信息

外文证据应当提交中文译文，这一点在司法实践中是非常明确的。在"除臭过滤纸"实用新型专利权无效行政纠纷案❶中，原告在无效审查行政程序中未提交证据 2 的中文译文，一审法院认为证据 2 的文字部分因不符合《专利法实施细则》第 4 条的规定，不能用来评价本案专利的创造性。但是，技术图纸属于工程语言，对于所属领域技术人员不需要翻译即可理解，因而一审法院认为证据 2 中的专利说明书附图可以用于评价本案专利的创造性。

另一方面，现在在互联网上公开的信息越来越多，问题在于，这些信息是否构成现有技术，尤其是如何认定公众能够获得的时间和范围。这些问题成为各国长期讨论的问题，在《巴黎公约实施草案》和《专利实体法条约》制定过程中都进行了深入讨论。❷一些国家的专利法修改开始考虑互联网的影响，例如《日本专利法》第 29 条第（1）项就专门规定了现有技术在互联网的公开方式。

第五节　举证期限

一、一般原则

在诉讼中是否采信行政程序中没有提交的证据，在很多专利行政案件中成为争议焦点。在我国，行政诉讼的一般原则是，人民法

---

❶　北京市第一中级人民法院（2003）一中行初字第 18 号行政判决书。

❷　"*Results of the Questionnaires Concerning Disclosure of Information on the Internet and Other Issues Relating to the Internet*"（WIPO document SCP/5/4）；"*Disclosure of Technical Information on the Internet and its Impact on Patentability*"（WIPO document SCP/4/5）.

院对行政机关具体行政行为进行司法审查的范围在于审查被诉具体行政行为的合法性，即被诉具体行政行为的作出是否有充足的证据支持，适用法律是否正确以及程序是否公正。《最高人民法院关于行政诉讼证据若干问题的规定》第 59 条规定："被告在行政程序中依照法定程序要求原告提供证据，原告依法应当提供而拒不提供，在诉讼程序中提供的证据，人民法院一般不予采纳。"规定此条的本意在于防止原告漠视行政程序而使行政程序形同虚设。现有的多数判例中，被诉具体行政行为作出时行政相对人未提交的证据，司法审查中一般不予考虑。在"单体胰岛素类似物制剂"发明专利权无效行政纠纷案❶中，二审法院认为反证 17 系伊莱利公司于本案一审审理期间提交的新证据，在无效程序中并未提交，专利复审委员会在作出第 11435 号决定过程中也未予以考虑。二审法院因此认为一审法院主动引入反证 17 并不妥当，因此判决撤销原审判决。

二、诉讼中补充证据的采信

专利权被认定无效的专利权人在行政诉讼中补充提交证据证明专利权有效，如果不予采纳，将没有其他救济途径，因此在有的案例中法院也接受了专利权人在诉讼中才提交的证据。在"女性计划生育手术 B 型超声监测仪"实用新型专利权无效行政纠纷案❷中，本专利权利要求 1 被认定不具备创造性，上诉人胡某在二审审理期间提交了新证据 1、2、3，由于上述证据能够证明本专利已经取得商业上的成功，而且这种成功是由于该实用新型的技术特征直接导

---

❶　北京市高级人民法院（2009）高行终字第 724 号行政判决书。
❷　北京市高级人民法院（2009）高行终字第 1441 号行政判决书。

致的，因此二审法院认可上诉人胡某关于本专利权利要求 1 具备创造性的上诉主张。

有学者认为，《最高人民法院关于行政诉讼证据若干问题的规定》第 59 条的规定对于原告提交证据也规定了有条件的"案卷排他"规则。❶ 所谓有条件的"案卷排他"，首先是未采取绝对的排除性规定，对拒不提供的证据，只是"一般"不予采纳，而不是一概不予采纳。其次，"一般不予采纳"针对的是拒不提供证据的情形，并不包括所有未提供证据的情形。司法实践中，如果商标权人的商标被撤销，商标权人没有其他救济途径的情况下，法院可以采信商标权人在诉讼中补充提交的证据。在诉讼中接受补充证据也必须审查在行政程序中未提交证据的理由的正当性，另外，对于另有补救措施的，应当从严掌握和适用案卷外证据排除规则。这从理论上和实践上都提供了有条件采纳补充证据的依据。

第六节　专利授权确权中现有技术的自认

在专利授权确权审查和审判实践中，围绕专利权利有效性这个主要问题，有时候会出现一些相对"冷僻"的争议，例如，现有技术能不能自认。这种不常见的"冷僻"的问题看似不起眼，甚至"跨界"到了诉讼法等其他部门法，但仔细分析之后，我们会发现这些问题的正确解答往往需要建立在正确理解专利法基本原则和基本概念的基础之上。下文简要分析现有技术是否可以自认这个问题。

---

❶ 孔祥俊："审理专利商标复审行政案件适用证据规则的若干问题"，载《法律适用》2005 年第 4 期，第 52 页。

一、问题的由来

在"纳米银长效广谱抗菌功能性织物及其制造方法"发明专利权无效行政纠纷案❶中，陈某是本专利的专利权人。2010 年 11 月 29 日，爱杰特公司向专利复审委员会提出宣告本专利权无效的请求。2011 年 6 月 27 日，专利复审委员会作出第 16855 号无效宣告请求审查决定，认定本专利不具备创造性，故宣告本专利权全部无效。陈某不服第 16855 号决定向北京市一中院提起行政诉讼，主张本专利具备创造性。一审诉讼中的争议焦点之一为，本专利权利要求 5 是否具备创造性。本专利权利要求 5 的主题是"织物计整理剂"，相对于本专利权利要求 4 而言，权利要求 5 进一步限定了整理剂的组分和含量，所述组分除了权利要求 4 中的组分之外，还包括了 $NaOH$、NH_4NO_3、HNO_3、C_2H_5OH 等组分。在无效宣告审查程序中，陈某的代理人在专利复审委员会的口头审理中认可"氧化剂及整理剂原料种类和用量的选择"是公知常识。专利复审委员会在第 16855 号决定中因此认为，依据陈某的自认可以认定，本专利权利要求 5 中使用 $NaOH$、NH_4NO_3、HNO_3、C_2H_5OH 等组分是本领域技术人员的公知常识，在此基础上，应当认定本专利权利要求 5 不具备创造性。陈某在一审诉讼中主张本专利权利要求 5 中使用 $NaOH$、NH_4NO_3、HNO_3、C_2H_5OH 等组分并不是本领域技术人员的公知常识，专利复审委员会对于公知常识的认定没有证据支持。

北京市一中院认为，虽然陈某的代理人在复审阶段认可"氧化剂及整理剂原料种类和用量的选择"是公知常识，但对于是否属于公知常识的判断并不仅仅会涉及案件当事人之间的利益，陈某的认

---

❶ 北京市高级人民法院（2013）高行终字第 716 号行政判决书。

可行为并不构成认定"整理剂原料种类和用量的选择"为本技术领域的公知常识的充分条件。专利复审委员会在没有证据支持的情况下，依据陈某的自认认定公知常识，进而认定本专利权利要求 5 不具备创造性，无事实依据。一审法院判决撤销一审判决，判令专利复审委员会重新作出无效决定。

爱杰特公司不服一审判决向北京市高院提起上诉，其上诉理由之一为：在无效宣告程序中，陈某作为专利权人，已经认可了爱杰特公司关于权利要求 5 中整理剂为公知常识的主张，专利复审委员会将其认定为公知常识并无不妥，一审判决对本专利权利要求 5 相关的公知常识的认定是错误的。本案二审阶段的争议焦点之一为，公知常识是否可以自认。这个问题引发了一个司法实践中实际出现过的更为上位的问题：现有技术是否可以自认。

二、现有技术能否自认的理由

诉讼上自认是指当事人在诉讼过程中向法庭承认对方所主张的对自己不利的事实。[1] 自认的效力仅限于辩论原则所适用的案件和事实。一般而言，诉讼上的自认具有免除当事人举证责任的作用。在大陆法系国家，自认的效力受到两方面的限制：一是案件和事实的性质，二是自认真实与否。自认的效力仅限于辩论原则所适用的案件和事实，《德国民事诉讼法》第 617 条规定诉讼上的自认不适用于家庭、亲子、抚养等有关社会公益的诉讼。[2] 根据 2000 年《专利法》第 22 条第 2 款的规定，现有技术是指申请日以前在国内外

---

[1] 李国光主编：《最高人民法院〈关于民事诉讼证据的若干规定〉的理解与适用》，中国法制出版社 2002 年版，第 116 页。

[2] 同上书，第 119 页。

为公众所知的技术。现有技术包括在申请日（有优先权的，指优先权日）以前在国内外出版物上公开发表、在国内外公开使用或者以其他方式为公众所知的技术。一般来说，是否构成现有技术是个事实问题，而事实问题是可以自认的，因此初步看起来，现有技术应当可以根据自认来确认。但在专利授权确权审判实践中，对于现有技术是否可以依据自认来确定这个问题，有判例持否定态度。在"吸声、保温、隔热、防水压型彩板屋面"实用新型专利权无效行政纠纷案❶中，各方当事人争议的焦点在于，专利权人胡某在口头审理过程中关于本专利说明书第 1 页中所述背景技术为现有技术的自认行为，是否产生法律上的拘束效力。一审认为胡某对现有技术的自认应当予以确认，但二审不予认可。

　　为了深入研究现有技术是否可以自认，可以先认真分析支持和反对的理由可能有哪些，再看哪些理由能够起到决定性作用。反对现有技术可以自认的理由有：第一，现有技术的自认如果被生效裁判所确认，就会成为免证事实，该免证事实可能会损害案外人的合法权益，因此对现有技术的自认应当慎重。根据《最高人民法院关于民事诉讼证据的若干规定》第 9 条的规定，已为人民法院发生法律效力的裁判所确定的事实，当事人无需举证证明。因此，"吸声、保温、隔热、防水压型彩板屋面"实用新型专利权无效行政纠纷案中的二审法院之所以认为自认不应采信，应当是认为本案如果依据胡某的自认认定了现有技术之后，此项现有技术在其他专利授权确权案件中成为免证事实，有可能对其他专利权人不利。第二，申请日之前的公知常识也属于现有技术，公知常识包括众所周知的事实和本领域技术人员普遍知晓的技术知识（简称技术常识）。众所周

---

❶　北京市高级人民法院（2005）高行终字第 441 号行政判决书。

知的事实不能依据当事人的自认来认定。第三，如果确实构成现有技术，当事人往往能够举证证明。是否构成现有技术很容易证明，没有必要通过自认来确认，尤其是公知常识，更加容易证明。在我国的司法实践中，基本采用了《专利审查指南》对公知常识的限定，即"当事人可以通过教科书或者技术词典、技术手册等工具书记载的技术内容来证明某项技术手段是本领域的公知常识"。如果确实构成公知常识，举证的成本很低，则应当要求主张者提交证据证明。第四，专利权人的代理人有可能因为错误地自认现有技术而损害专利申请人或者专利权人的利益。

支持现有技术可以自认的主要理由有：第一，在诉讼法上，事实上的自认一般情况下不能成为免证事实，也就是说现有技术的自认不能成为免证事实，只能约束在案当事人，不会损害案外人的利益，因此前述第一条反对理由不成立。第二，众所周知的事实不能自认，但除此之外的现有技术是否成立都属于事实问题，因此可以依据自认来确定。第三，举证的容易程度与现有技术是否可以自认没有直接关系，而且，可以依据自认认定现有技术，反而有利于降低举证成本。第四，专利申请人或专利权人应当承担代理人失误产生的后果，代理人失误导致的损失，可以依照代理人与被代理人之间的合同关系来处理。

三、现有技术是否可以自认

现有技术是否可以适用自认规则，关键在于当事人的自认行为是否会损害国家利益、公共利益或者他人合法权益。❶ 具体地说，就是现有技术的自认是否会因为生效裁判而成为免证事实，是否会

---

❶ 石必胜：《专利创造性判断研究》，知识产权出版社 2012 年版，第 250 页。

影响到其他专利审查或专利审判程序中的专利权人的利益。如果现有技术的自认能够成为免证事实，则可能会对其他专利权人产生不利影响。正如在"吸声、保温、隔热、防水压型彩板屋面"实用新型专利权无效行政纠纷案❶中，二审法院认为："胡某自认的现有技术一旦为法律所确认后，任何人均可依据此现有技术申请宣告他人专利权无效，即胡某的自认行为有可能损害他人利益，故胡某的自认行为应当受到限制，并不产生法律拘束力。"但是，如果现有技术的自认不会成为免证事实，不会影响到他人利益，则由于是否构成现有技术是一个事实问题，现有技术的自认应当予以确认。

在"纳米银长效广谱抗菌功能性织物及其制造方法"发明专利权无效行政纠纷案中，一审判决认为，本案中陈某对公知常识的自认会影响到他人的利益，因此不能依据陈某的自认认定公知常识。对此笔者认为，虽然根据《最高人民法院关于民事诉讼证据的若干规定》第9条的规定，已为人民法院发生法律效力的裁判所确定的事实，当事人无需举证证明。但是，生效裁判依据当事人自认所确认的事实，在其他案件中如果当事人不予许可，并不当然成为免证事实。

在诉讼法上，当事人在其他诉讼中作出的自认为该案的生效裁判所确认，那么该案中的自认在本案中的效力应当如何看待就成为一个问题，其他案件中的事实自认能不能当然成为免证事实呢？对此问题，各国诉讼法的规定并不一致。有的国家的法律认为，其他案件中的自认被生效裁判所确认的话，该自认在本案中也会产生自认的效力，成为免证事实。有的国家的法律则认为，其他案件中的自认即使被生效裁判所确认，也不能在本案中产生自认的效力。例

---

❶　北京市高级人民法院（2005）高行终字第441号行政判决书。

如，《美国联邦民事诉讼规则》第 36 条第 2 款规定："根据本条规定所作的任何自认，仅仅是为系属的诉讼而为的，不得为其他的目的而利用，并用在其他任何程序中不得以此对抗该当事人。"美国的该规定表明，即使是对于同一当事人在其他案件中的自认，在本案中也不具有自认的效力。

《美国联邦民事诉讼规则》的规定有一定的合理性。其他案件中的自认，即使是同一当事人的自认，也不应在别的案件中产生自认的效力。按照这样的逻辑，如果当事人并不相同，其他案件中其他当事人的自认，更不应当对本案的当事人产生约束，不能成为免证事实。这样一种规则，有利于防范侵害案外人利益的恶意诉讼。在两个不同的诉讼中，虽然自认的事项相同，但是不同的诉讼环境和不同的诉讼目的使当事人之意思并非完全一致。如果认为其他案件中的当事人的自认对本案也具有自认的效力，则会损害当事人为或者不为一定诉讼行为的权利。所以，其他案件中的自认可以作为诉讼外的自认，作为证据形式而非证据规则，与其他证据一起提交到本案的裁判者面前，接受法官的心证与裁判。当然，如果在其他案件中作出自认的当事人与本案中的当事人相同，其他案件中的自认是否必然不能对本案中的相同当事人产生约束力，还有进一步讨论的空间。

前面的分析表明，现有技术的自认不应当成为免证事实，因此现有技术的自认不会对其他人产生不利影响，作为事实问题的现有技术是可以依据自认来确定的。但是，人民法院在专利授权确权纠纷案件中依据自认确认的现有技术只能适用于本案，在别的案件中该自认的事实是否成立仍然需要根据该案的证据重新认定，并不能因为生效裁判直接认定该现有技术成立。其他国家的做法能够从另一个角度佐证上述观点的正确性。在美国，无论被自认的现有技术是否符合《美国专利法》第 102 条的规定，被自认的现有技术都可以用于现有技术的推定和显而易见的认定。❶ 这表明在美国，在个案中依自认认定的事实只适用于本案，不能自然及于其他案件。《日本专利审查指南》也强调，如果申请人在说明书中自认某一项技术在申请日前是公知的现有技术，在判断创造性时，这项技术可以作为现有技术使用。❷

四、公知常识是否可以自认

公知常识是专利审查和专利审判中，尤其是创造性判断中的重要概念，但我国法律和行政法规对公知常识没有进行界定。在我国《专利审查指南》中，有关公知常识的规定中有 4 处与证据有关，另外 3 处与"实质审查"的程序有关，但并没有公知常识的定义。结合专利审判实践中的情况可知，专利法上的公知常识包括众所周知的事实和本领域技术人员普遍知晓的技术知识。

"众所周知的事实"这一概念来源于《最高人民法院关于行政诉讼证据若干问题的规定》第 68 条的规定，该规定强调，众所周知的事实法庭可以直接认定。由此可见，众所周知的事实属于司法认知的范围，无需当事人进行举证即可认定。由于自认的效力仅限于辩论原则所适用的案件和事实，一旦进入法院应依职权审理的范围，自认便无适用的余地。❸ 因此，众所周知的事实不能通过自认来认定，法官对众所周知的事实的认定不应受到当事人自认的影

---

❶ *Riverwood Int'l Corp. v R. A. Jones & Co.*，324 F. 3d 1346，1354，66 USPQ2d 1331，1337（Fed. Cir. 2003）；*Constant v. Advanced Micro – Devices Inc.*，848 F. 2d 1560，1570，7 USPQ2d 1057，1063（Fed. Cir. 1988）.

❷ 《日本专利审查指南》第二部分第二章第 2.8 节。

❸ 李国光主编：《最高人民法院〈关于民事诉讼证据的若干规定〉的理解与适用》，中国法制出版社 2002 年版，第 119 页。

响。即使当事人认可某一事实属于众所周知的事实，法官也可以对该事实不予确认。比如不能因为当事人自认太阳从西边升起从东边落山，法官就应当确认该事实。即使当事人不认可某一事实属于众所周知的事实，法官也可以直接认定该事实属于众所周知的事实。比如无论当事人是否认可太阳从东边升起从西边落下，法官都可以直接认定该事实成立。

至于技术常识是否成立，是否属于本领域技术人员普遍知晓的技术知识，则依赖于本领域技术人员这个主体标准。本领域技术人员是思维的产物，它是建立在我们对许多判断者的要求的基础之上假设的"人"，并不像具体的发明者一样是实际存在的人。各国的专利法都在认可上述假设。需要强调的是，本领域技术人员的知识和技能水平，不仅仅是一个实然的问题，还是一个应然的问题；不仅仅是一个事实问题，还是一个法律问题。因此，某一技术信息是否属于技术常识，也不仅仅是一个事实问题，还包含了法律问题。技术常识的认定，除了依据当事人提交的技术词典、技术手册、教科书等所属技术领域中的公知常识性证据来认定之外，还取决于法官对本领域技术人员"应当"具有多强的能力、多高的水平更合理的法律判断。事实的自认应当以事实问题为对象，在公知常识包含法律问题的情况下，是否构成公知常识，就不能够仅仅依据当事人的自认来确认了。另外，公知常识的认定证据是容易发现的，当事人也可以在诉讼阶段补充提交认定公知常识的证据，因此，从证明难度来说，要求公知常识的认定以提交证据为前提，也是合理的。在"纳米银长效广谱抗菌功能性织物及其制造方法"发明专利权无效行政纠纷案❶中，北京市高院和北京市一中院都认为不能仅仅依

---

❶ 北京市高级人民法院（2013）高行终字第716号。

据当事人的自认来认定公知常识，是符合公知常识本身的性质的。

　　前面的分析表明，原则上，是否构成现有技术是个事实问题，可以依据当事人的自认来认定。但是，为了不损害他人合法权益，当事人对现有技术的自认不能当然成为其他案件的免证事实。现有技术中的公知常识具有特殊性，它包括了众所周知的事实和本领域技术人员普遍知晓的技术知识。很显然，众所周知的事实不能依据自认来确认。本领域技术人员的知识和技能的判断不仅仅是个事实问题，还包含了"应然"的法律判断，因此，技术常识也不能依据当事人的自认来确认。

第十二章　专利权有效性与专利侵权判定

专利授权确权审判过程中，可能会涉及专利侵权问题的处理，这至少包括以下几个方面的问题：第一，专利侵权和专利授权确权中对专利权保护范围的确定；第二，专利侵权判定方法可能适用于专利授权确权程序；第三，专利授权确权过程中有些行为会对专利权保护范围产生影响，从而影响专利侵权纠纷中确定专利权保护范围。下文结合司法实践中的案例对专利授权确权与专利侵权判定相关联的问题进行研究。

第一节　专利诉讼中对权利要求书明显瑕疵的修正

在专利侵权案件或专利授权确权行政案件中，如果权利要求书存在瑕疵甚至错误，法院应当如何处理？对此可能有不同的观点。尤其是专利侵权诉讼中，如果权利要求书中存在瑕疵或错误，法院是否可以参照最高人民法院在柏某专利权纠纷案❶对保护范围明显不清楚的专利权的侵权指控不予支持。这个问题比较复杂，其中包括了很多具体情形，不宜一概而论。下面讨论的问题是，在权利要求书存在明显瑕疵的情况下，法院在诉讼中是否可以修正权利要求

---

❶　最高人民法院（2012）民申字第 1544 号民事裁定书。

书的明显瑕疵？这可能涉及以下几个问题：第一，什么是权利要求书的明显瑕疵？第二，什么情况下可以修正权利要求书的明显瑕疵？第三，为什么在诉讼中可以修正明显瑕疵？下文对上述问题进行简要分析。

一、什么是权利要求书的明显瑕疵

之所以用明显"瑕疵"而不用明显"错误"来描述权利要求书中可以修正的缺陷，是因为相对于修正"错误"，修正"瑕疵"更容易让人接受；而且，2008 年《专利法》第 26 条第 4 款规定"权利要求书应当以说明书为依据，清楚、简要地限定要求专利保护的范围"，存在瑕疵的权利要求书只是"清楚"与否的程度问题，是可以被认为符合上述规定的，而错误的权利要求书则可能被认为不"清楚"，不符合上述规定。

最高人民法院在"精密旋转补偿器"实用新型专利权无效行政纠纷案❶中对权利要求书的明显错误的限定，可以用于限定本书所述的权利要求书的明显瑕疵。虽然在该案中，本专利权利要求 1 中的"在所述的外套管的另一端与延伸管连接，两者之间留有间隙"的表述之所以引发争议，关键在于不恰当地省略了主语"内管"，与其说本专利权利要求 1 存在的问题是错误，不如说是瑕疵，但是，最高人民法院在该案中对权利要求书的明显错误的限定却是值得借鉴的。在该案中，最高人民法院认为："所谓明显错误，是指对于本领域技术人员来说，根据所具有的普通技术知识在阅读权利要求后能够立即发现某一技术特征存在错误，同时该技术人员结合其具有的普通技术知识，阅读说明书及说明书附图的相关内容后能

---

❶　最高人民法院（2012）行提字第 13 号行政判决书。

够立即确定其唯一的正确答案。"

　　严格地说，权利要求书中的明显错误或明显瑕疵，有些是可以克服或修正的，有些却是不能克服或修正的。必须要注意，不是权利要求书的所有明显错误都能够使本领域技术人员"立即确定其唯一的正确答案"，对于具有本领域技术人员不能克服的缺陷或不能修正的错误的权利要求，则应当依法不予保护。比如，在柏某专利侵权案中，涉案专利权利要求1中的"导磁率高"对本领域技术人员而言是一个明显的错误，而且，本领域技术人员在阅读专利文件之后无法"确定其唯一的正确答案"，即该错误是本领域技术人员不可修正的，因此，最高人民法院对该专利的侵权指控不予支持。

　　借鉴最高人民法院在"精密旋转补偿器"实用新型专利权无效行政纠纷案中的论述，本书试图将在诉讼中可以修正的权利要求书的明显瑕疵界定为：权利要求书中存在的缺陷。（1）本领域技术人员在阅读权利要求书和说明书及附图之后；（2）认为该缺陷非常明显；（3）能够直接地、毫无疑义地修正该缺陷；（4）能够唯一地、毫无疑义地确定所要保护的技术方案的内容。

二、什么情况下可以修正权利要求书的明显瑕疵

　　值得注意的是，在诉讼中对权利要求书的明显瑕疵的修正，发生在对权利要求的解释和专利权保护范围的确定过程中。我国2008年《专利法》第59条第1款规定："发明或者实用新型专利权的保护范围以其权利要求的内容为准，说明书及附图可以用于解释权利要求的内容。"权利要求书具有公示性，相关公众对权利要求书的信赖利益应当给予保护，因此，原则上应当严格依法根据权利要求书来确定专利权保护范围。对权利要求书中明显瑕疵的修正，实质上是对权利要求书的某种程度的灵活理解，一不小心就会违反《专

利法》关于专利权保护范围的规定。因此，在诉讼中对权利要求书明显瑕疵的修正，必须有严格的限制条件。前面对明显瑕疵的界定，同时也是对可以修正的明显瑕疵的限制。概括起来，可以修正的明显瑕疵应当同时具备以下条件。

第一，本领域技术人员在阅读权利要求书和说明书及附图之后，能够直接地、毫无疑义地修正的瑕疵。对权利要求书的理解和对专利权保护范围的确定，都应当以本领域技术人员为主体。同样的缺陷，在不同的主体标准下，可能有不同的影响。在考虑权利要求书的缺陷是否可以修正时，必须以所属技术领域的普通技术人员即本领域技术人员为准。强调本领域技术人员这个主体标准，也是现有的规范性文件的共同且必要的特征。《北京市高级人民法院专利侵权判定指南》第10条规定："解释权利要求应当从所属技术领域的普通技术人员的角度进行。"《最高人民法院关于审理侵犯专利权纠纷案件应用法律若干问题的解释（二）》征求意见稿（第十三稿）第4条规定："对于权利要求书、说明书及附图中的语法、文字、标点、图形、符号等明显错误，本领域普通技术人员通过阅读权利要求书、说明书及附图可以得出唯一理解的，人民法院应当根据该唯一理解予以认定。"最高人民法院在柏某专利权纠纷案中也强调："无论是判断权利要求是否符合《专利法》第26条第4款的规定，还是判断权利要求中是否存在明显错误，判断主体都是本领域技术人员，而非一般的公众。"

第二，可以修正的瑕疵应当是对本领域技术人员而言非常明显的，而且能够直接地、毫无疑义地修正的缺陷。权利要求书中的缺陷包含了很多情况，有些缺陷对本领域技术人员而言是非常明显的，但却是不能直接地修正的。例如，柏某专利权纠纷案中涉案权利要求1中的"导磁率高"这个特征，虽然非常明显，但却不能够直接地修正，更不能毫无疑义地修正。而有些缺陷对本领域技术人员而言既非常明显又能够在阅读专利文件之后直接地修正。例如，"精密旋转补偿器"实用新型专利权无效行政纠纷案中本专利权利要求1中的"在所述的外套管的另一端与延伸管连接，两者之间留有间隙"省略了主语"内管"，最高人民法院在该案中认为，省略的主语"内管"对本领域技术人员而言没有歧义，是毫无疑义的。

第三，对瑕疵的修正，必须能够使本领域技术人员能够唯一地或毫无疑义地确定要求保护的技术方案的内容。正如前面所述，可以修正的瑕疵意味着可以容忍的缺陷，必须是受到严格限制的，否则就会破坏权利要求书在确定专利权保护范围中的作用。这一点司法政策上的倾向在相关法律规范中也体现得非常明显，《最高人民法院关于审理侵犯专利权纠纷案件应用法律若干问题的解释（二）》征求意见稿（第十三稿）第4条规定，"本领域普通技术人员通过阅读权利要求书、说明书及附图可以得出唯一理解的，人民法院应当根据该唯一理解予以认定"；《北京市高级人民法院专利侵权判定指南》第14条规定，"所属领域的技术人员通过阅读权利要求书和说明书及附图，能够对实现要求保护的技术方案得出具体、确定、唯一的解释的，应当根据该解释来澄清或者修正权利要求中的错误表述"。

只要修正明显瑕疵后，本领域技术人员能够唯一确定专利权保护范围，就不会损害相关公众对公示的权利要求的信赖利益。因为需要保护的相关公众的信赖利益，应当建立在本领域技术人员基于对公示的权利要求书的正常理解的基础之上。不是本领域技术人员的知识和能力基础上的理解，只能称之为误解，由此产生的信赖利益得不到专利法的保护。如果本领域技术人员在有瑕疵的权利要求书的基础之上仍然能够对要求保护的技术方案的内容得出毫无疑义或唯一的理解，则这样的理解所产生的利益不会受到对明显瑕疵的修正的影响。

三、为什么在诉讼中可以修正明显瑕疵

之所以可以在诉讼中修正权利要求书中的明显瑕疵，首要的原因是解释权利要求和确定专利权保护范围的主体是本领域技术人员，而且说明书及其附图可以用于解释权利要求。所属技术领域的普通技术人员，亦可称为本领域的技术人员，是一种假设的"人"，他知晓申请日之前该技术领域所有的普通技术知识，能够获知该领域中所有的现有技术，并且具有运用该申请日之前常规实验手段的能力。从本领域技术人员的界定来看，本领域技术人员并不是机器，面对专利申请文件或专利文件时能够具有一定的综合理解能力。既然本领域技术人员具有一定的理解能力，就不会完全地局限于权利要求书的文字，还会结合说明书及其附图的内容对专利权保护范围进行综合判断。正如最高人民法院在柏某专利权纠纷案中所述："无论是判断权利要求是否符合《专利法》第26条第4款的规定，还是判断权利要求中是否存在明显错误，判断主体都是本领域技术人员，而非一般的公众。由于本领域技术人员在阅读权利要求时能够立即发现该明显错误，并且能够从说明书的整体及上下文立即看出其唯一的正确答案，此时，本领域技术人员在再现该发明或者实用新型的技术方案时，不会教条地'照搬错误'，而是必然会在自行纠正该明显错误的基础上，理解发明创造的技术方案。"

之所以可以在诉讼中修正权利要求书中的明显瑕疵，第二个原因是专利侵权诉讼中应当坚持专利权有效原则。在我国，专利权效力的否定必须经过法定程序，即向专利复审委员会提出无效宣告请求，在专利侵权诉讼中，法院一般不得否定专利权的效力。即使专

利要求书中有瑕疵，原则上也应当推定专利权是有效的，并在此前提之下理解和解释专利权保护范围。这一点，在相关规范文件中体现得比较明显。《北京市高级人民法院专利侵权判定指南》第6条规定了专利权有效原则，该条规定："在权利人据以主张的专利权未被宣告无效之前，其权利应予保护，而不得以该专利权不符合专利法相关授权条件、应予无效为由作出裁判。"

之所以可以在诉讼中修正权利要求书中的明显瑕疵，第三个原因是我国的知识产权司法保护政策要求给予发明创造与其技术贡献相适应的保护，其依据是知识产权司法保护的比例原则。❶ 最高人民法院副院长陶凯元2014年在全国法院知识产权审判工作座谈会上的讲话中表示，"要根据专利权、著作权等科技成果类知识产权的创新程度，合理确定保护范围和保护强度，实现科技成果类知识产权保护范围和强度与其创新高度和贡献程度相适应。即要避免创新和贡献程度高的知识产权所受保护不足，影响市场创新动力"。在柏某专利权纠纷案中，最高人民法院也表示："在无效宣告请求的审查过程中，如果不对权利要求中的明显错误作出更正性理解，而是"将错就错"地径行因明显错误的存在而以一概不符合《专利法》第26条第4款的规定为由将专利宣告无效，将会使《专利法》第26条第4款成为一种对撰写权利要求不当的惩罚，导致专利权人获得的利益与其对社会作出的贡献明显不相适应，有悖于《专利法》第26条第4款的立法宗旨。这样不仅不利于鼓励发明创造，保护发明创造者的利益，而且会降低发明有以'公开换保护'制度申请专利的积极性。"

---

❶ 孔祥俊：《知识产权保护的新思维——知识产权司法前沿问题》，中国法制出版社2013年版，第80页。

四、修正明显瑕疵的专利侵权案例

前面的分析表明，即使权利要求书存在瑕疵，原则上也应当按照专利权有效原则以权利要求限定的技术方案确定专利权保护范围。对于权利要求书存在的明显瑕疵，如果本领域技术人员在阅读权利要求书和说明书及附图之后，能够直接地、毫无疑义地指出该缺陷，并且能够直接地、毫无疑义地修正该缺陷，从而唯一地或毫无疑义地确定所要求保护的技术方案的内容，则应当按照修正后的内容确定专利权保护范围。

笔者在"角柜"发明专利侵权纠纷案❶中，即按照上述思路对其中的争议问题进行了处理。在该案中，涉案专利权利要求 25 保护的是"一种用于根据权利要求 1～24 之一所述角柜的五金配件"，但是，权利要求除了限定其组成部件"支柱""板台""导杆"之外，还限定了"包括一个在前侧经过一个角柜门大致一半可接近的、在平面图上呈矩形的内腔"。本案的争议焦点之一是，权利要求 25 中所限定的"内腔"是不是"五金配件"的必要技术特征。原审法院判决认为，该技术特征不是必要技术特征，并认定被控侵权产品落入涉案专利权保护范围，构成侵权。原审被告不服原审判决，向北京市高院提起上诉，请求撤销原审判决，驳回专利权人的诉讼请求，其上诉理由之一为：内腔是涉案专利权利要求 25 的必要技术特征，被控侵权产品没有涉案专利权利要求 25 的必要技术特征即内腔，因此被控侵权产品没有落入涉案专利权利要求 25 的保护范围。

北京市高院经审理认为：涉案专利权利要求 25 保护的技术方

---

❶　北京市高级人民法院（2015）高民（知）终字第 2750 号民事判决书。

案主题名称为五金配件，而且结合说明书及附图可知，该五金配件安装在角柜的内腔中，因此，依据主题名称可以认定涉案权利要求25中的五金配件应当不包括内腔；涉案专利说明书和附图表明，五金配件仅仅由布置在角柜内部的板台以及支承它们的导杆等配件构成，并不包括内腔，因此依据说明书和附图可以认定涉案专利权利要求25中的五金配件不包括角柜的内腔；涉案专利权利要求1中明确地限定了内腔，而且用语与涉案专利权利要求25中的表述相同，因此，结合涉案其他权利要求的文字表述可以认定涉案权利要求25中的"包括一个在前侧经过一个角柜门大致一半可接近的、在平面图上呈矩形的内腔"是用于限定涉案专利的角柜，在涉案权利要求25中，上述文字表述的出现是明显笔误。综上，原审判决认为本领域技术人员结合涉案专利说明书和权利要求书可以直接地、毫无疑义地确定涉案专利权利要求25中的"包括一个在前侧经过一个角柜门大致一半可接近的、在平面图上呈矩形的内腔"是用于限定涉案专利的角柜，涉案专利权利要求25中的五金配件仅包括板台和相关配件，不包括角柜门和内腔，并无不当。原审被告上诉主张涉案专利权利要求25的五金配件包括内腔，被控侵权产品缺少该必要技术特征因此不落入涉案专利权利要求25的保护范围，缺乏事实和法律依据，应当不予支持。

第二节　专利侵权判定方法在新颖性判断中的适用

2008年《专利法》第22条第2款规定："新颖性，是指该发明或者实用新型不属于现有技术；也没有任何单位或者个人就同样的发明或者实用新型在申请日以前向专利局提出过申请，并记载在申请日以后公布的专利申请文件或者公告的专利文件中。"相对于创造性判断，新颖性判断比较简单，也不容易引发争议，但在司法实践中，也有一些案件中出现了错误的新颖性判断方法。笔者在审理"用于码分多址（CDMA）通信系统的自动功率控制系统"的发明专利权无效行政纠纷案❶中，将专利侵权判定方法引入新颖性判断中，并对当事人的错误判断方法进行了纠正。笔者发现，从专利侵权判定的角度来认识新颖性判断，有利于避免错误的新颖性判断方法。

一、典型案例及问题的提出

交互公司是名称为"用于码分多址（CDMA）通信系统的自动功率控制系统"的发明专利的专利权人。2011 年 9 月 30 日，中兴公司以本专利不符合 2000 年《专利法》和 2002 年修订的《专利法实施细则》的相关规定为由，向专利复审委员会提出无效宣告请求。2012 年 12 月 24 日，专利复审委员会作出第 19864 号无效宣告请求审查决定，认定本专利符合《专利法》第 22 条第 2 款的规定，维持本专利权有效。

关于新颖性，第 19864 号决定认为：本专利权利要求 1 保护的是一种用于估算接收机的需要的接收信号的频谱中的噪声水平的方法，包括以下几个技术特征：（1）该需要的接收信号利用码分多址来扩频；（2）该估算的噪声水平用于发送该接收的信号的发射机的功率控制；（3）在接收机处接收频谱上的信号和噪声；（4）解调接收的信号和噪声以产生解调的信号；（5）利用与需要的接收信号有关的码所不相关的码解扩解调的信号；（6）测量解扩后的解调的信号的功率作为估算的该频谱的噪声水平。本专利权利要求 1 保护

---

❶ 北京市高级人民法院（2014）高行终字第 1180 号行政判决书。

的技术方案与对比文件 1 所公开的技术内容相比，区别在于特征（5）、（6）。由于存在上述区别特征，因而对比文件 1 没有公开权利要求 1 所要求保护的技术方案，导致二者的技术方案实质不同，权利要求 1 相对于对比文件 1 具备《专利法》第 22 条第 2 款规定的新颖性。

北京市一中院认为，本专利符合《专利法》第 22 条第 2 款的规定，专利复审委员会维持本专利权有效，有事实和法律依据。北京市一中院判决：维持专利复审委员会作出的第 19864 号决定。

中兴公司不服一审判决，向北京市高院提起上诉，其上诉理由之一是：本专利权利要求 1 中特征（5）中的"解调的信号"并不是如一审判决所认定的那样应当理解为"解调后直接输出的信号"，"解调的信号"应当理解为包括了"解调后经过其他处理的信号"，因此，对比文件 1 图 3 的技术方案公开了技术特征（5）。在此基础上，对比文件 1 图 3 也公开了技术特征（6）。本专利权利要求 1 相对于对比文件 1 图 3 公开的技术方案不具备新颖性。专利复审委员会、交互公司服从一审判决。

本专利权利要求 1 没有具体限定使用"不相关的码"解扩的信号是否经过了 PN 码解扩，对比文件 1 具体限定了是否经过了 PN 码解扩，多出来的技术特征即"在使用不相关的码进行解扩前进行 PN 码解扩"能不能作为本专利权利要求 1 不同于对比文件的区别技术特征。交互公司认为本专利权利要求 1 不具有对比文件 1 中的 PN 码解扩的技术特征，因此不具有"PN 码解扩"构成区别技术特征，正是基于反向比较得出的结论。

本案的核心问题之一：第一，本专利权利要求 1 没有具体限定，是否排除了 PN 的解扩；第二，本专利权利要求 1 没有限定的技术特征，或者说现有技术比本专利权利要求 1 多出来的技术特征，是否构成区别技术特征。

二、专利侵权判定方法对新颖性判断的启示

全面覆盖原则是判断一项技术方案是否侵犯发明或者实用新型专利权的基本原则，具体含义是在判定被控侵权技术方案是否落入专利权的保护范围时，应当审查权利人主张的权利要求所记载的全部技术特征。法释〔2009〕21 号《最高人民法院关于审理侵犯专利权纠纷案件应用法律若干问题的解释》第 7 条规定："人民法院判定被诉侵权技术方案是否落入专利权的保护范围，应当审查权利人主张的权利要求所记载的全部技术特征。被诉侵权技术方案包含与权利要求记载的全部技术特征相同或者等同的技术特征的，人民法院应当认定其落入专利权的保护范围；被诉侵权技术方案的技术特征与权利要求记载的全部技术特征相比，缺少权利要求记载的一个以上的技术特征，或者有一个以上技术特征不相同也不等同的，人民法院应当认定其没有落入专利权的保护范围。"

全面覆盖原则强调在专利侵权判定时要全面地考虑权利要求中的每一个技术特征，只有被控侵权技术方案包含了权利要求中的所有技术特征时，才能认定侵权成立。反之，如果被控侵权技术方案中缺少权利要求中的一个或一个以上技术特征时，或者有一个或一个以上技术特征不相同也不等同，应当认定侵权不成立。

专利侵权判定方法可以用于进行新颖性判断，因为是否具备新颖性可以换一个角度来解读：如果作为现有技术的技术方案落入了诉争技术方案的保护范围，就意味着诉争技术方案将现有技术纳入了保护范围，而将现有技术纳入保护范围的技术方案是不应当得到专利权保护的，是不具备新颖性的。因此，专利侵权的判定方法可以用于判断诉争的技术方案是否具备新颖性。这种方法的基本思路

是，如果现有技术落入诉争技术方案的保护范围，则诉争技术方案不具备新颖性。

既然专利侵权判定可以用于判断是否具备新颖性，那么全面覆盖原则就能够用于判断是否具备新颖性。根据专利侵权判定的全面覆盖原则，在进行新颖性判断时，技术方案的对比应当是正向比较而不是反向比较。所谓正向比较是指，按照全面覆盖原则，分析现有技术是否具备诉争技术方案的全部技术特征。如果现有技术中的技术方案具备诉争方案的全部技术特征，落入诉争技术方案的保护范围，则诉争技术方案不具备新颖性。使用专利侵权判定法判断新颖性，也提示我们，为了判断新颖性而对比诉争技术方案和作为现有技术的技术方案时，应当进行正向比较，而不是进行反向比较。所谓正向比较，是分析作为现有技术的技术方案是否具备诉争技术方案的全部技术特征。所谓反向比较，是分析诉争技术方案是否具有现有技术中的技术方案的全部技术特征，如果诉争技术方案不具有现有技术的技术方案的全部技术特征，或者说现有技术中的技术方案比诉争专利的技术方案的技术特征更多，则认为多出来的技术特征构成二者的区别技术特征，因而认定诉争专利的技术方案具备新颖性。反向比较是错误的新颖性判断方法，应当予以否定。

假设诉争的技术方案由特征 A、B、C 组成，现有技术方案由特征 A、B、C、D 组成，根据全面覆盖原则所推导出来的正向比较方法可知，现有技术方案具备诉争技术方案的全部技术特征，落入诉争技术方案的保护范围，诉争技术方案因将现有技术方案纳入保护范围而不具备新颖性。如果按照反向比较方法，就会误认为诉争技术方案相对于现有技术方案有区别，区别在于诉争技术方案不具有特征 D，因此诉争技术方案具备新颖性。毫无疑问，反向对比方法是错误的。

　　在本案中，专利复审委员会和交互公司均认为本专利权利要求
1 具备新颖性，实质上是采用了前面所述的反向对比的方法。虽然
310 所解扩的经过 304 进行解调的信号经过了 PN 码解扩，本专利
权利要求 1 没有具体限定使用"不相关的码"解扩的信号是否经过
了 PN 码解扩，但是，对比文件中多出来的技术特征即"在使用不
相关的码进行解扩前进行 PN 码解扩"并不能作为本专利权利要求
1 不同于对比文件的区别技术特征。北京市高院在二审判决书中对
此的具体论述是：第一，没有限定不等于排除在外。本专利权利要
求 1 并没有排除在用不相关的码解扩之前用 PN 码进行解扩，本领
域技术人员阅读本专利说明书之后，也不能直接地、毫无疑义地确
定使用"不相关的码"解扩的信号不会经过 PN 码解扩，那么，本
专利权利要求 1 可能包含在用不相关的码解扩之前用 PN 码进行解
扩的情形。第二，即使区别在于有具体限定，也不构成区别特征。
在进行新颖性判断时，应当用现有技术与诉争技术方案进行正向对
比，而不能进行反向对比。在本案中，交互公司在二审程序中认为
本专利权利要求 1 不具有 PN 码解扩的技术特征，因此 PN 码解扩
构成区别技术特征，正是基于反向比较得出的结论，该主张违反了
新颖性的正确判断方法，缺乏事实和法律依据，应当不予支持。

三、新颖性判断方法的完善

　　结合本书的论述可知，在进行新颖性判断时，现有技术方案相
对于诉争技术方案多出来的技术特征，不能作为二者的区别特征，
并据此认定诉争技术方案具备新颖性，只有现有技术方案相对于诉
争技术方案缺少的技术特征，才能作为二者的区别特征，并据此认
定诉争技术方案具备新颖性。新颖性的判断方法，除了《专利审查
指南》所规定的实质性对比和单独对比以外，还应当加上正向对

比。完善以后的新颖性判断方法应当包括实质性对比、单独对比和正向对比三个方面。下面分别论述这三种方法。

认定是否构成同样的发明或者实用新型，应当进行实质性对比。被审查的发明或者实用新型专利申请与现有技术或者申请日前由任何单位或者个人向专利局提出申请并在申请日后（含申请日）公布或公告的（以下简称申请在先公布或公告在后的）发明或者实用新型的相关内容相比，如果其技术领域、所解决的技术问题、技术方案和预期效果实质上相同，则认为两者为同样的发明或者实用新型。需要注意的是，在进行新颖性判断时，审查员首先应当判断被审查专利申请的技术方案与对比文件的技术方案是否实质上相同。如果专利申请与对比文件公开的内容相比，其权利要求所限定的技术方案与对比文件公开的技术方案实质上相同，所属技术领域的技术人员根据两者的技术方案可以确定两者能够适用于相同的技术领域，解决相同的技术问题，并具有相同的预期效果，则认为两者为同样的发明或者实用新型。

判断新颖性时，应当将发明或者实用新型专利申请的各项权利要求分别与每一项现有技术或申请在先公布或公告在后的发明或实用新型的相关技术内容单独地进行比较，不得将其与几项现有技术或者申请在先公布或公告在后的发明或者实用新型内容的组合，或者与一份对比文件中的多项技术方案的组合进行对比。即判断发明或者实用新型专利申请的新颖性适用单独对比的原则。这与发明或者实用新型专利申请创造性的判断方法有所不同❶。

分析现有技术中的技术方案是否会落入诉争技术方案的保护范围，如果现有技术中的技术方案具备诉争方案的全部技术特征，落

---

❶ 《专利审查指南》第二部分第四章第 3.1 节。

入诉争技术方案的保护范围，则诉争技术方案不具备新颖性。即使诉争技术方案不具有现有技术的技术方案的全部技术特征，或者说现有技术中的技术方案比诉争专利的技术方案的技术特征更多，不能认为多出来的技术特征构成二者的区别技术特征，因而认定诉争专利的技术方案具备新颖性。

第三节 禁止反悔原则如何限制等同侵权

自最高人民法院在中誉公司与九鹰公司侵犯实用新型专利纠纷案（以下简称"银膜"案）❶ 中对"银膜"这一技术特征是否应当适用等同侵权进行深入分析后，专利实务界对如何正确适用禁止反悔原则来限制等同侵权给予了较高的关注。笔者认为，关于禁止反悔原则与等同原则的关系，长期以来实务界存在一些模糊认识，其中一个方面，就是没有清醒地认识到，不是所有构成禁止反悔的情形都限制等同原则的适用，只有对技术特征构成限缩的禁止反悔才能限制等同侵权。最高人民法院在"银膜"案中为纠正这些错误认识开了一个好头。为了准确理解禁止反悔原则在何种情形下构成对等同侵权的限制，应当紧紧抓住以下三个要点：第一，等同侵权的关键是技术特征的等同；第二，技术特征和技术方案的限缩都可能导致禁止反悔；第三，只有限缩技术特征的禁止反悔才能限制等同侵权。下文围绕上述要点进行简要分析。

一、等同侵权的关键

从被控侵权的产品或者方法的技术特征与涉案专利权利要求保

---

❶ 最高人民法院（2011）民提字第 306 号民事判决书。

护的技术特征完全相同还是等同的角度，专利侵权可以分为相同侵权与等同侵权。相同侵权，又称字面侵权、文义侵权（literal infringement），是指被控侵权物将专利权利要求中记载的技术方案的技术特征全部再现，被控侵权物与专利独立权利要求中记载的全部技术特征一一对应并且相同。等同侵权（infringement under the doctrine of equivalents）是指，被控侵权技术方案的某一个或某些技术特征与专利权利要求中记载的相应技术特征不相同，但两者的区别实质上是被控侵权技术方案相对专利权利要求，以基本相同的手段，实现基本相同的功能，能够达到基本相同的效果，并且是本领域技术人员无需经过创造性劳动就能够联想到的。此时，仍然认定被控侵权技术方案落入了专利权利要求的保护范围，构成侵权。举例说明，专利权利要求的技术特征为 A、B 和 C，被控侵权技术方案的技术特征为 A、B 和 C'。如果特征 C 与特征 C'相比，特征 C'是以基本相同的手段，实现了基本相同的功能，达到了基本相同的效果，并且属于本领域技术人员在特征 C 的基础上，无需创造性劳动就能想到的技术特征，则被控侵权技术方案构成对专利权利要求的等同侵权。1853 年，美国联邦最高法院在 Denmead 案❶中通过采用等同原则扩展了专利权的潜在保护范围，以防止对一项发明的实质性复制，开创了等同侵权的先河。在司法实践中确定等同侵权原则的目的是防止在专利保护期间，被控侵权人在不改变专利技术实质的情况下，以很容易联想到的新出现的技术来代替专利权利要求中的某些技术特征，从而轻易逃避侵权责任。在我国，虽然法律没有规定等同侵权，但《最高人民法院关于审理侵犯专利权纠纷案件应用法律若干问题的解释》第 7 条规定，被诉侵权技术方案包

---

❶　Winans v. Denmead：56 U. S. 330（1853）.

含与权利要求记载的全部技术特征相同或者等同的技术特征的，人民法院应当认定其落入专利权的保护范围。这表明，在我国的司法实践中是可以适用等同原则的。

　　需要强调的是，判定被控侵权技术方案是否构成等同侵权时，应当将相应的技术特征进行比较，避免将被控侵权技术方案与专利权利要求进行整体比较。在判断技术特征是否等同时，重要的是看被控侵权技术方案中是否存在与专利权利要求中的某一技术特征等同的技术特征，并不要求专利权利要求的技术特征与被控侵权技术方案的技术特征一一对应。只要在被控侵权技术方案中能找到与专利权利要求相对应的技术特征，就不影响等同的认定。总而言之，在判断是否构成等同侵权时，关键在于不构成字面侵权的技术特征之间的比较，这一点在考察禁止反悔原则如何限制等同侵权时尤为重要。

二、禁止反悔的对象

　　禁止反悔原则的法理基础为诚实信用原则。诚实信用原则作为民法基本原则之一，要求民事主体信守承诺，不得损害善意第三人对其合理信赖或正当期待，以衡平权利自由行使可能带来的利益失衡。最高人民法院认为，禁止反悔原则是民法中的诚实信用原则在专利侵权纠纷中的体现。在专利法中，禁止反悔是一个上位概念，包括专利审查历史禁止反悔（prosecution history estoppel）、专利转让人禁止反悔（assignor estoppel）、专利被许可人禁止反悔（assign-or estoppel）等具体概念。一般而言，禁止反悔原则是指专利审查历史禁止反悔，其主要内容是，专利说明书、权利要求书以及专利申请人或专利权人在专利授权或专利无效程序中的意见陈述或修改，充分反映了专利申请人或专利权人对于其发明创造中技术特征和技术方案的理解。在专利授权或无效程序，以及专利侵权纠纷中，专利权人对专利权保护范围的解释应当前后一致，不能允许专利权人在专利授权或无效程序中，为了获得授权或者维持专利权有效对专利权保护范围进行较窄的解释，而在专利侵权纠纷中，为了说明他人侵犯专利权而对专利权保护范围进行较宽的解释。如果允许专利权人在侵权纠纷中将在意见陈述或修改对专利权保护范围时排除在外的内容重新纳入专利权保护范围内，将会由于专利权人的反悔而损害社会公众的利益。为了确保专利权保护范围的安定性，维持社会公众的信赖利益，专利制度通过禁止反悔原则防止专利权人"两头得利"的发生。总而言之，禁止反悔原则就是不允许专利权人将其在意见陈述或修改中已经排除在专利权保护范围之外的内容重新纳入保护范围。

对专利权保护范围的限缩，有两种可能的方式。一是减少技术方案的数量。例如，通过删除或合并权利要求的方式减少权利要求的数量，或者删除权利要求中的部分技术方案。二是通过对权利要求增加限制条件而缩小保护范围。对权利要求保护范围的限缩，又有两种可能的方式：一是在权利要求中增加技术特征，由于技术特征越多保护范围越小，增加技术特征必然限缩保护范围。例如，原权利要求中的技术特征是 A 和 B，通过修改增加了技术特征 C，从而限缩了保护范围。二是对权利要求中的某些技术特征进行限制，这实际上又可以分为两种情形。一是将其中的某些技术特征限缩为下位概念，例如，将技术特征 A 或 C 限缩为下位概念 A1 或 C1，最终也限缩了技术方案的保护范围；二是将某些技术特征的等同特征排除在外，例如，在意见陈述或修改时明确地将技术特征 A 或 C 的等同特征 A' 或 C' 等排除在保护范围之外。前面的分析表明，专利权保护范围的限缩可能具体包括五种情形：第一，删除或合并权利要求；第二，删除权利要求中的部分技术方案；第三，在权利要求中增加技术特征；第四，将某个技术特征限缩为下位概念；第五，将某个技术特征的等同特征排除在外。上述五种具体情形都会产生禁止反悔的法律后果。但是，前三种具体情形中，禁止反悔的对象是技术方案的限缩而非具体技术特征的限缩，后面两种具体情形禁止反悔的对象才是具体技术特征的限缩。

三、限缩技术特征与等同侵权

前面的分析表明，虽然上述五种具体情形都对专利权保护范围产生限缩的法律后果，但上述前三种具体情形只是针对技术方案进行限缩，并不影响权利要求中的技术特征的保护范围。在专利法上，每一项权利要求都是单独的、完整的技术方案，每一项权利要求都应当准确、完整地概括专利申请人在原始申请中自由要求的保护范围，而不论其是否以独立权利要求的形式出现。每一项权利要求的效力应当被推定为独立于其他权利要求项的效力。即使从属权利要求所从属的权利要求被宣告无效，该从属权利要求并不因此被认为无效。所以，不应当以从属权利要求所从属的权利要求被宣告无效而简单地认为该从属权利要求所确定的保护范围即受到限制。而且，虽然各个权利要求中相同的技术特征应当具备相同的含义和相同的保护范围，但在对其他权利要求进行修改或限缩却没有直接影响其中的技术特征的情况下，其他权利要求的变化并不导致该技术特征的保护范围的变化。因此前三种禁止反悔的情形应当不影响技术特征的等同侵权，不产生限制等同原则适用的法律后果。

在后面的两种具体情形中，由于专利申请人或专利权人对技术特征进行了限缩，根据诚实信用原则，并且为了保护公众的信赖利益，已经通过限缩而排除在保护范围之外的内容不能再重新纳入保护范围之内，因此产生限制等同原则适用的法律后果。对保护范围的限缩，并不是只有通过对技术特征的限缩实现，也有可能是通过对技术方案的减少来实现。当我们说禁止反悔的时候，要具体分析禁止反悔是否产生了限缩具体技术特征保护范围的法律后果，如果不产生此法律后果，则不会限制等同侵权的认定。当我们在限制等同原则适用的语境中说禁止反悔原则时，应当是指前述的后面两种具体情形，并不包括前面两种具体情形。搞清楚这一点非常重要，在司法实践中，如果把保护范围的限缩等同于技术特征的限缩，把限缩保护范围的禁止反悔等同于限缩技术特征的禁止反悔，就会错误地理解禁止反悔原则与等同原则的关系。

四、对"银膜"案的分析

在"银膜"案中，最高人民法院正确认定了禁止反悔原则与等同原则的关系。该案的争议焦点可以简化为：权利要求1的技术特征为A和B，权利要求2的技术特征为A、B和C，在权利要求1被放弃的情况下，技术特征C是否应当适用等同原则。上海市高院认为，根据禁止反悔原则，专利权人将技术特征C明确限定为"银膜"，应视为专利权人放弃了除"银膜"外以其他导电材料作为技术特征C的技术方案。最高人民法院认为，权利要求1中并没有技术特征C，技术特征C在权利要求1中没有原始的参照，因此不能认为技术特征C之外的技术方案已经被全部放弃，技术特征C仍然可以适用等同原则。最高人民法院准确地指出了权利要求1被放弃与技术特征C的保护范围没有关系这一关键点。

在司法实践中还有另外一个问题。如果在"银膜"案中，当事人争议的焦点并不在于技术特征C是否可以适用等同原则，而在于技术特征A或B是否可以适用等同原则，又应当如何处理。北京市高院在"一种自动滚按足浴盆"实用新型专利权侵权纠纷案❶中对这个问题进行了回答。该案的争议焦点可以抽象概括为：权利要求 1 的技术特征为 A 和 B，权利要求 2 的技术特征为 A、B 和 C，权利要求 1 因为不具备创造性被专利权人删除，技术特征 A 是否可以适用等同原则。北京市二中院认为，权利要求 1 的删除导致权利要求 1 中的技术特征 A 在权利要求 2 中也不能再适用等同原则。北京市高院则认为，对权利要求 1 的删除，并不直接构成对权利要求 2 中技术特征 A 这一技术特征的限制，即使专利权人删除了权利要求 1，其中的技术特征 A 和 B 在权利要求 2 的侵权纠纷中仍然可以适用等同原则。

五、结论

《最高人民法院关于审理侵犯专利权纠纷案件应用法律若干问题的解释》第 6 条规定："专利申请人、专利权人在专利授权或者无效宣告程序中，通过对权利要求、说明书的修改或者意见陈述而放弃的技术方案，权利人在侵犯专利权纠纷案件中又将其纳入专利权保护范围的，人民法院不予支持。"该条规定只是强调限缩技术方案的情况下的禁止反悔，没有明确规定限缩技术特征的情况下对等同侵权构成限制的禁止反悔，因此在具体适用过程中可能对禁止反悔与等同侵权的限制方面产生误解。为了更加准确地适用禁止反悔对等同侵权的限制，可以在上述规定的基础上增加第 2 款："专利申请人或专利权人通过意见陈述或修改，只是放弃技术方案，没有对技术特征进行限缩，不阻碍技术特征适用等同侵权；如果在意见陈述或修改中对技术特征进行了限缩，在侵权纠纷中不能依据等

❶ 北京市高级人民法院（2013）高民终字第 1222 号行政判决书。

同原则将限缩所排除的等同特征重新纳入专利权保护范围。"如果要更加详细地说明上述第 2 款，可以分以下几种具体情形来规定禁止反悔如何限制等同侵权。

情形一，权利要求 1 的技术特征为 A 和 B，权利要求 2 的技术特征为 A、B 和 C，权利要求 1 的删除并不影响技术特征 C 保护范围，C 可以适用等同侵权原则。同样，技术特征 A 和 B 也可以适用等同侵权原则。

情形二，权利要求的技术特征为 A、B 和 C，或者 A、B 和 D，如果删除 A、B 和 D 这一技术方案，不影响技术特征 A、B、C 的保护范围，A、B、C 均可适用等同侵权原则。

情形三，权利要求的技术特征为 A 和 B，专利申请人或专利权人在修改权利要求时增加了技术特征 C，技术特征 C 的保护范围并没有被限缩，因此 C 可以适用等同侵权原则。同样，技术特征 A 和 B 也可以适用等同侵权原则。

情形四，权利要求的技术特征为 A、B 和 C，专利权人或专利申请人通过意见陈述或修改将技术特征 A 或 C 明确为下位概念 A1 或 C1，则技术特征 A 或 C 不能再适用等同侵权原则。技术特征 B 没有受到限缩，仍然可以适用等同侵权原则。

情形五，权利要求的技术特征为 A、B 和 C，专利权人或专利申请人通过意见陈述或修改将技术特征 A 或 C 的等同特征排除在保护范围之外，则 A 或 C 不能再适用等同侵权原则。技术特征 B 没有受到限缩，仍然可以适用等同侵权原则。

第四节　专利权用尽与专利产品修理和再造的区分

日本的 Canon 案引发了对专利产品修理与再造之间的区分的热

294

烈讨论。❶ 在我国的司法实践中，这个问题同样是专利权国内用尽
原则具体适用中的争议焦点之一。北京市高院在起草专利侵权判定
相关问题的指导意见时曾试图对专利产品的修理与再造进行区分。
《北京市高级人民法院专利侵权判定若干问题的意见》（会议讨论
稿二）（以下简称《会议讨论稿二》）第 92 条第 2 款第（4）项规
定："以下行为也被认为是制造发明和实用新型专利产品：……
（4）对已过使用寿命的专利产品进行再造的行为。"同时，《会议
讨论稿二》第 120 条第（3）项规定："专利权用尽。专利产品或
者依照专利方法直接获得的产品，由专利权人或者经其许可的单
位、个人售出后，使用、许诺销售、销售、进口该产品的，不视为
侵犯专利权。包括：……（3）在专利产品合法售出或让与后为使
专利产品正常使用或更好地发挥性能，或者在该专利产品未过使用
寿命的情况下延续专利产品的使用期限而对该产品进行的维修、更
换零部件等维护性行为。"在对《会议讨论稿二》的多次研讨中，
各方对第 92 条的合理性及其与第 120 条之间的关系一直有争议。
例如，2011 年 11 月，中国计算机行业协会、中国计算机行业协会
耗材专业委员会、珠海市耗材行业协会和上海市计算机行业协会耗
材专业委员会共同向北京市高院提交《关于北京高级人民法院〈专
利侵权判定若干问题的意见〉（会议讨论稿二）的商榷》，对上述
两项规定提出了异议。围绕上述两项规定的主要争议有：第一，专
利产品的使用寿命如何界定？第二，对未过使用寿命的专利产品进

---

❶ Canon Inc. v. Recycle Assist Co., Ltd., IP High Court, Grand Panel, Decided January
31, 2006, Case No. 2005 (ne) 10021, http：//www. ip. courts. go. jp/eng/documents/
pdf/g_ panel/decision_ summary. pdf (last visited Jan. 30, 2013). Supreme Court,
First Petty Bench, Delivered on November 8, 2007, Case No. Heisei 18 (jyu) 826,
http：//quon－ip. jp/30j/the_ log_ 11. pdf (last visited Jan. 30, 2013).

行再造是否构成侵权？第三，对已过使用寿命的专利产品进行维修是否构成侵权？第四，第120条规定的维修与第92条规定的再造如何区分？这些问题的核心在于如何界定专利权用尽的范围。为了回答这些问题，笔者拟从以下几个方面来分析：第一，区分修理与再造的必要性；第二，区分修理与再造的专利法分析；第三，区分修理与再造的政策分析。

一、专利权用尽与修理的三种规则

专利权包括制造、使用、销售、许诺销售、进口等权利。所谓制造，是指生产一件完整的专利产品，并能产生预期的效果，制造本质上是生产新的产品。各国专利法都规定，专利权人的上述权利在专利产品销售出去后已经用尽，专利产品的购买者可以自由使用专利产品，并不会因此构成侵权。一般情况下，专利产品在使用一段时间后会产生磨损或损坏，可能会或实际上不能正常发挥功能。多数情况下，专利产品使用者会考虑通过修理使专利产品继续发挥作用。所谓修理，是指为维持或恢复机器最初运动（运转）状态而采取的行为。

专利产品的修理涉及专利权用尽原则。所谓专利权用尽原则，是指合法制造的专利产品（包括依据专利方法直接获得的产品）被合法地首次销售以后，专利权人不再对该产品的销售或使用享有支配权和控制权，或者说，任何人对该产品进行销售或使用，不再需要得到专利权人的许可或者授权。专利权用尽原则又被称为首次销售原则。关于专利权用尽，又涉及专利权国际用尽和国内用尽（或区域用尽）。专利权国际用尽主要集中于平行进口问题，与专利产品的修理和再造无关，但专利权国内用尽与专利产品的修理和再造有关。因为，专利产品的修理是其使用过程中的正常现象，但修理会延长专利产品的使用寿命，从而导致专利权人不能销售更多的专利产品，所以，这里就涉及修理在什么情况下是合理的问题。归纳现有的各种意见，对修理可能设定以下三种规则。

规则一，只要专利产品不能正常使用，就不允许修理，使用者只能重新购买专利产品。这种规则明显不符合专利权用尽原则，而且会因为过度保护专利权人的利益而损害公共利益，因此不应当被采纳。

规则二，无论专利产品损坏到什么程度，都可以允许使用者按照专利产品的技术方案进行修理，所有的修理都认定为专利权用尽范围内的合法使用行为，不构成侵犯专利权。例如，在美国的 Aro 案即"帆布车顶"案中，美国联邦最高法院认为，在修理过程中，如果每次只是更换一部分零件，不论是对同一个零件的多次更换，还是对不同零件的更换，都属于专利产品的所有人修理其财产的合法行为。❶ 按照 Aro 案的规则，不允许的再造仅限于整体上的完全再造，即生产一个由非原专利产品零部件组成的专利产品，换言之，在原专利产品整体上被耗尽了之后又在事实上重新制造一个新的产品才构成超出合理使用范围的再造，除此之外都是可被允许的修理。Aro 案的规则被称为整体耗尽原则。在整体耗尽原则之下，修理后的新专利产品中只要保留了一颗原专利产品的螺丝，似乎还应当视为合理的修理，实质上是把修理扩大到了再造。这种规则虽然有利于专利产品的使用者，但却会明显地损害专利权人的利益。在这种规则之下，只要专利产品的使用者自行制造专利产品的成本低于购买成本，专利产品的使用者自然会选择在原专利产品的基础上进行"修理"，但实质上却是制造一个新的专利产品。这样一来，专利权人的制造权肯定会被架空。

---

❶ Aro Manufacturing Co. v. Convertible Top Replacement Co. , 365 U. S. 336 （1961）.

规则三，修理是允许的，但应当有限制，不能成为对专利产品的重新制造。如果修理后的产品不再是旧的专利产品，而是一个新的专利产品，正如在 Canon 案中日本最高法院所认为的那样，被告 Recyde Assist 公司（以下简称 RA 公司）的产品不再是加工前 Canon 公司的专利产品，而是一个新的专利产品，就不能再认定为修理，而应认定为专利产品的重新制造，即所谓的再造。为了保证专利产品的使用者两次向专利权人购买专利产品，应当不允许对专利产品的再造。❶

从逻辑上讲，规则三是合理的，但问题的关键是如何在实践中对专利产品的修理与再造划分一个明确的界限。这个界限实质上是专利权用尽的界限，在这个界限内的修理，就是允许的修理，属于专利权用尽范围内的行为；跨过这条界限的修理，实质上不再是修理，而是产生新的专利产品的再造，属于侵犯专利权的行为。目前所有相关的判决，无论是美国的还是日本的，核心部分都是在围绕这个问题进行分析。❷

二、区分修理与再造的实践难题

有人主张，专利产品使用寿命内的修理是修理，使用寿命后的修理就是再造，即所谓的耗尽原则。这种观点有一定的合理性，但在实践中的难题在于，如何确定专利产品的使用寿命。使用寿命是客观的使用寿命，还是主观的使用寿命。客观的使用寿命是指，无论怎么使用，一直用到不能正常使用，就算使用寿命结束了。客观

---

❶ Canon Inc. v. Recycle Assist Co. , Ltd. , IP High Court, Grand Panel.

❷ Yuichi Watanabe, The Doctrine of Patent Exhaustion: The Impact of Quanta Computer, Inc. v. LG Elecs. , Inc. , *Virginia Journal of Law & Technology*, 2008, (14), p. 273.

的使用寿命面临两个难题：第一，除了正常的维护外，是否允许修理，例如，对磨损部件进行更换。第二，是否应当限定使用条件。同样的汽车，出租车可能 5 年就报废了，而家用汽车可能正常使用 15 年。主观的使用寿命是指，人为规定的使用寿命，只要没有超过这个人为的规定期限，就不算超过使用寿命。这会产生两种问题：第一，虽然没有超过规定期限，但客观上使用寿命已经终止，算不算使用寿命终止。例如，人为规定某种汽车使用寿命是 10 年或者 20 年，在规定期限内汽车因为车祸被撞散了架，通过更换部件重新修理后再能否再使用。第二，虽然超过规定期限，但客观上还可以再使用，算不算使用寿命结束。

美国联邦巡回上诉法院在 Wilson 案即"创床"案中认为，应当将主观寿命与客观寿命相结合综合考虑是否属于允许的修理，并提出了几个方面的考虑因素：发明人的意图、专利产品的合法所有人的合理期望、被更换零件的正常使用寿命与其他零件正常使用寿命之间的关系等。[1] 但问题是：第一，在判断是否结束客观寿命之前，是否允许修理，允许何种程度的修理。第二，主观寿命谁来规定。如果依据专利权人的意图来规定专利产品的主观寿命，最有利的选择当然是规定寿命为一天，第二天就需要使用者重新购买专利产品。而且，正如美国联邦巡回上诉法院在 Hewlett – Packard 案中表示，专利产品的出卖人的主观意图如果不能形成法律上可以强制执行的合同，就不能据此主观意图限制买受人对其购买的专利产品进行使用、销售和改进，只要买受人没有构成再造行为即可。[2] 不

---

[1]　Wilson v. Simpson, 50 U. S. (9 How.) 109 (1850).

[2]　Hewlett – Packard Co. v. Repeat – O – Type Stencil Mfg. Corp., 123 F. 3d 1445 (Fed. Cir. 1997).

具有合同性质的意图只能表明销售者的希望或者愿望，它不能成为法律上认可的限制性合同条件。因此不能仅凭专利权人的意愿来确定使用寿命。如果由政府机关或者行业协会来规定使用寿命，又应当按照什么标准来规定，是专利产品的平均使用时间，还是其他标准？如果是按照平均使用时间来规定，对超出平均使用时间的使用人是否还允许其继续使用，不允许其继续使用是否会不公平。如果允许其继续使用，是否允许其进行修理，允许何种程度的修理。上述问题都是按照使用寿命来区分修理与再造时难以回答的。

上述分析表明，意图通过使用寿命来划分专利权用尽的边界是很困难的，使用寿命标准是个伪标准，最终还得归结到允许修理的程度问题。因此，修理与再造的区分问题，即允许修理的程度，是确定专利权用尽的边界的实质标准。

也有学者认为，区分修理还是再造不应当以专利产品的使用寿命与修理或更换部分的使用寿命的关系作为判断标准，而应当以修理、更换零部件或者回收利用后的产品是否落入该专利保护范围作为判断标准。修理、零部件更换是否构成专利权侵害，真正的问题在于为了修理、零部件更换而生产、销售、进口零部件的行为是否构成对专利权的侵害。[1] 这样的观点当然有道理，但在相关的案件中，当事人对修理、更换零部件或者回收利用后的产品落入专利权利要求的保护范围往往是没有争议的，争议的焦点往往在于被告所主张的"修理"是否超出了专利权用尽的范围，达到再造新的专利产品的程度。因此，仅仅考虑专利权保护范围和"解决好了生产、销售、进口零部件的行为是否构成专利权间接侵害的问题"，并不

---

[1] 李扬："修理、更换、回收利用是否构成专利权侵害"，载《法律科学》2008 年第 6 期，第 78 页。

能解决专利权用尽的边界确定问题。

三、Canon 案的专利法进路

争论很大的 Canon 案，日本知识产权高等法院和日本最高法院都选择了用专利法的进路来区分修理与再造。该案简要案情如下：Canon 公司生产销售某个系列的喷墨墨盒，中国有一家企业回收该系列的墨水用尽的墨盒，重新灌墨，制成再生墨盒并且再卖到日本。在日本，由 RA 公司负责这些再生墨盒的销售。Canon 公司认为 RA 公司进口和销售该再生墨盒侵害了其 JP3278410 号专利，因此于 2004 年 4 月向东京地区法院提起诉讼。JP3278410 号专利有两项独立权利要求，分别是产品权利要求 1 和方法权利要求 10。产品权利要求的技术特征包括特征 H 与特征 K。特征 H 为"所述压接部界面的毛管力比第 1 及第 2 负压发生构件的毛管力高"。特征 K 为"向负压发生构件收纳室填充无论墨盒如何放置整个压接部界面可以保持一定量的液体"。一审法院判决认为，对墨水用尽的墨盒灌墨不属于再造，墨水用尽后的墨盒已经属于专利权用尽，他人再进行灌墨并不构成对专利产品的制造，并不侵害 Canon 公司的专利权。Canon 公司不服一审判决向日本知识产权高等法院提出上诉。2006 年 1 月，日本知识产权高等法院作出二审判决，认为以下两种情况并不构成专利权用尽：第一种是在专利产品使用寿命已经终结后再使用它；第二种是对专利产品的实质部分进行更换或者修理以延续其使用寿命。日本知识产权高等法院认为，本案中被告对墨水用尽的墨盒灌墨，恢复了特征 H 和特征 K，因此构成对专利产品实质部分的修理或更换。在此基础上，知识产权高等法院还认为被控侵权产品侵害了该专利的方法权利要求 10，故认定 RA 公司构成对 Canon 公司专利权的侵害，判令 RA 公司承担侵权责任。RA 公司不服知识产权高等法院的二审判决，上诉至日本最高法院。日本最高法院于 2007 年 11 月作出判决，认为二审法院的结论是正确的，但否定了其判断标准。日本最高法院认为：RA 公司重新灌墨制成再生墨盒的行为不是单纯的补充墨水，而是利用使用过的墨盒在与本发明实质部分相关构成要件 H 和要件 K 已经欠缺的物件上恢复其原有状态，再次实现本发明的实质价值，RA 公司的产品与加工前 Canon 公司的专利产品不再是相同的产品，因此是再造产品。❶

　　无论是日本知识产权高等法院还是日本最高法院，都使用了专利的实质部分来区分修理与再造，即如果修理或更换的部分是实质部分，则这样的修理和更换是不允许的，构成了侵犯专利权的再造。使用实质部分来区分修理与再造是 2000 年东京地区法院在 Fuji 案即"一次性相机"案中就提出来的观点。❷ 但什么是专利产品的实质部分？是专利产品物理空间的实质部分或主要部分，还是相对于专利权利要求的抽象范围来说的实质部分，并不是非常清楚。日本知识产权高等法院之所以认为特征 H 和特征 K 是对解决技术问题最重要的部分，即所谓的专利的实质部分，是认为这两个特征解决了现有技术中防止开封时漏墨的技术问题。这种以涉案专利的哪些技术特征解决了现有技术的技术问题为标准来确定涉案专利的实质部分，进而区分修理与再造的思路，是一种专利法上的进路。这种区分方法有一个重要难题，即如何确定哪些技术特征是解决现有技术中的技术问题的实质部分。这个问题有两个层次：第一，如何确定涉案专利相对于现有技术所解决的技术问题；第二，哪些特征

❶ Canon Inc. v. Recycle Assist Co., Ltd., IP High Court, Grand Panel.
❷ Fuji Shashin Film K. K. v. K & J K. K. and K. K. Batori Non Non, Heisei 8（Wa）16782（Tokyo D. Ct., Aug. 31, 2000）.

是解决这些技术问题的实质部分。

四、专利法进路存在的问题

在确定技术问题时，有两种路径，一种是主观标准，一种是客观标准。所谓主观标准，是指依据专利说明书的记载来认定涉案专利所要解决的技术问题。但这样的方法会鼓励专利权人在说明书中朝着最有利于缩小修理范围的方式来描述技术问题。但问题是，专利权人已经可以通过对权利要求的描述来确定其专利权保护范围，而且在专利权的保护范围应当以权利要求书为准的情况下，如果又给予专利说明书记载的内容以确定专利权保护范围的功能，是不是对专利权人太过于慷慨？而且，一般而言，专利权人在说明书中记载的其所要解决的技术问题是相对于其在申请日所能检索到的最接近现有技术而言，是本应相对客观的一个技术问题。如果在确定修理与再造的边界时再考虑说明书中的技术问题，可能导致说明书中记载的技术问题很不客观。

所谓客观标准，是指在专利创造性判断时，应当客观地认定专利所要解决的技术问题。确定客观技术问题作为我国创造性判断的一个步骤最先规定在 2001 年版《审查指南》中，2006 年版《审查指南》和 2010 年版《专利审查指南》有相同的规定。根据 2006 年版《审查指南》第二部分第四章第 3.2.1.1 节的规定，审查过程中，由于审查员所认定的最接近现有技术可能不同于申请人在说明书中所描述的最接近现有技术，因此，基于最接近现有技术重新确定的该发明实际解决的技术问题，可能不同于说明书中所描述的技术问题。在这种情况下，应当根据审查员所认定的最接近的现有技术重新确定发明实际解决的技术问题。我国法院在司法实践中支持

了这种观点。❶

　　我国《专利审查指南》的规定实际上参照了欧洲专利局的相关规定。欧洲专利局认为，发明申请相对于新发现的最接近现有技术所具有的技术效果应当被用以确定新的客观技术问题。在 T 13/84 案中，欧洲专利局专利上诉委员会表示，重新确定的客观技术问题也有可能与最初提出的技术问题相关，技术问题因此可能被表述为满足一个更小的技术目的。❷ 欧洲专利局确定客观技术问题的目的是客观地判断创造性。

　　美国在司法实践中也提出在确定技术问题时要注意客观性，在有的情况下不一定要与发明申请人或专利权人声称的技术问题相同。在 KSR 案中，美国联邦最高法院还特别指出了美国联邦巡回上诉法院在四个方面存在错误，其中第一项就认为美国联邦巡回上诉法院和专利审查员只是局限于考虑专利权人意图解决的技术问题。❸《美国专利审查指南》规定，只要取得相同技术进步或者效果，发明人改进的原因与创造性判断者认为的原因不相同并不影响显而易见性的判断。是否有技术启示，应当根据发明人面临的普遍问题来确定，而不是由发明具体解决的问题决定，本领域技术人员并不需要认识到记载在现有技术中的相同技术问题以进行改进。❹

　　在专利侵权案件中按照客观技术问题来确定专利的实质部分从而区分修理与再造的最大难题在于，专利侵权纠纷案件中的当事人并不需要证明最接近现有技术的内容，因此难以确定最接近现有技

❶　石必胜：《专利创造性判断研究》，知识产权出版社 2012 年版，第 81 页。

❷　T 13/84（OJ 1986，253）.

❸　KSR Int'l Co. v. Teleflex, Inc., 550 U. S. 398（2007）.

❹　In re Dillon, 919 F. 2d 688, 16 USPQ2d 1897（Fed. Cir. 1990），cert. denied, 500 U. S. 904（1991）.

术。如果由法院自行检索认定最接近现有技术，则法院对技术问题的认定很大程度上取决于其检索到什么样的现有技术，法院并不能保证其检索的准确性，这将导致在类似案件中的结果无法预测。❶

上述分析表明，确定技术问题是有困难的，而且哪些技术特征是解决技术问题的实质部分，在专利法上也很难认定。在专利法上，技术方案是一个整体，各个必要技术特征都是必不可少的，不存在哪一个技术特征更本质、更重要的问题。总之，日本知识产权高等法院和日本最高法院的这种以实质部分来作为基础区分修理与再造的思路虽然有一定的道理，但也存在一些问题，有时可能不具有可操作性。由此可见，实质部分在区分修理和再造上没有决定性意义，无论这个部分在这个发明里面是多么的重要，在区分修理或再造时仍可能起不到决定作用。这种从专利法的进路来区分修理与再造的办法并不完全可行。

五、修理与再造区分规则的政策属性

日本 Canon 案的判决与美国相关判例所体现的趋势是相悖的。在美国，相关判例主要分为以下三类：第一类认定为再造并认定侵权；第二类认定为修理并认定不侵权；第三类认定为"类似修理"并认定不侵权。❷ 1997 年美国联邦巡回上诉法院在 Hewlett – Pack-ard 案中确立了类似修理规则，认为类似修理与修理并不相同，二者的区别在于，修理的目的是延长专利产品的使用寿命，是对损坏

---

❶ Scott M. Tobias, No Refills: The Intellectual Property High Court Decision In Canon V. Recycle Assist Will Negatively Impact The Printer Ink Cartridge Recycling Industry In Japan, *Pac Rim L Poly J*, 2008, (16), p. 791.

❷ 张蕾："专利侵权判定中修理与再造的界定——以 Canon Vs. RecycleAssist 再生墨盒案为背景（续前）"，载《电子知识产权》第 10 期，第 58 页。

或磨损的零件的修理或更换，而类似修理的目的是改变专利产品的用途或提高其性能，不仅仅是对损坏或磨损的零件的更换或修理。❶这种观点认为类似修理不构成侵权，实际上是将基于修理而免责的范围扩大，从而间接地将构成侵权的再造的范围缩小。从总体来看，美国联邦最高法院倾向于更为严格地认定再造的范围。即使在这样的背景下，日本知识产权高等法院和日本最高法院在 Canon 案中还是作出了一个扩大认定修理范围从而限制专利权用尽范围的判决。

日本法院在 Canon 案中为什么会作出这样的判决呢？第一个原因就是各国专利法本身都没有明确的规则可循。正如美国联邦第一巡回上诉法院在 Goodyear 案中认为：发明专利权的类型多种多样，企图对修理的合理范围及其与再造的区分标准确定一个简单的裁判规则，既不现实也不明智。在具体的案件中，必须根据该案的证据所证明的事实，综合涉案专利的发明人的意图、专利权保护范围和技术方案的特点进行判断。首先，需要结合说明书充分理解涉案专利的权利要求书所确定的技术方案和保护范围。其次，要考虑专利产品的损坏和磨损情况。要判断使之恢复正常使用状态所采取的行为是专利权用尽所允许的行为还是专利权所禁止的再造，最重要的是运用符合逻辑的常识进行富有才智的判断。对定义或者机械规则的依赖并不能起到决定作用。❷美国联邦第一巡回上诉法院可以说是一语中的，在区分修理与再造时，专利法中并不存在可以稳定依赖的规则。

---

❶ Hewlett – Packard Co. v. Repeat – O – Type Stencil Mfg. Corp. , 123 F. 3d 1445 （Fed. Cir. 1997）.

❷ Goodyear Shoe Mach. Co. v. Jackson, 112 F. 146 (1st Cir. 1901).

日本法院作出 Canon 案判决的第二个原因，也是最根本的原因，是这个判决对日本本国有利。日本法院实际上是在法律边界并不清晰的情况下考虑了如何保护本国利益。从这个角度来讲，Canon 案的终审判决书中记载的只是借口，不是真正的理由，而真正的理由在法律之外。这种促进经济发展，保护本国产业利益的政策考量，并不是日本法院的专利，美国的知识产权法也一直遵循实用主义的原则，一切从需要出发。为了最大化其自身利益，美国在国内非常强调知识产权保护与社会公共利益的平衡，而在国际上则强调知识产权保护。对于案件事实基本相同的 Fuji 案，日本法院通过对裁量性规则的灵活适用认定被告构成侵权，保护了富士公司的专利权，而美国法院则认为被告不构成侵权，没有保护富士公司的专利权。

六、确定我国司法政策的考量因素

仅仅立足于固定的概念或者法律标准，是一种技术性思维，在法律适用中是不够的。只有植入价值和政策变化，用价值和政策指导法律的适用，法律适用才不是僵硬的和冷冰冰的，才能充满活力。❶ 在司法实践中区分修理与再造不仅要进行法律概念和法律标准的分析，更有必要在法律分析不能得出确定答案时进行政策分析，考察什么样的政策导向有利于实现专利法的立法目的，有利于在促进和保护创新的同时实现社会利益的最大化。"法律是实践的，是要解决问题的，是要解决我们的问题的，是要解决我们眼下的问题的。"❷ 我们当前面临的主要问题是什么，我国当前的发展阶段

---

❶ 孔祥俊：《商标法适用的基本问题》，中国法制出版社 2012 年版，第 94 页。
❷ 苏力：《送法下乡——中国基层司法制度研究》，中国政法大学出版社 2000 年版，第 12 页。

和产业发展状态需要什么样的规则，是区分修理与再造时应当重点
考虑的因素。

　　首先，在区分修理与再造时应当强调的政策考量因素是公共利
益。专利制度本质上是个功能性的制度，是实现社会利益最大化的
政策工具。专利制度为专利权人提供一定程度上的利益回报，从而
激励其进行发明创造，根本目的是给社会公众带来利益。专利法给
予专利权人受保护的垄断利益只是手段，最终目的是保护专利权人
以外的社会公共利益。2002 年，英国知识产权委员会在其发布的
《整合知识产权与发展政策》中明确指出：不管对知识产权采用何
种说法，我们更倾向于把知识产权当成一种公共政策的工具，对自
然人或组织授予垄断性的专利权是为了产生更大的公共利益。❶ 区
分修理与再造必须建立在对专利制度的根本目的的正确认识基础
上，通过正确区分修理与再造从而确定专利权用尽的边界，实质上
是在划分专利权人与公众之间的利益边界，其根本出发点是通过适
度的保护从而激励创新以实现公共利益最大化。

　　目前来看，国内外学者对于 Canon 案是否产生了阻碍创新、抑
制竞争的后果虽有争论，但却一致认为 Canon 案损害了消费者利
益，不利于资源和环境保护。❷ Canon 案到底是过分保护了专利权

---

❶ The Report of the Commission on Intellectual Property Rights（CIPR），Integrating Intellectual Property Rights and Development Policy（2002），London，available at http：//www. iprcommission. org/papers/pdfs/final_ report/CIPRfullfinal. pdf（last visited Jan. 30 2013）.

❷ 国内的例如，张蕾："专利侵权判定中修理与再造的界定——以 Canon Vs. Recycle Assist 再生墨盒案为背景（待续）"，载《电子知识产权》2008 年第 9 期，第 52 页；国外的例如，Scott M. Tobias，No Refills：The Intellectual Property High Court Decision In Canon V. Recycle Assist Will Negatively Impact The Printer Ink Cartridge Recycling Industry In Japan，*Pac Rim L Poly J*，2007，（16），p. 775.

人而损害了公共利益，还是合理地保护了专利权人而有效激励了创新，这是一个很难量化评判的问题。也许有了量化评价的工具和数据后，这个争论才有答案。正如 19 世纪末美国大法官霍姆斯的预言："法学的未来属于统计学家和经济学家。"

其次，在区分修理与再造时应当强调的政策考量因素是我国产业发展状况。在我国，有以下事实值得注意：第一，为全面贯彻落实《循环经济促进法》，促进我国循环经济尽快形成较大规模，建设资源节约型环境友好型社会，2010 年 5 月，国家发改委、工业与信息化产业部等 11 部委发布《关于推进再制造产业发展的意见》。2011 年 9 月，国家发改委再次发出《关于深化再制造试点工作的通知》。这表明再制造作为节能环保产业的重要组成部分，是我国的重点发展产业。第二，据统计，70% 以上的色带、60% 以兼容墨盒以及 20% 再生激光碳粉盒组件在我国珠海制造，其中 70% ~ 90% 销往国外。目前珠海共有 600 多家耗材生产、经营企业，5 万多名从业人员，占全球耗材从业人员的 35%，销售额近 100 亿元。❶

再次，在区分修理与再造时还要考虑最高人民法院可能持有的观点。根据最高人民法院《关于审理专利侵权纠纷案件若干问题的规定》（2003 年 10 月会议讨论稿）第 27 条第 1 款第（2）项的规定，《专利法》第 11 条和第 63 条所称制造专利产品，是指通过机械或者手工方式加工、制作专利产品。属于制造专利产品的行为：收集已售出的专利产品的零部件并重新组装成专利产品。同时，根

---

❶ 2011 年 11 月中国计算机行业协会、中国计算机行业协会耗材专业委员会、珠海市耗材行业协会和上海市计算机行业协会耗材专业委员会还共同向北京市高级人民法院提交《关于北京高级人民法院〈专利侵权判定若干问题的意见〉（会议讨论稿二）的商榷》。

据第 27 条第 2 款的规定：专利产品的合法使用人为使专利产品能够正常使用而进行的修理、更换零部件等维护行为，不视为制造专利产品的行为。2007 年 6 月 28 日，中国计算机行业协会耗材专委会、珠海市耗材行业协会共同向最高人民法院书面致函提出异议。2009 年最高人民法院最终发布的《关于审理侵犯专利权纠纷案件应用法律若干问题的解释》删除了第 27 条的规定。另外，在 2012 年《最高人民法院关于审理侵犯专利权纠纷案件若干问题的意见》（内部征求意见稿）中也没有规定修理与再造的区分标准。这表明，最高人民法院目前并不趋向于过于严格地界定专利权用尽的范围。

七、小结

综上，由于我国对专利产品的修理与再造的区分还缺乏明确的规则，在司法实践中难以选择适用《会议讨论稿二》第 92 条第 2 款第（4）项还是第 120 条第（3）项。而且，考虑我国国情，为了保护公共利益，在我国虽然可以参考日本 Canon 案的实质部分标准，但却不宜照搬 Canon 案规则。目前，对专利产品的修理与再造的区分可以规定一些参考因素，但不宜确定明确的标准。如果具体案件涉及了修理与再造的区分，应当允许法官在参考修理部分是否为实质部分的基础上，结合政策导向，根据个案具体事实和背景，综合考虑专利的发明目的、要解决的技术问题及所采取的具体技术方案以及专利产品磨损或毁坏的情况之后，综合判断涉案的行为是权利用尽所允许的修理还是专利权所不允许的再造。

第五节　要素省略发明的隐含限定特征

2015 年 1 月，笔者在《中国知识产权》上发表了专栏文章

《专利侵权判定方法在新颖性判断中的适用》❶ 一文，对笔者在审理北京市高级人民法院（2014）高行终字第 1180 号"用于码分多址（CDMA）通信系统的自动功率控制系统"的发明专利权无效行政纠纷案中归纳的新颖性判断方法进行了论述，认为新颖性判断应当进行正向比较而不能进行反向比较。有专家对该文的观点提出了质疑，认为该文所提出的正向比较方法并不适用于省略发明的新颖性判断。笔者认为，这样的观点值得商榷。因为在理解要素省略发明的保护范围时，应当注意其权利要求还隐含了这样一个限定特征：发明人意图省略的要素所对应的技术特征是被明确排除在外的。如果考虑了这样一个隐含限定特征，正向比较方法同样能够适用于要素省略发明的新颖性判断。正是基于对这个问题的思考，笔者认为有必要较为系统地论述一下对要素省略发明的正确理解，并在此基础上提示大家注意，应当全面理解要素省略发明，注意其权利要求中存在的隐含限定特征。

一、实践中可能存在的问题

笔者在《专利侵权判定方法在新颖性判断中的适用》一文中的核心观点是：第一，专利侵权判定的方法和思路可以适用于专利新颖性判断，如果现有技术方案落入诉争技术方案的保护范围，则诉争技术方案不具备新颖性；第二，在进行新颖性判断时，应当用诉争技术方案与现有技术方案进行正向比较而不是反向比较，即诉争技术方案相对于现有技术方案不存在的技术特征，不能作为二者的区别特征来认定诉争技术方案具备新颖性；只有诉争技术方案相对

---

❶ 石必胜："专利侵权判定方法在新颖性判断中的适用"，载《中国知识产权》2015 年第 1 期。

于现有技术方案多出来的技术特征，才能作为二者的区别特征，可以据此认定诉争技术方案具备新颖性。值得注意的是，由于专利创造性判断一般适用的三步法需要认定诉争技术方案相对于最接近现有技术的区别技术特征，因此正向比较方法不仅仅适用于专利新颖性判断，同样适用于专利创造性判断中的区别技术特征认定。

正向比较方法是否能够普遍适用于新颖性判断，确实值得讨论。其中一个质疑理由是，对于要素省略发明而言，其技术特征少于现有技术方案。假设省略发明的权利要求为 A + B + C，与省略要素对应的特征是 D，那么现有技术方案为 A + B + C + D。如果按照正向比较方法来判断新颖性，由于要素省略发明相对于现有技术不存在区别技术特征 D，那么应当认定省略发明的保护范围包括了现有技术方案，因此应当认定省略发明不具备新颖性。显然，这个仅仅因为要素省略发明的技术特征少于现有技术方案就认为要素省略发明不具备新颖性的结论是错误的。质疑者认为，之所以得出这个错误结论，是因为正向比较方法不适用于要素省略发明的新颖性判断。

如果正向比较方法能够普遍用于新颖性判断，那么质疑正向比较方法的上述观点就是有问题的。笔者认为，上述观点没有完整地、准确地理解要素省略发明的技术方案。

二、如何正确理解要素省略发明

要素省略发明源自于《专利审查指南》对专利创造性的相关规定。2010 年版《专利审查指南》规定："要素变更的发明，包括要素关系改变的发明、要素替代的发明和要素省略的发明。"❶2010

---

❶ 2010 年版《专利审查指南》第二部分第四章第 4.6 节。

年版《专利审查指南》第二部分第四章第4.6.3节规定："要素省略的发明，是指省去已知产品或者方法中的某一项或多项要素的发明。"如果发明省去一项或多项要素后其功能也相应地消失，则该发明不具备创造性。如果发明与现有技术相比，发明省去一项或多项要素（例如，一项产品发明省去了一个或多个零部件或者一项方法发明省去一步或多步工序）后，依然保持原有的全部功能，或者带来预料不到的技术效果，则具有突出的实质性特点和显著的进步，该发明具备创造性。

从我国《专利审查指南》的相关规定可以看出，要素省略发明的技术方案相对于现有技术方案，省去了一项或多项要素，而且这样的省略是发明人故意而为之，那么在省略发明的说明书中一定有相应的记载，表明要素省略发明的技术方案明确排除了与故意省略的要素对应的一项或多项技术特征。假设现有技术方案是 A + B + C + D，发明人故意省略了技术特征 D，那么虽然表面上看要素省略发明的技术方案是 A + B + C，但本领域技术人员在阅读说明书后却可以直接地、毫无疑义地确认，要素省略发明还隐含了另外一个限定条件，即不包括技术特征 D。正因为如此，在确定要素省略发明的保护范围时，绝对不能忘记该技术方案是不包括有技术特征 D 的情形的，否则，在专利侵权纠纷中，按照全面覆盖原则，就可能将技术方案 A + B + C + D 认定为落入要素省略发明的保护范围。

三、权利要求是否包含隐含限定特征

由于要素省略发明的特点恰恰在于相对于现有技术省略了部分要素，因此本领域技术人员在说明书和权利要求书基础之上可以直接地、毫无疑义地确定，要素省略发明的技术方案除了权利要求中记载的技术特征之外，还包含这样一个技术特征，即该技术方案必定排除了被省略的那些要素所对应的技术特征。这个没有体现在权利要求书文字表述中的技术特征，就是所谓的隐含限定特征。

正如笔者在《隐含特征在权利要求解释中的作用》❶ 一文中所界定的那样，隐含限定特征是指权利要求中没有文字表述予以限定，但本领域技术人员在阅读说明书和权利要求书之后可以直接地、毫无疑义地确定该权利要求隐含地具有的限定特征。在权利要求解释中认定是否存在隐含限定特征时，应当注意以下几个方面：对技术方案的综合理解原则是认定隐含特征的理论基础；本领域技术人员是认定隐含限定特征的主体标准；直接地、毫无疑义地确定是认定隐含限定特征的限制条件；激励专利申请人清楚明确地表述专利权保护范围是认定隐含限定特征的引导方向。

我国《专利审查指南》也在多处规定，在理解和确定技术方案时应当考虑隐含限定特征。例如，在判断是否具备新颖性时，《专利审查指南》也规定，不要忽略对比文件中存在的隐含限定特征。根据 2010 年版《专利审查指南》的规定，在判断新颖性时，如果要求保护的发明或者实用新型与对比文件所公开的技术内容完全相同，或者仅仅是简单的文字变换，则应当认定该发明或者实用新型不具备新颖性。❷ 2010 年版《专利审查指南》特别规定，上述相同的内容应该理解为包括可以从对比文件中直接地、毫无疑义地确定的技术内容。笔者认为，这个所谓的"可以从对比文件中直接地、毫无疑义地确定的技术内容"即包括对比文件的技术方案中的隐含限定特征。

---

❶ 石必胜："隐含特征在权利要求解释中的作用"，载《中国知识产权》2013 年第 12 期。

❷ 2010 年版《专利审查指南》第二部分第三章第 3.2.1 节。

在对要素省略发明进行新颖性判断时，不仅应当考虑对比文件中的隐含限定特征，也应当考虑诉争技术方案的隐含限定特征。前面的分析表明，由于要素省略发明的特点就在于相对于现有技术省略了部分要素，因此本领域技术人员在说明书和权利要求书基础之上应当能够直接地、毫无疑义地确定，要素省略发明的技术方案除了权利要求中表述的技术特征之外，还包含这样一个隐含限定特征，即该技术方案排除被省略的那些要素所对应的技术特征。如果说要素省略发明相对于现有技术省略的要素对应的技术特征是 D，那么虽然要素省略发明的权利要求在文字表述上的技术方案是 A + B + C，本领域技术人员在看到该权利要求时，却应当明白，该权利要求的完整表述应当是 A + B + C + D'，这个技术特征 D' 的意思就是，该技术方案已经排除了技术特征 D，不能将技术方案 A + B + C + D 纳入该要素省略发明的保护范围之中。

四、隐含限定特征的作用

在正确理解了要素省略发明的技术方案包括了隐含限定特征 D' 之后，才可以正确地对要素省略发明的保护范围作出准确认定。这将会对要素省略发明的专利侵权判定、新颖性判断和创造性判断产生重要的影响。

专利侵权纠纷中，在对要素省略发明的技术方案 A + B + C 的保护范围进行确定时，如果考虑到省略发明的隐含限定特征 D'，则会更加完整和准确地理解要素省略发明的保护范围为 A + B + C + D'。如果被控侵权产品或方法的技术方案是 A + B + C + D，则可以基于被控侵权技术方案不具备技术特征 D'，而按照全面覆盖原则认定被控侵权技术方案没有落入要素省略发明的保护范围。

在新颖性判断纠纷中，在对要素省略发明的技术方案 A + B + C

和现有技术方案 A + B + C + D 进行新颖性判断时，如果认识到要素省略发明的完整技术方案应当表示为 A + B + C + D'，按照正向比较方法，不会误认为要素省略发明相对于现有技术方案具有更少的技术特征，也不会误认为要素省略发明的保护范围包括现有技术方案，进而认为要素省略发明相对于现有技术方案不具备新颖性。

在创造性判断纠纷中，按照三步法，在认定要素省略发明相对于现有技术方案是否存在区别技术特征时，正向比较方法仍然适用，因为要素省略发明的完整技术方案不是 A + B + C，而是 A + B + C + D'，一旦考虑了 D' 以后，要素省略发明具有的隐含限定特征 D' 很有可能相对于现有技术方案而言构成一个重要的区别技术特征，这个对技术方案具有实质性限定作用的区别技术特征的存在，可能会影响要素省略发明是否具备创造性的判断结论。

五、小结

前面的分析表明，在专利授权确权行政纠纷或专利侵权纠纷的处理过程中，对技术方案的理解应当是综合的、全面的，应当站在本领域技术人员的角度来理解，无论是对于诉争专利或专利申请的技术方案还是对比文件中的技术方案，都应当以真正的理解和掌握相关技术内容为前提，否则就容易受到相关文字表述的限制，对相关技术方案文字表述的机械解读可能导致对技术方案的理解偏差。前面的分析还表明，准确把握住隐含限定特征有时对正确理解相关技术方案从而正确进行专利侵权判定或专利权有效性判断具有重要影响，对于本领域技术人员能够直接地、毫无疑义地确定的技术内容和隐含限定特征，在确定相关技术方案时应当予以考虑。前面的分析还表明，在考虑了要素省略发明的隐含限定特征之后，才能正确地对其保护范围进行认定，在正确认定其保护范围的前提下我们可以发现，从专利侵权判定方法中推导出来的正向比较方法同样可以适用于要素省略发明的新颖性和创造性判断。尚无相反证据表明正向比较方法不能普遍适用于实用新型和发明的新颖性和创造性判断。

第十三章 GUI 外观设计专利的司法保护

在司法实践中，包含图形用户界面（Graphic User Interface，以下简称 GUI）的外观设计是否应当授权，涉及很多问题。例如，在法律和行政法规关于外观设计专利权授权客体没有变化的情况下，国家知识产权局令第 68 号对外观设计专利权授权客体进行较大调整是否合适？这其中又包括：国家知识产权局令第 68 号实施之前提出专利申请的包含 GUI 的外观设计是否应当获得授权？如果包含 GUI 的外观设计应当获得授权，那么如何确定授权条件？专利申请人是否应当在照片或图片中明确哪些属于 GUI？下文将结合相关案例，对司法实践中遇到的上述问题进行分析。

第一节 GUI 外观设计与通电图案的明示

笔者在审理"便携式显示设备（带图形用户界面）"的外观设计专利申请驳回复审行政纠纷案[1]中，遇到的其中一个问题是，如果包含 GUI 的外观设计应当获得授权，如何确定授权条件？专利申请人是否应当在照片或图片中明确哪些属于 GUI？限于篇幅，下文对这些问题进行简要分析，尤其是对包含 GUI 的外观设计专利申请

---

[1] 北京市高级人民法院（2014）高行（知）终字第 2815 号行政判决书。

文件中是否必须指明哪些部分是通电图案进行分析。

一、简要案情及争议焦点

2010 年 7 月 26 日，苹果公司向国家知识产权局提出名称为"便携式显示设备（带图形用户界面）"的外观设计专利申请。本申请的申请号为 201030255255.5，优先权日为 2010 年 1 月 27 日。2011 年 6 月 16 日，国家知识产权局原审查部门驳回了本申请，理由是：本申请视图表达的内容包含产品通电后显示的图案，属于不授予外观设计专利权的情形，不符合 2008 年《专利法》第 2 条第 4 款的规定。苹果公司对上述驳回决定不服，向专利复审委员会提出复审请求。

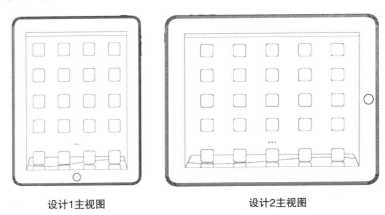

设计1主视图　　　　　　　设计2主视图

图 13 - 1　"便携式显示设备（带图形用户界面）"的外观设计专利申请图

2013 年 5 月 2 日，专利复审委员会作出第 49596 号复审请求审查决定，认为：2010 年版《专利审查指南》第一部分第三章第 7.4 节中规定："产品通电后显示的图案。例如电子表盘显示的图案，手机显示屏上显示的图案、软件界面等"属于不授予外观设计专利权的情形。本申请涉及一种带有 GUI 的便携式显示设备，根据本申请的外观设计图片可知，其主视图包含有 GUI 的若干图标设计，上述图标需要在通电后才能显示，这样的申请属于我国 2010 年版《专利审查指南》规定的"产品通电后显示的图案。例如电子表盘显示的图案，手机显示屏上显示的图案、软件界面等"不授予外观设计专利权的情形，因此本申请不符合 2008 年《专利法》第 2 条第 4 款的规定。因此，专利复审委员会决定：维持国家知识产权局对本申请的驳回决定。

苹果公司不服第 49596 号提起行政诉讼。北京市一中院认为，根据 2008 年《专利法》第 2 条第 4 款的规定，包括 GUI 的产品外观设计能够成为我国外观设计专利权的客体，专利复审委员会应结合相关授权要件重新进行审查。因此，法院判决撤销第 49596 号决定，判令专利复审委员会就本申请重新作出复审请求审查决定。

专利复审委员会不服原审判决，向北京市高院提出上诉，请求撤销原审判决，维持第 49596 号决定，其主要上诉理由是本申请不符合 2010 年版《专利审查指南》第一部分第三章第 7.4 节的规定，不应获得外观设计专利授权。二审程序中的主要争议焦点是：在国家知识产权局令第 68 号施行之前，包含 GUI 的产品的外观设计是否可以获得外观设计专利授权。换言之，在国家知识产权局令第 68 号施行之前，包含 GUI 的产品的外观设计是否属于 2008 年《专利法》第 2 条第 4 款规定的外观设计专利授权客体。

二、明确通电图案的难题

既然双方争议的焦点在于包含 GUI 的外观设计是否属于外观设计专利授权客体，那么从逻辑上就需要明确一个基本事实作为前提：本申请中哪些部分是通电后才能显示的图案？哪些部分是产品硬件的形状？但是，从本申请的图片来看，不能确定哪些部分是通电后才能显示的图案，哪些部分是硬件的形状。

本申请的简要说明没有给出此问题的答案。本申请的简要说明载明："产品名称为便携式显示设备（带图形用户界面），其可用于显示信息（例如书本），也可用作媒体装置或通讯工具等，分类号为 14 – 01、14 – 02、14 – 03；设计要点在于产品的形状和图案。"简要说明中没有指明哪些部分是通电以后才能显示的图案。

双方当事人也没有给出此问题的答案。虽然在二审诉讼程序中苹果公司和专利复审委员会对于本申请中哪些部分是通电后才能显示的图案没有争议，但在审查程序、复审程序和一审诉讼程序中，双方并没有逐一明确本申请图片中的哪些部分是硬件，哪些部分是通电后才能显示的图案。笔者在庭审过程中询问，本申请的图片中哪些部分是通电后才能显示的图案？苹果公司和专利复审委员会都答复称，一般消费者都能够知晓哪些部分是通电后才能显示的图案。这样的观点存在以下问题：第一，如果申请日前的一般消费者能够清楚地知道本申请中哪些部分是通电图案，哪些部分是硬件，这样的外观设计是否还有新颖性和创造性？第二，在二审庭审中，笔者指着本申请中设计 1 主视图下方中间的圆圈问当事人这是通电图案还是硬件的形状，当事人均声称这不是通电图案，但是，在图片和简要说明都没有明确限定的情况下，凭什么能够这样武断地认为那个圆圈不是通电图案而是硬件形状？第三，虽然专利复审委员会和苹果公司在诉讼程序中对哪些部分是通电后才能显示的图案没有争议，但外观设计专利权具有公示性，即使国家知识产权局和专利申请人知道哪些部分是通电后才能显示的图案，相关公众如何清楚地知道图片或照片中的哪些部分是通电后才能显示的图案？

上述问题的根本原因在于《专利审查指南》存在缺陷。国家知识产权局令第 68 号对 2010 年版《专利审查指南》的修改有两个地方可能与通电图案的确定有关。国家知识产权局令第 68 号在 2010 年版《专利审查指南》第一部分第三章第 4.2 节第三段之后新增一段，内容如下："就包括图形用户界面的产品外观设计而言，应当提交整体产品外观设计视图。图形用户界面为动态图案的，申请人应当至少提交一个状态的上述整体产品外观设计视图，对其余状态可仅提交关键帧的视图，所提交的视图应当能唯一确定动态图案中动画的变化趋势。"国家知识产权局令第 68 号在 2010 年版《专利审查指南》第一部分第三章第 4.3 节第三段第（6）项之后新增一项，内容如下："（7）对于包括图形用户界面的产品外观设计专利申请，必要时说明图形用户界面的用途、图形用户界面在产品中的区域、人机交互方式以及变化状态等。"由此可见，按照 2010 年版《专利审查指南》的规定，专利申请人虽然应当提交能够确定动态图案变化趋势的视图，也可以说明 GUI 的区域，但不是必须明确指出哪些部分属于通电后才能显示的 GUI，这就导致包含 GUI 的外观设计申请文件中没有可以据此明确确定通电图案的信息。

三、明确通电图案的必要性

根据《最高人民法院关于审理侵犯专利权纠纷案件应用法律若干问题的解释》第 11 条第 2 款的规定，产品正常使用时容易被直接观察到的部位相对于其他部位，通常对外观设计的整体视觉效果更具有影响。根据 2010 年版《专利审查指南》的规定，对于变化状态产品，应当以其使用状态所示的外观设计作为与对比设计进行比较的对象，其判断结论取决于对产品各种使用状态的外观设计的综合考虑。上述规定均表明，产品使用时所具有的状态也是相关外观设计专利权纠纷中应当予以考察的重要方面。通电图案作为电子产品使用状态的一个方面，对于确定外观设计专利权保护范围具有重要影响。

对于与本申请情况相似的包含 GUI 的产品外观设计申请而言，在确定其外观设计的具体内容时，不仅应当考虑非通电状态下的产品整体外观设计，还应当考虑通电后图案，因为通电后才能显示的GUI 对整体外观设计有重要影响。国家知识产权局令第 68 号在2010 年版《专利审查指南》第四部分第五章第 6.1 节第二段第（4）项之后新增一项，内容如下："（5）对于包括图形用户界面的产品外观设计，如果涉案专利其余部分的设计为惯常设计，其图形用户界面对整体视觉效果更具有显著的影响。"这表明，产品通电后所显示的富有设计美感的 GUI，在同类产品非通电状态下整体外观相同或相近的情况下，往往能够成为吸引消费者并影响其购买决策的重要因素，成为区分相关产品的整体外观设计的重要部分。2008 年《专利法》第 59 条第 2 款规定："外观设计专利权的保护范围以表示在图片或者照片中的该产品的外观设计为准，简要说明可以用于解释图片或者照片所表示的该产品的外观设计。"为了便于准确确定此类外观设计的具体内容和保护范围，专利申请人应当在图片或照片中，或者在简要说明中，通过恰当的方式指明图片或照片中的哪些部分属于通电后才能显示的 GUI。

四、明确通电图案的办法

即使在国家知识产权局令第 68 号修改 2010 年版《专利审查指南》之后，2010 年版《专利审查指南》仍然没有规定如何确定外观设计中的哪些部分是通电后才能显示的图案。因此，无论在国家

知识产权局令第 68 号施行之前还是之后，包含 GUI 的外观设计专
利申请人都没有专门指出图片或照片中的哪些部分是通电后才能显
示的图案，这就造成了包含 GUI 的外观设计的具体内容和保护范围
实际上无法准确地确定。无论是对于在国家知识产权局令第 68 号
施行前就提出外观设计专利申请的申请人而言，还是对于依据国家
知识产权局令第 68 号已经获得外观设计专利授权的专利权人而言，
后果都有可能很严重。一个连外观设计具体内容都说不清楚的外观
设计专利或外观设计专利申请，让人怎么保护？为了解决这个问
题，应当修改《专利审查指南》，规定外观设计专利申请人必须在
图片或照片中，或者在简要说明中，通过恰当的方式指明图片或照
片中的哪些部分属于通电后才能显示的图案，否则，将以外观设计
不清楚为由不予授权。

在"便携式显示设备（带图形用户界面）"的外观设计专利申
请驳回复审行政纠纷案❶中，北京市高院认识到了指明通电图案的
重要性，在判决中表示："所有包含有通电后才能显示的图案的外
观设计要获得外观设计专利授权，应当以恰当的方式明确指出哪些
部分是通电后才能显示的图案。本申请在这个方面存在问题，专利
复审委员会在重新进行审查时应当注意此问题。"

"便携式显示设备（带图形用户界面）"的外观设计专利申请
驳回复审行政纠纷案引发我们思考如何准确确定包含 GUI 的外观设
计中的通电图案这个非常重要的问题，但按照现在对外观设计专利
申请文件的要求，这个问题有可能得不到准确答案。国家知识产权
局令第 68 号允许对部分图形用户界面的外观设计授权外观设计专
利权，但却没有要求专利申请人必须明确指明图片或照片中的哪些

---

❶ 北京市高级人民法院（2014）高行（知）终字第 2815 号行政判决书。

部分是通电图案，这是有一定缺陷的。为了准确确定此类外观设计的具体内容和保护范围，《专利审查指南》应当进行修改，规定专利申请人必须在图片或照片中，或者在简要说明中，通过恰当的方式指明图片或照片中的哪些部分属于通电后才能显示的图案。否则，包含 GUI 的外观设计在授权之后，在确定其具体内容和保护范围时，将会面临更多的问题。

第二节　GUI 外观设计可专利性的法律依据

在"便携式显示设备（带图形用户界面）"的外观设计专利申请驳回复审行政纠纷案❶中，争议焦点之一为：包含 GUI 的外观设计是否可以成为外观设计专利的授权客体。专利复审委员会认为，因为 2010 年版《专利审查指南》规定通电图案不能成为外观设计专利的授权客体，所以 GUI 外观设计不是外观设计专利授权客体。苹果公司则认为，GUI 外观设计符合 2008 年《专利法》第 2 条第 4 款的规定，可以成为专利授权客体。上述争议涉及两个重要问题：第一，判断 GUI 外观设计是否可以成为专利授权客体的法律依据是《专利法》还是《专利审查指南》？第二，GUI 外观设计能不能成为《专利法》规定的专利授权客体？围绕上述两个问题，本书拟从合法性的角度对 GUI 外观设计的可专利性进行讨论。

一、《专利法》对 GUI 外观设计的适用

2008 年《专利法》从授权条件、保护内容等角度全面提升了外观设计专利保护的标准，外观设计的定义也首次出现在法律条文

---

❶　北京市高级人民法院（2014）高行（知）终字第 2815 号行政判决书。

中。《专利法》第 2 条第 4 款规定，外观设计，是指对产品的形状、图案或者其结合以及色彩与形状、图案的结合所作出的富有美感并适于工业应用的新设计。根据《专利法》第 2 条第 4 款的规定，满足以下四个法律要件的外观设计，可以成为我国外观设计专利权的保护客体：（1）以工业产品为载体；（2）是对产品形状、图案或者其结合以及色彩与形状、图案结合所作出的新的设计；（3）适于批量化生产的工业应用；（4）富有美感。❶

在"便携式显示设备（带图形用户界面）"的外观设计专利申请驳回复审行政纠纷案中，本申请为便携式显示设备（带 GUI），是对便携式显示设备产品在整体形状和图案上所作出的外观设计。北京市高院认为，虽然本申请还包括了在产品通电状态下才能显示的 GUI，但并不能以此否定本申请在实质上仍是对便携式显示设备在产品整体外观方面所进行的设计。同时，本申请亦能满足外观设计专利在工业应用和美感方面的要求，故可以成为我国外观设计专利权的保护客体。原审法院认为本申请可以成为外观设计专利权的授权客体，并无不当。专利复审委员会上诉主张本申请不能成为外观设计专利权授权客体，缺乏事实和法律依据，应当不予支持。

2010 年版《专利审查指南》第一部分第三章第 7.4 节中规定，"产品通电后显示的图案。例如电子表盘显示的图案，手机显示屏上显示的图案、软件界面等"属于不授予外观设计专利权的情形。由于 GUI 属于通电图案，因此在实践中，专利审查部门据此拒绝给予 GUI 外观设计授予专利权。

2014 年 3 月 12 日，国家知识产权局令第 68 号在 2010 年版

---

❶ 全国人大常委会法制工作委员会：《〈中华人民共和国专利法〉释解及实用指南》，中国民主法制出版社 2009 年版，第 6~8 页。

《专利审查指南》第一部分第三章第 4.2 节第三段之后新增一段，内容如下："就包括图形用户界面的产品外观设计而言，应当提交整体产品外观设计视图。图形用户界面为动态图案的，申请人应当至少提交一个状态的上述整体产品外观设计视图，对其余状态可仅提交关键帧的视图，所提交的视图应当能唯一确定动态图案中动画的变化趋势。"国家知识产权局令第 68 号的上述规定，实际上改变了外观设计专利授权客体的范围，将 GUI 外观设计纳入外观设计专利授权客体之中。

毫无疑问，在《专利法》和《专利法实施细则》都没有对外观设计专利的授权客体进行修正的情况下，国家知识产权局令第 68 号将 GUI 外观设计纳入专利授权客体，表明国家知识产权局认为依照《专利法》和《专利法实施细则》，GUI 外观设计本来就应当属于外观设计专利的授权客体。如若不然，国家知识产权局令第 68 号将 GUI 外观设计纳入专利权保护范围就是违法的。

二、GUI 外观设计专利授权的法律依据

既然《专利法》本来就允许给予 GUI 外观设计授予专利权，那么国家知识产权局令第 68 号修改之前的 2010 年版《专利审查指南》第一部分第三章第 7.4 节的相关规定是否违反法律规定呢？这取决于外观设计专利授权客体的法律依据到底是什么。如果说确定外观设计专利授权客体的法律依据是《专利审查指南》，那么《专利审查指南》对授权客体的改变可以使 GUI 外观设计由不合法的授权客体变成合法的授权客体。如果确定外观设计专利授权客体的法律依据是《专利法》，而《专利法》本来就没有将 GUI 外观设计排除在授权客体之外，那么 2010 年版《专利审查指南》第一部分第三章第 7.4 节的相关规定就有违法之嫌。

2008 年《专利法》第 3 条第 1 款规定："国务院专利行政部门负责管理全国的专利工作；统一受理和审查专利申请，依法授予专利权。"国家知识产权局虽然负责授予专利权，但必须依法授予专利权。也就是说，哪些客体能够授予专利权，应当由全国人大及其常委会制定的法律来规定，不应当由国家知识产权局来确定。《立法法》第 80 条规定："国务院各部、委员会、中国人民银行、审计署和具有行政管理职能的直属机构，可以根据法律和国务院的行政法规、决定、命令，在本部门的权限范围内，制定规章。部门规章规定的事项应当属于执行法律或者国务院的行政法规、决定、命令的事项。没有法律或者国务院的行政法规、决定、命令的依据，部门规章不得设定减损公民、法人和其他组织权利或者增加其义务的规范，不得增加本部门的权力或者减少本部门的法定职责。"在《专利法》已经明确对专利授权客体进行了规定的情况下，《专利审查指南》对外观设计专利授权客体的相关规定应当属于执行《专利法》的事项。因此，确定外观设计专利授权客体的法律依据应当是《专利法》而非《专利审查指南》，《专利审查指南》对专利授权客体的规定只不过是对《专利法》的执行事项。在能够确定《专利法》第 2 条第 4 款允许给予 GUI 外观设计授予专利权的前提下，《专利审查指南》不能作出相反的规定。

"便携式显示设备（带图形用户界面）"的外观设计专利申请驳回复审行政纠纷案中，在 GUI 外观设计属于《专利法》第 2 条第 4 款规定的外观设计专利授权客体，国家知识产权局也通过国家知识产权局令第 68 号确认这一点的前提下，专利复审委员会依据国家知识产权局令第 68 号修改之前的 2010 年版《专利审查指南》的相关规定将 GUI 外观设计排除在专利授权客体之外，缺乏法律依据，因此北京市一中院和北京市高院对该主张均不予支持。

在"便携式显示设备（带图形用户界面）"的外观设计专利申请驳回复审行政纠纷案中，专利复审委员会上诉主张，2010 年版《专利审查指南》在"外观设计专利申请的初步审查"部分，即第一部分第三章第 7.4 节中规定，产品通电后显示的图案，例如电子表表盘显示的图案、手机显示屏上显示的图案、软件界面等属于不授予外观设计专利权的情形。对此北京市高院认为：第一，《专利审查指南》仅是部门行政规章而非法律或行政法规，人民法院在判断包含通电图案的外观设计是否属于我国外观设计专利授权客体时，仍应以《专利法》第 2 条第 4 款的规定为基础进行考察。第二，尽管《专利审查指南》规定"产品通电后显示的图案"属于不授予外观设计专利权的情形，但结合《专利法》第 2 条第 4 款及上述分析可知，该规定也不应被扩大解释为只要是包含了产品通电后所显示图案的外观设计申请，均应被排除在授予外观设计专利权的范围之外。换言之，产品通电后显示的图案并非全部不能享有外观设计专利权保护，如本案之情形，若产品通电后显示的图形用户界面属于产品整体外观设计的一部分，或产品整体外观设计包括GUI，则由于此种外观设计专利申请实质上仍属于对产品整体外观所进行的设计，并不应以不符合《专利法》第 2 条第 4 款规定为由而被驳回。

三、"便携式显示设备（带图形用户界面）"的外观设计专利申请驳回复审行政纠纷案中的两个具体问题

2010 年版《专利审查指南》关于通电图案的相关规定源于2006 年版《审查指南》。对于 2006 年版《审查指南》为什么作如此规定，国家知识产权局给出的解释是："产品通电后才能显示的图案不是产品外观固有的图案，该图案的设计不属于产品外观设计

的固有部分，不符合《专利法实施细则》第 2 条第 3 款的规定。"❶
需要注意的是，2006 年版《审查指南》是依据 2001 年《专利法》
制定的规则。由此可见，不是产品外观设计固有的部分才是拒绝给
予通电图案授权的根本原因。国家知识产权局令第 68 号删除了
2010 年版《专利审查指南》第一部分第三章第 7.2 节第三段最后
一句："产品的图案应当是固定的、可见的，而不应是时有时无
的或者需要在特定的条件下才能看见的。"这实质上是不再以通
电图案不是产品固有图案为由将 GUI 外观设计排除在授权客体
之外。

在"便携式显示设备（带图形用户界面）"的外观设计专利申
请驳回复审行政纠纷案中，专利复审委员会上诉主张，本申请的通
电图案不是一直存在，而是随通电与否变化，如果对其进行保护，
保护范围难以确定。对此北京市高院认为，对于变化状态产品，应
当以其使用状态所示的外观设计作为与对比设计进行比较的对象，
其判断结论取决于对产品各种使用状态的外观设计的综合考虑。
《最高人民法院关于审理侵犯专利权纠纷案件应用法律若干问题的
解释》第 11 条第 2 款规定，产品正常使用时容易被直接观察到的
部位相对于其他部位，通常对外观设计的整体视觉效果更具有影
响。因此，产品使用时所具有的状态也是相关外观设计专利权纠纷
中应当予以考察的重要方面。对于与本申请情况相似的包含了 GUI
的产品外观设计申请而言，不仅应当考虑非通电状态下的产品整体
外观设计，产品通电后所显示的富有设计美感的 GUI 或因此而呈现
出的使用状态同样也是设计者智力创造成果的直接体现，而且往往

---

❶ 国家知识产权局专利局审查业务管理部：《审查指南修订导读 2006》（第二版），知
识产权出版社 2006 年版，第 92 页。

在同类产品非通电状态下整体外观相同或相近的情况下，成为吸引消费者并影响其购买决策的重要因素，相关产品亦可因不同的 GUI 设计而区分。

国家知识产权局令第 68 号中规定："（5）对于包括图形用户界面的产品外观设计，如果涉案专利其余部分的设计为惯常设计，其图形用户界面对整体视觉效果更具有显著的影响。"这表明，国家知识产权局在国家知识产权局令第 68 号中不仅放弃了图案必须是固定的要求，同时也强调了非固定的通电图案同样可能对整体视觉效果产生显著影响。这与人民法院在"便携式显示设备（带图形用户界面）"的外观设计专利申请驳回复审行政纠纷案中的观点基本相同。

在"便携式显示设备（带图形用户界面）"的外观设计专利申请驳回复审行政纠纷案中，专利复审委员会上诉主张，无法确定本申请中的若干小方块的具体功能，因此本申请所示的外观设计属于未完成的设计，不符合《专利法》第 2 条第 4 款规定的"产品"要件。对此北京市高院认为：第一，在我国现行专利制度之下，产品通电后显示的图案享有外观设计专利权保护的前提，确实应当是以特定工业产品为载体，相关申请文件亦应完整揭露且充分显示该工业产品的整体外观设计，脱离了特定工业产品的通电后显示的图案并不属于我国外观设计专利权的客体范围。第二，根据《专利法》第 59 条第 2 款的规定，外观设计专利权的保护范围以表示在图片或者照片中的该产品的外观设计为准。本案中，本申请主视图仅体现了 GUI 的整体图标布局设计，而不涉及具体的图标样式，苹果公司亦在口头审理时明确其没有提交的图案并不申请给予外观设计专利保护，故本申请所请求保护的只是对 GUI 中整体图标布局的设计。而且，此种图标布局设计能够在使用状态下稳定、可见地呈现给消费者，不会因使用者或使用方式的不同而发生变化。所以，专利复审委员会上诉主张本申请属于未完成的设计因此不应获得授权，缺乏事实和法律依据，应当不予支持。

四、小结

前面的分析表明，GUI 外观设计属于《专利法》第 2 条第 4 款规定的外观设计授权客体，可以获得外观设计专利授权。在此基本前提之下，国家知识产权局令第 68 号修改《专利审查指南》给予 GUI 外观设计授权可能性是符合《专利法》规定的。相反，国家知识产权局令第 68 号修改之前的 2010 年版《专利审查指南》将 GUI 外观设计排除在外观设计专利授权客体之外，反倒有违法之嫌。在"便携式显示设备（带图形用户界面）"的外观设计专利申请驳回复审行政纠纷案中，专利复审委员会以国家知识产权局令第 68 号修改之前的 2010 年版《专利审查指南》第一部分第三章第 7.4 节的规定将 GUI 外观设计排除在授权客体之外，在法律上和逻辑上是说不通的。专利复审委员会认为 GUI 外观设计不属于外观设计专利授权客体从而驳回苹果公司的专利申请，一、二审法院纠正了专利复审委员会的错误认定，判令其应当将 GUI 外观设计纳入专利授权客体，对本申请是否应当授权重新进行审查。

法官在审理专利授权确权行政纠纷案件时必须牢牢记住，确定专利授权客体的法律依据是《专利法》而不是《专利审查指南》。在《专利法》对专利授权客体没有修改的前提下，如果人民法院依据国家知识产权局令第 68 号修改之前的 2010 年版《专利审查指南》将 GUI 外观设计排除在专利授权客体之外，那么在国家知识产权局令第 68 号修改《专利审查指南》之后，人民法院又如何能够将 GUI 外观设计纳入专利授权客体之内呢？除非人民法院接受专利复审委员会在"便携式显示设备（带图形用户界面）"的外观设计专利申请驳回复审行政纠纷案中隐含的主张：人民法院不是依照《专利法》来确定专利权授权客体，而是依照《专利审查指南》来确定专利授权客体。

附录　本书相关论文

《中国知识产权》专栏文章

[1] "专利复审是否可以改变理由维持驳回决定"，载《中国知识产权》2013年第2期。

[2] "如何判断说明书是否公开充分"，载《中国知识产权》2013年第3期。

[3] "专利申请文件修改不能超范围应如何理解"，载《中国知识产权》2013年第5期。

[4] "产品权利要求的结构特征是否可以间接限定"，载《中国知识产权》2013年第6期。

[5] "说明书公开是否充分和权利要求书是否得到支持应如何证明（一）"，载《中国知识产权》2013年第7期。

[6] "说明书公开是否充分和权利要求书是否得到支持应如何证明（二）"，载《中国知识产权》2013年第8期。

[7] "专利创造性判断中技术方案理解的倒序法"，载《中国知识产权》2013年第9期。

[8] "专利创造性判断中辅助因素的使用时机"，载《中国知识产权》2013年第10期。

[9] "禁止反悔原则如何限制等同侵权"，载《中国知识产权》2013年第11期。

[10] "隐含限定特征在权利要求解释中的作用"，载《中国知识产权》2013年第12期。

[11] "权利要求书的语文评价标准"，载《中国知识产权》2014年第1期。

［12］"功能性技术方案的创造性"，载《中国知识产权》2014 年第 2 期。

［13］"专利创造性判断中意料不到的技术效果的认定"，载《中国知识产权》2014 年第 3 期。

［14］"专利授权确权中现有技术的自认"，载《中国知识产权》2014 年第 4 期。

［15］"十问专利无效决定即时生效"，载《中国知识产权》2014 年第 5 期。

［16］"技术贡献视角下权利要求的解释"，载《中国知识产权》2014 年第 6 期。

［17］"技术贡献视角下说明书和权利要求书的评价"，载《中国知识产权》2014 年第 7 期。

［18］"技术贡献视角下专利申请文件的修改"，载《中国知识产权》2014 年第 8 期。

［19］"技术贡献视角下专利创造性判断（一）"，载《中国知识产权》2014 年第 9 期。

［20］"技术贡献视角下专利创造性判断（二）"，载《中国知识产权》2014 年第 10 期。

［21］"专利创造性判断中的相反技术启示"，载《中国知识产权》2014 年第 11 期。

［22］"GUI 外观设计应指明哪些部分是通电图案"，载《中国知识产权》2014 年第 12 期。

［23］"专利侵权判定方法在新颖性判断中的适用"，载《中国知识产权》2015 年第 1 期。

［24］"GUI 外观设计可专利性的法律依据"，载《中国知识产权》2015 年第 2 期。

［25］"为什么专利创造性判断会出现'温水煮青蛙效应'"，载《中国知识产权》2015 年第 3 期。

［26］"怎么避免专利创造性判断的'温水煮青蛙效应'"，载《中国知识产权》2015 年第 4 期。

［27］"专利创造性判断中的'蝴蝶效应'"，载《中国知识产权》2015年第5期。

［28］"专利申请文件修改的三个基本前提"，载《中国知识产权》2015年第6期。

［29］"专利申请文件修改的先申请原则和技术贡献匹配原则"，载《中国知识产权》2015年第7期。

［30］"要素省略发明的隐含限定特征"，载《中国知识产权》2015年第8期。

［31］"客观技术问题与发明人声称技术效果的关系"，载《中国知识产权》2015年第9期。

［32］"专利诉讼中对权利要求书明显瑕疵的修正"，载《中国知识产权》2015年第10期。

其他文章

［1］"专利创造性判断的证据规则"，载《中国专利与商标》2012年第2期。

［2］"本领域技术人员的比较研究"，载《电子知识产权》2012年第3期。

［3］"论专利创造性判断的客观化"，载《科技与法律》2012年第2期。

［4］"专利创造性的经济分析"，载《知识产权》2012年第4期。

［5］"美国专利创造性制度的司法变迁"，载《比较法研究》2012年第5期。

［6］"专利权用尽视角下专利产品修理与再造的区分"，载《知识产权》2013年第6期。

［7］"论无效程序中权利要求书修改的最小单元"，载《知识产权》2015年第1期。

［8］"对比文件与现有技术"，载《中国知识产权》2012年第10期。

［9］"专利说明书充分公开的司法判断"，载《人民司法（应用）》2015年第6期。

［10］"专利申请人修改权利要求书的直接确定标准之批判"，载《人民司法（应用）》2015年第15期。

（以上论文均为石必胜独著）

后 记

本书是对我近几年多项研究成果的整理归纳，其中包括我的博士论文《专利创造性判断比较研究》和博士后研究报告《专利授权确权审判理论研究》。我博士论文的顺利完成和博士学位的获得得到了许传玺教授的精心指导，也得到了时任北京市高级人民法院知识产权庭庭长的陈锦川法官和时任北京市海淀区人民法院副院长的靳学军法官、宋鱼水法官的大力支持，在此深表感谢。博士后研究报告的完成，我首先应当感谢合作导师孔祥俊教授的指导和帮助。孔老师不仅是知识产权理论界和实务界功力最深厚的学者之一，也是最勤奋的学者之一，在我博士后研究期间，他每年都出版至少一本专著，这让我"压力山大"，鞭策我终于完成了研究任务。感谢黄武双教授，他对我能够顺利完成博士后研究工作提供了很多指导和帮助。在博士后研究期间，我还得到了中国博士后科学基金的资助，非常感谢。

本书归纳了司法实践中的很多问题，也有对很多典型案例的分析，具有较强的实践性。感谢在审判实践中给我提供指导和帮助的同事和朋友。2010年我被遴选至北京市高级人民法院从事知识产权审判工作，正好赶上专利授权确权案件集中由知识产权庭统一审理和专利授权确权案件的大量增长这两个历史机遇，这使我能够直接审理大量的专利案件，从而可以在审判实践中发现问题、整理观点、思考对策、完善理论。对大量专利案件的审判使我对专利法理论进行了反复思考，这也是本书得以完成的根本原因。在多年的专利审判工作中，我得到了大量的指导和帮助。与最高人民法院的周翔、李剑、秦元明、罗霞、吴蓉、周云川、杜微科等法官在多个场合对专利问题的深入交流，使我受益匪浅。与北京市高级人民法院的杨柏勇、焦彦、潘伟、刘辉、岑宏宇、刘晓军、刘庆辉、钟鸣、孔庆兵、陶钧、戴怡婷等同事对专利问题的讨论乃至争论，不断纠正我的观点，深化我的认识。与专利复审委员会的多次业务研讨，我得到了葛树、李越、马文霞、王丽颖、崔哲勇、温丽萍、隋璐、郭鹏鹏、刘洋、刘新蕾、曹铭书等诸多专家的指导。这些帮助对于本书的形成具有重要贡献。专利案件中审查员、专利代理人和律师们提出的诸多有理论和实践价值的观点，不断开拓了我的思路，丰富了本书的内容。谢谢你们！

本书的重要组成部分是我 2013 年以来发表在《中国知识产权》专栏的 30 多篇文章。感谢《中国知识产权》杂志社的张继哲主编、李雪副主编、陈静编辑、张琦编辑等各位朋友，给我提供了一个能够宽松地公开讨论相关问题的平台。虽然有些稿子在文思泉涌时一挥而就，但也有的稿子是在交稿期限的最后一天晚上才完成的，虽然我多次想过要暂停一期，但最终还是连续坚持了 30 多个月及时交稿。这离不开《中国知识产权》杂志社编辑的鼓励和支持，谢谢你们。审判实践中遇到的问题虽然很多，在办案过程中的思考也很多，但如果没有文字形式的归纳、整理，对相关问题的认识就容易停留在表面。没有《中国知识产权》专栏的督促，我就没有这么多的研究成果。写作使思考更深入、更系统、更完整，写作是最好的学习方式。

本书有很多关于美国专利法的比较研究。2013 年，我有幸参加了由最高人民法院的周翔法官带队赴美国的专利法学习交流团，在此期间与最高人民法院的吴蓉法官、何鹏法官、广东省高级人民法院的欧修平法官、绍兴市中级人民法院的泰善奎法官进行了大量交流，他们对我深入理解专利法提供了很大帮助。感谢华盛顿大学的竹中俊子（Toshiko Takenaka）教授，为我在美国华盛顿大学法学院高级知识产权研究中心（CASRIP）较为系统学习美国专利法提供了帮助。在美国期间，我与我国台湾地区"智慧财产法院"的蔡慧茹法官以及日本和韩国的法官进行了多次研讨。在美国联邦巡回上诉法院等多个联邦法院的参观、听审和交流，以及参加美国联邦巡回上诉法院律师协会组织的研讨会，都加深了我对专利制度的理解，感谢这些活动的组织者。

感谢我的家人，幸福的家庭生活让我能够轻松愉快地思考和写作！感谢虎娃，虽然调皮，但活蹦乱跳，苗壮成长，使他爸能够安心地工作和学习。感谢虎娃他妈刘锋女士，为虎娃的健康成长付出了大量心血，对本书的内容和相关细节的完善也提供了宝贵建议。

感谢知识产权出版社，感谢汤腊冬编辑、王岩编辑，先后为我出版《专利创造性判断》和本书提供了帮助。